Aktuelle Materialien
zur Internationalen Politik

herausgegeben von der
Stiftung Wissenschaft und Politik, Ebenhausen
Redaktion: Dr. Albrecht Zunker

Band 8

Gebhard Schweigler

Grundlagen der außenpolitischen Orientierung der Bundesrepublik Deutschland

Rahmenbedingungen, Motive, Einstellungen

Nomos Verlagsgesellschaft
Baden-Baden

CIP-Kurztitelaufnahme der Deutschen Bibliothek

Schweigler, Gebhard:
Grundlagen der außenpolitischen Orientierung der Bundesrepublik Deutschland: Rahmenbedingungen, Motive, Einstellungen / Gebhard Schweigler. – 1. Aufl. – Baden-Baden: Nomos Verlagsgesellschaft, 1985.
(Aktuelle Materialien zur Internationalen Politik; Bd. 8)
ISBN 3-7890-1132-0
NE: GT

1. Auflage 1985

Inhalt Seite

Verzeichnis der Tabellen

VORWORT

Fragen nach der inneren Stabilität der Bundesrepublik Deutschland sowie nach ihrer Zuverlässigkeit als Mitglied des Atlantischen Bündnisses haben in den letzten Jahren mit zunehmender Häufigkeit und Schärfe die Diskussion im Ausland bestimmt. Stimuliert wurde diese Diskussion durch die immer heftiger geführten Auseinandersetzungen in der Bundesrepublik über sicherheitspoliitsche Fragen, über die Beziehungen mit der Sowjetunion im Zeichen einer verschärften Konfrontation der Supermächte und die eigene nationale Identität. Im Ausland, vor allem aber beim wichtigsten Bündnispartner der Bundesrepublik, den USA, führte diese Diskussion zu manch offen ausgesprochenenen Sorgen und weniger deutlich ausgesprochenen Verdächtigungen, die schließlich die deutsch-amerikanischen Beziehungen zu belasten begannen.

Mit diesem Fragenkomplex befaßt sich seit dem Herbst 1982 eine Studiengruppe der Stiftung Wissenschaft und Politik (Ebenhausen) und der Rand Corporation (Santa Monica, Kalifornien). Die Ergebnisse ihrer Arbeit werden im kommenden Frühjahr veröffentlicht (1).

In diesem Zusammenhang erwies sich eine eingehende Untersuchung der Grundlage der außenpolitischen Orientierung der Bundesrepublik Deutschland als geboten und klärend. Dabei war insbesondere auch den Wandlungen der Einstellungen und Wahrnehmungsmuster in der Bevölkerung und ihrem Gewicht für die Bestimmung der Rahmenbedingungen unserer Außenpolitik nachzugehen. Diese Studie (2) gibt zwar nur die Auffassung

[1] Als Band 20 der Reihe "Internationale Politik und Sicherheit", herausgegeben von der Stiftung Wissenschaft und Politik bei der Nomos Verlagsgesellschaft, Baden-Baden, und in einer amerikanischen Ausgabe.

[2] Eine englische Fassung erschien unter dem Titel "West German Foreign Policy: The Domestic Setting", The Washington Papers/106, Center for Strategic and International Studies der Georgetown University, Washington, D.C. (New York: Praeger).

ihres Autor wieder. Aber er ist den Mitgliedern der Studiengruppe für die kritische und zum Teil kontroverse Diskussion zu großem Dank verpflichtet, weil sie zur Klärung der hier vertretenen Auffassungen erheblich beitrug.

Ebenhausen, Dezember 1984

G. S.

I. DAS DEUTSCH-AMERIKANISCHE VERHÄLTNIS: ERWARTUNGEN UND SORGEN

Die wichtigste Grundlage deutscher Außenpolitik ist die besondere Natur der Beziehungen zwischen den Vereinigten Staaten von Amerika und der Bundesrepublik Deutschland. Diese "special relationship" eigener Prägung beruht auf dem Umstand, daß die Bundesrepublik Deutschland letztlich ihre Existenz allein den USA zu verdanken hat. Es waren die USA, die für die Niederkämpfung des Dritten Reiches die kritischen militärischen Mittel zur Verfügung stellten, den Hauptanstoß für die Gründung der Bundesrepublik lieferten, die materiellen Mittel bereitstellten, damit aus dem Neugebilde ein Erfolg werden konnte, und die militärischen Garantien gaben, ohne die die Sicherheit der Bundesrepublik bis heute nicht hätte gewährleistet werden können. Auf dieser Grundlage haben sich auf beiden Seiten bestimmte Erwartungshaltungen hinsichtlich der Ausgestaltung dieser besonderen Beziehungen herausgebildet, die über die Jahre beachtlich stabil - wenn auch nicht immer widerspruchsfrei - geblieben sind.

Insgesamt drängen diese Erwartungen beide Seiten dazu, ihr besonderes Verhältnis beizubehalten. Gleichzeitig tragen jedoch unerfüllte oder gar enttäuschte Erwartungen immer wieder zu solch großen Schwierigkeiten in den gegenseitigen Beziehungen bei, daß hin und wieder die Grundlage des besonderen Verhältnisses in Gefahr zu geraten droht. Diese Gefahr scheint vor allem dann aufzutreten, wenn die USA und die Bundesrepublik in ihrem Verhältnis zur Sowjetunion unterschiedliche Ansätze verfolgen. Dann werden in den USA - und nicht nur dort - schnell Sorgen über die Zuverlässigkeit des Bundesrepublik laut; und in der Bundesrepublik beginnt man sich über die vermeintliche Unberechenbarkeit des Bündnispartners zu beschweren.

Die wichtigste Erwartung in den USA in bezug auf die Bundesrepublik ist, daß dieses so erfolgreiche Ergebnis amerikanischer Bemühungen - das einstige "Kind" amerikanischer Elternschaft, das so sehr auf dessen Hilfe und Unterstützung angewiesen war - ein loyaler und zuverlässiger Partner des westlichen Bündnisses bleibt. Mit anderen Worten: Die Bundesrepublik Deutschland soll weder zu den verhängnisvollen Verhaltensmustern deutscher Vergangenheit zurückkehren, noch nach neuen Werten - weg vom Westen - streben. Welche zentrale Bedeutung diese Erwartung - und die damit zusammenhängende Sorge, daß sie nicht erfüllt werden könnte - im amerikanischen Denken über die Bundesrepublik hat, läßt sich mit einer Reihe von Äußerungen belegen, die beinahe willkührlich aus jüngsten Veröffentlichungen über die Deutschen entnommen sind.

So schreibt z.B. Fritz Stern in einer Rezension von Gordon Craigs Buch "Über die Deutschen"(1):

> After three and a half decades of extraordinary harmony, Germans and Americans are drifting apart, and this estrangement may well be the most portentous element in the crisis of the Atlantic Alliance ... In German politics and consciousness we may be seeing something like "a return of the repressed," a resurgence of national longings and traditions long thought buried...
>
> Mr. Craig warns that Germans have "an almost neurotic sensitivity to signs of economic trouble." That sensitivity is now being tested, at the very time when Germans fear that American leadership is faltering, an apprehension shared by many Americans. In this new climate of crisis and uncertainty, Germans will feel themselves insulated, and to some extent coerced by their erstwhile protector; and they may feel increasingly resentful and intolerant. Helmut Schmidt may well prove to be the last of a remarkable succession of democratic leaders (the Federal Republic has had a greater share of political talent than any of its predecessor governments). After Mr. Schmidt, the Germans may make things more difficult again for themselves and for the rest of the world (2).

[1] Gordon A. Craig, Über die Deutschen (München: Beck, 1982), ein Buch, das in den USA (mit dem weniger bescheidenen Titel The Germans) weite Beachtung fand.

[2] Fritz Stern, "Everything Difficult", The New York Times Book Review, 14. März 1982, S. 10, 29.

Nicht jeder amerikanische Politiker, der mit Helmut Schmidt zu tun gehabt hatte, dürfte Fritz Sterns wohlwollende Einschätzung der Person und Politik des früheren Bundeskanzlers teilen (3); die pessimistische Grundeinstellung gegenüber Entwicklungen in der Bundesrepublik scheint jedoch in der Tat weit verbreitet zu sein. Sie findet sich wieder in einer Rezension des Buches von Luigi Barzini über "The Europeans" von Christopher Lehmann-Haupt, Mitarbeiter der New York Times(4):

> What is most fascinating about this refreshingly lucid assessment of the European situation, is Barzini's ominous conclusion that Germany holds the key to European unity. Or, as he puts it in his conclusion, "The future is in the laps of the Gods. It will probably be decided, once again, by Germany's decisions. And Germany is, as it always was, a mutable, Proteus-like, unpredictable country, particularly dangerous when it is unhappy"(5).

Das Argument deutscher Unberechenbarkeit nimmt eine beherrschende Stellung in einem Buch über "The Atlantic Alliance and Its Critics" ein, wo es am deutlichsten von Theodore Draper ausgesprochen wurde:

> In this Soviet-U.S. game, West Germany is the main prize. It has just the right combination of strengths and weaknesses to make is gyrate wildly around and between the two superpowers. Its technology makes it the best Western partner for the Soviet Union. Its exposed military position makes it hesitate to give up the U.S. connection. In effect, it profits from its strong points in the East and trades on its weakness in the West. Like Gaullist France, it can carry on this ambidextrous and ambiguous policy only by manipulating forces much greater than its own. It moves un-

[3] Präsident Carters Sicherheitsbeauftragter Brzezinski äußerte sich z.B. folgendermaßen: "The only shadow in personal relations was cast by the West German Chancellor Helmut Schmidt, whose inability to keep his tongue under control soured German-American relations to an unprecedented degree and lent respectability to the increasing German propensity to be highly critical of the U.S. President and of U.S. policies more generally." Zbigniew Brzezinski, Power and Principle. Memoirs of the National Security Adviser 1977-1981 (New York: Farrar-Straus-Giroux, 1983), S. 291.

[4] Luigi Barzini, The Europeans (New York: Simon & Schuster, 1983). Die deutsche Ausgabe trägt bezeichnenderweise den Titel Auf die Deutschen kommt es an. Die unzuverlässigen Europäer (Hamburg: Knaus, 1983).

[5] International Herald Tribune (IHT), 3. Mai 1983.

> easily from being paid off by both sides to being caught in a crush between them(6).

Und schließlich zeigt eine Äußerung aus jüngster Zeit, daß die Befürchtung, die Bundesrepublik schwanke in unberechenbarer Weise zwischen den beiden Supermächten hin und her, selbst nach der Wahl Helmut Kohls zum Bundeskanzler und nach Beginn der Stationierung von Pershing II keineswegs nachgelassen hat:

> The "German-German" question has become the defining issue of the conservative Kohl Government's foreign policy, subtly tugging West German attention, energy and anxieties toward the East. To protect German-German détente and their policy, known as 'Deutschlandpolitik', officials in Bonn flinch before offending the Soviet Union, the ultimate master of East Germany's destiny. The Russians play skillfully on these West German hopes and fears, with threats and hinted rewards for good behavior. And Moscow's one major failure, its campaign to prevent the stationing of American medium-range missiles in West Germany, could be recouped through its longer-haul struggle to separate and alienate the West German public from the United States and the Atlantic Alliance(7).

Sicherlich teilen nicht alle Amerikaner die Ansicht des konservativen Kolumnisten der New York Times, William Safire, der in der Bundesrepublik eine Nation "with a raging case of intellectual anomie, entrepreneurial timidity and diplomatic desperation" sieht: ein "westliches Bollwerk, das zu einem westlichen Kopfschmerz" werde(8). Aber die öffentliche Meinung, soweit sie sich überhaupt für außenpolitische Fragen interessiert, bleibt von diesen pessimistisch geprägten Thesen in den Medien nicht unbeeinflußt; "Kritik und Kontroverse der Medien sind auf den

[6] Theodore Draper, "The Phantom Alliance," in Robert W. Tucker and Linda Wrigley (Hg.), The Atlantic Alliance and Its Critics (New York: Praeger, 1983), S. 26. Es fällt auf, daß in dieser Sammlung von Aufsätzen über die kritischen Probleme der Atlantischen Allianz (veröffentlicht vom Lehrman Institute in New York) ein Beitrag aus deutscher Feder fehlt.

[7] James M. Markham, "Reviving The German Question," New York Times Magazine, 18. Dezember 1983, S. 53f. Markham ist Leiter des Bonner Büros der New York Times.

[8] William Safire, "The German Problem," New York Times (NYT), 8. Januar 1984.

'Mann auf der Straße' durchgeschlagen"(9). Die politisch interessierte Elite ist für diese Art von Darstellung ohnehin immer empfänglich. Die Sorgen über das zukünftige Verhalten der Bundesrepublik dürften relativ weit verbreitet sein (im übrigen auch bei ihren direkten Nachbarn in Westeuropa (10). Eine weitere Belastung der Beziehungen aufgrund dieser Erwartungshaltungen scheint daher wahrscheinlich.

Die Bundesrepublik befindet sich durch diese Entwicklungen in einer schwierigen Situation, aus der es keinen leichten Ausweg gibt. Wie Cäsars Frau ist sie ständig aufgefordert, ihre Treue und Zuverlässigkeit über jeden Zweifel hinaus - und weit mehr, als dies etwa von anderen Ländern im Bündnis verlangt wird - unter Beweis zu stellen. Ihre eigene Vergangenheit hat ihr diese Last aufgebürdet. Dabei ist es auch Teil der Vergangenheitsbewältigung, daß sie sich von der "Elternschaft" der früheren Besatzungsmächte emanzipieren muß; aber diese Emanzipierungsbemühungen wecken Zweifel an ihrer Zuverlässigkeit und bilden den Kernpunkt zahlreicher Konflikte. Umgekehrt kann die Bundesrepublik natürlich kein Interesse daran haben, sich vollständig zu emanzipieren und nur auf ihre eigenen Kräfte zu verlassen. In Anbetracht der allgemeinen Weltlage und ihrer eigenen exponierten Stellung - aber auch unter Berücksichtigung nach wie vor bestehender Beschränkungen ihrer Handlungsfreiheit - kann die Bundesrepublik nicht auf ihre eigenen Kräfte vertrauen; sie muß sich deshalb auf die Unterstützung ihrer Verbündeten, vor allem der USA, verlassen. Dies führt jedoch dazu, daß sich die Vereinigten Staaten, mit ihren welt-

[9] Heinz Schneppen, "Zum Deutschenbild in den Vereinigten Staaten," Europa-Archiv, 18/1983, S. 556.

[10] "In Deutschland macht man sich heute, nicht ohne Grund, Sorgen um die französische Wirtschaft. Diese stehen aber weit zurück hinter den Besorgnissen, die man in Frankreich über die politische Entwicklung der Bundesrepublik hegt. Man spricht wieder von den 'incertitudes allemandes'." So Hellmuth Auerbach in einer Rezension verschiedener Publikationen zu den deutsch-französischen Beziehungen, "Gute und mißtrauische Nachbarschaft," Süddeutsche Zeitung, 12. Oktober 1983, S. X.

weiten Verpflichtungen, gelegentlich überlastet, wenn nicht sogar schmählich ausgenützt fühlen. Dort setzt sich zuweilen der Eindruck fest, die Bundesrepublik wolle einen Freifahrtschein in der internationalen Politik in Anspruch nehmen, wenn sie sich auf ihre regionalen Verantwortungen und begrenzten Möglichkeiten beruft. Dies gilt jedoch nicht für die Beziehungen mit der Sowjetunion: Hier besteht die Bundesrepublik dann wieder auf einer, ihr durch Lage und Geschichte aufgezwungenen besonderen Stellung, die sie dazu zwinge, eine eigene und besondere Rolle gegenüber der anderen Supermacht zu spielen. Das Verständnis für diese schwierige Situation mit ihren vermeintlich widersprüchlichen Ansprüchen scheint im Ausland begrenzt zu sein. Deshalb wird gerade in diesem Zusammenhang die Frage nach der Zuverlässigkeit der Bundesrepublik als Partner des Westens am häufigsten und am schärfsten gestellt.

Die Frage nach der Zuverlässigkeit der Bundesrepublik steht im Mittelpunkt der folgenden Untersuchung. Ihr Ziel ist es, die vielfach gehegten Sorgen und Erwartungen direkt anzusprechen und mit der vielschichtigen Wirklichkeit bundesrepublikanischer Verhältnisse zu vergleichen. Die operative Frage, die es zu beantworten gilt, lautet: Wie solide ist die Einbindung der Bundesrepublik in den Westen? Zur Beantwortung dieser Frage dienen Analysen der historischen, psychologischen, militärischen, wirtschaftlichen und politischen Rahmenbedingungen westdeutscher Außenpolitik. Aus dem so gewonnenen Mosaik von Antworten soll am Ende ein schlüssiges Bild der Stabilität und der Identität der Bundesrepublik - und damit auch ihrer politischen Zukunft - entstehen.

II. HISTORISCHE GRUNDLAGEN: VON ÄUSSEREN ZU INTERNATIONALISIERTEN EINSCHRÄNKUNGEN

Am Ende des Zweiten Weltkrieges wurde e i n Ziel von allen Siegermächten geteilt: Deutschland durfte nie wieder eine Bedrohung für den Frieden in Europa werden. Nicht alle Vorstellungen, die in Verfolgung dieses Zieles entwickelt wurden, kamen zur Durchführung. Deutschland wurde weder in viele Kleinstaaten aufgeteilt noch seiner Industrieanlagen beraubt und in eine einzige Weidefläche verwandelt, wie es der Morgenthau-Plan vorgesehen hatte. Wirtschaftliche Realitäten, politische Notwendigkeiten sowie der Beginn des Kalten Krieges führten zu einer Neubewertung der unmittelbaren Ziele für die Nachkriegsentwicklung in Deutschland.

Das grundlegende Ziel jedoch veränderte sich nicht. Die Gestaltung der Nachkriegsordnung in Europa, sei es als Ergebnis vorbedachter Planungen oder unerwarteter Zufälligkeiten, spiegelte dieses Ziel wider. Deutschland wurde geteilt: große Teile des Ostgebietes des Deutschen Reiches fielen an die Sowjetunion und Polen, Österreich wurde wieder als eigener Staat gegründet - dem es aufgrund von vertraglichen Verpflichtungen auf immer verwehrt ist, eine Vereinigung mit Deutschland anzustreben -, die Bundesrepublik Deutschland und die Deutsche Demokratische Republik wurden ins Leben gerufen.

Der westdeutsche Teilstaat, alte und neue Heimat für den größten Teil des deutschen Volkes und Herzland deutscher Wirtschaftsmacht, wurde in der Folgezeit zum Brennpunkt von Bemühungen, ein potentiell gefährliches Wiederaufleben deutscher Macht zu verhindern. Im Kontext des Kalten Krieges entwickelte sich die Bundesrepublik jedoch auch zum Angelpunkt westlicher Bestrebungen, die weitere Ausdehnung sowjetischer Macht einzudämmen. Der sowjetische Einfluß auf Entwicklungen in der Bundesrepublik sollte möglichst eingeschränkt werden, während gleichzeitig das politische, wirtschaftliche und - später - militärische Gewicht Westdeutschlands dem westlichen Bündnis gegen die Sowjetunion zugeschlagen werden mußte. So wurde die Bundesrepublik in eine Welt widersprüchlicher Ziele und internationaler Zwänge geboren.

Die Nachkriegsziele der westlichen Politik gegenüber dem westlichen Deutschland folgten zwei Bahnen. Einerseits sollte der westliche Teil Deutschlands wirtschaftlich, politisch und gesellschaftlich zu einem neuen, solide im Westen verankerten Staat aus- und aufgebaut werden. Auf den Erfolg dieser Bemühungen wird später näher eingegangen. Zunächst einmal gilt es, den Erfolg westlicher Politik auf der zweiten Bahn darzustellen: den Versuch, die Bundesrepublik durch ein Netzwerk vertraglicher Verpflichtungen so in ihrer Handlungsfreiheit einzuschränken, daß das Hauptziel der Nachkriegspolitik schon allein dadurch erreicht werden würde. Ist die Bundesrepublik heute aufgrund dieser Bemühungen so eingebunden, daß von diesem Teil Deutschlands aus der Friede in Europa nicht mehr gefährdet ist?

Die formellen Einschränkungen deutscher und später bundesrepublikanischer Machtausübung wurden in dem Maße zurückgenommen, in dem sie von den Siegermächten nicht mehr als angemessen oder notwendig erachtet wurden. Die Frage nach ihrer fortdauernden Wirksamkeit ist deshalb nicht einfach zu beantworten. Denn die Notwendigkeit für Eingriffe von außen ging zurück, je mehr die Bundesrepublik selbst diese Einschränkungen internalisierte, d.h. je mehr die Entwicklung des westdeutschen Staates und seiner Politik westlichen Wünschen und Vorstellungen entsprach. In der Tat war die Ersetzung (von außen) auferlegter Schranken durch eigene Verpflichtungen das bestimmende Merkmal der Adenauerschen Politik gegenüber den Westmächten bei dem Bemühen, die Souveränität der Bundesrepublik als Nachfolgestaat des Deutschen Reiches zu erreichen. Das tatsächliche Ausmaß dieses Internalisierungsprozesses, der nicht nur in rechtswirksamen Verpflichtungen, sondern auch in entsprechenden Einstellungen der Bevölkerung seinen Ausdruck fand, sollte nicht unterschätzt werden; manche außenpolitischen Konflikte haben heute ihren Ursprung in der Tatsache, daß die Bundesrepublik nicht bereit ist, Pfade zu verlassen, die sie in diesem Prozeß eingeschlagen hat. Gleichzeitig bleibt die Frage offen, inwieweit die Westmächte - von der Sowjetunion einmal ganz abgesehen - die Bundesrepublik in die Schranken gewiesen hätten oder heute weisen würden, sollte sie von den eingeschlagenen Pfaden abweichen wollen. Diese offene Frage wird noch auf lange Sicht ein potentiell irritierendes Element in den Beziehungen der Bundesrepublik zu ihren westlichen Verbündeten bleiben.

Alle Einschränkungen westdeutscher Handlungsfreiheit beruhen letztlich auf der bedingungslosen Kapitulation des Deutschen Reiches im Mai 1945. Deutschland unterwarf sich der Herrschaft der vier siegreichen Mächte Sowjetunion, Frankreich, Großbritannien und USA. Die ursprüngliche Absicht der Siegermächte, Deutschland gemeinsam zu verwalten, erwies sich als sehr kurzlebig, da Ost und West daran gingen, in ihren Besatzungszonen den politischen und wirtschaftlichen Neuaufbau nach ihren jeweils eigenen Vorstellungen durchzuführen. Im Jahre 1949 kam es schließlich zur Gründung der beiden deutschen Staaten; damit wurde auch das formelle Besatzungsrecht aufgehoben und durch ein Besatzungsstatut ersetzt. Es gewährte der neugegründeten Bundesrepublik weitgehende Verwaltungsvollmachten im Innern, aber nicht eigene (staatliche) Souveränität.

Der lange Prozeß der Gewinnung eigener Souveränität fand am 5. Mai 1955 seinen Abschluß, als das Besatzungsstatut formell augehoben wurde. Dieser Vorgang war verknüpft mit dem Abschluß eines "Generalvertrages", der die Beziehungen der Bundesrepublik zu den westlichen Siegermächten regelte, und mit dem Beitritt der Bundesrepublik zur Westeuropäischen Union und zum Nordatlantikpakt, der Vorbedingung der

Wiederbewaffnung Westdeutschlands. Aber die mit dem "Generalvertrag" - oder, wie Adenauer es aus propagandistischen Gründen vorzog, dem "Deutschlandvertrag" - zugestandene "volle Macht eines souveränen Staates über ihre inneren und äußeren Angelegenheiten" (1) war so voll nicht. Die drei Mächte behielten sich insbesondere "die bisher von ihnen ausgeübten oder innegehabten Rechte und Verantwortlichkeiten in bezug auf Berlin und auf Deutschland als Ganzes einschließlich der Wiedervereinigung Deutschlands und einer friedensvertraglichen Regelung" vor. Auch die von der Bundesrepublik in einem Truppenstationierungsvertrag zugestandenen Regelungen hinsichtlich des Verbleibs und der Rechte alliierter Truppen auf westdeutschem Boden stellten eine Souveränitätsbeeinträchtigung dar.

Ein besonders empfindlicher Punkt waren die von den Alliierten beanspruchten Notstandsrechte im Falle einer Bedrohung der Sicherheit alliierter Truppen in der Bundesrepublik. Die Bundesrepublik kam erst 1968 dazu, diese Notstandsrechte für sich selbst in Anspruch zu nehmen. Die Notstandsgesetzgebung, die unter anderem das Recht zur Überwachung von Personen vorsieht, die in Verdacht stehen, die Sicherheit der alliierten Truppen zu gefährden, wurde von einer weitausgreifenden Protestbewegung heftig bekämpft. Sie sah in diesen Maßnahmen die Möglichkeit des Umschlags in einen polizeilichen Überwachungsstaat und damit eine Gefährdung der demokratischen Entwicklung. Ironischerweise richtete sich diese Protestbewegung, die eine Generation kritischer Dissidenten - die "68er Generation" - schuf, gegen diese Übernahme souveräner Rechte, während die Protestbewegung der achtziger Jahre ihren Protest gegen die Nachrüstung gerade

[1] Artikel 1, Absatz 2 des Vertrages über die Beziehungen zwischen der Bundesrepublik Deutschland und den Drei Mächten (Deutschlandvertrag) in der geänderten Fassung vom 23. Oktober 1954, zitiert nach Auswärtiges Amt (Hg.), Die Auswärtige Politik der Bundesrepublik Deutschland (Köln: Verlag Wissenschaft und Politik, 1972), S. 262. In der ursprünglichen Fassung vom 26. Mai 1952 hatte es noch geheißen: "volle Macht über ihre inneren und äußeren Angelegenheiten" (ebenda, S. 2o9), da vor allem Frankreich gezögert hatte, der Bundesrepublik die volle Souveränität vertraglich zuzugestehen.

auf die mangelnde Souveränität der Bundesrepublik in dieser Frage stützt. Obwohl also 1968 mit der Verabschiedung der Notstandsgesetze, um die es seither keine Auseinandersetzungen mehr gegeben hat, der Prozeß der Aneignung souveräner Rechte durch die Bundesrepublik zu einem Abschluß kam, ist die Frage nach der tatsächlichen Souveränität von der Tagesordnung verschwunden.

Militärische Einschränkungen

Die Handlungsfreiheit der Bundesrepublik ist am sichtbarsten und wirksamsten im militärischen Bereich eingeschränkt. Das überragende Ziel der Nachkriegspolitik, eine Wiederbelebung deutscher Militärmacht, die zu einer Gefahr für den Frieden in Europa werden könnte, zu verhindern, gilt nach wie vor. Die Schranken, die der Bundesrepublik im militärischen Bereich gesetzt wurden, beruhen auf vertraglichen Verpflichtungen ebenso wie auf verfassungsrechtlichen Bestimmungen. Es sind Schranken, die die Öffentlichkeit der Bundesrepublik nicht mehr in Frage stellt. Die Bundesrepublik hat diese Einschränkungen internalisiert.

Das Ziel, die militärische Macht der Bundesrepublik einzuschränken und zu kontrollieren, wurde in einem Netzwerk von Verträgen und Abkommen - "ein kompliziertes Geschäft von Leistung und Gegenleistung"(2) - erreicht, durch das die Bundesrepublik Mitglied des westlichen Bündnisses wurde und damit zugleich ihre staatliche Souveränität gewann. Die Einschränkungen betreffen den Zugang zu bestimmten Waffenkategorien, die Stärke der Bundeswehr sowie deren Einbindung in

[2] So Helga Haftendorn, Sicherheit und Entspannung. Zur Außenpolitik der Bundesrepublik Deutschland 1955-1982 (Baden-Baden, Nomos, 1983), S. 149; die folgenden Ausführungen stützen sich auf diese ausgezeichnete Zusammenfassung der wichtigsten Darstellungen zur Außenpolitik der Bundesrepublik.

die Befehlsstruktur des Bündnisses, und die Anwesenheit und Ausrüstung verbündeter Truppen in der Bundesrepublik.

Von größter Bedeutung war und ist der von Adenauer in einem für seinen Führungsstil typischen Alleingang(3) ausgesprochene Verzicht auf die Herstellung von atomaren, biologischen und chemischen Waffen, der in einem Protokoll zum WEU-Vertrag formell verankert ist. Die Bundesrepublik akzeptierte damit einen Status der Ungleichheit gegenüber den wichtigsten Verbündeten, der ihr aus politischen wie militärischen Gründen zunächst nicht immer leicht fiel. Als Mitte der fünfziger Jahre die USA verstärkt auf die nukleare Komponente bei der Verteidigung Europas setzten, drängte auch Bonn nach einer Beteiligung, um militärisch und politisch nicht in einen Nachteil zu geraten. Die Bundeswehr wurde daraufhin - gegen den Protest großer Teile der Öffentlichkeit - mit nuklearen Trägerwaffen ausgerüstet, wobei allerdings die atomaren Sprengköpfe von den USA unter Verschluß gehalten wurden und werden. Trotz gelegentlicher Andeutungen des damaligen Verteidigungsministers F.J. Strauß strebte die Bundesrepublik nicht nach einer nationalen Nuklearstreitmacht(4).

Das Drängen nach Gleichberechtigung, das Offenhalten der Option, sich an einer europäischen oder atlantischen Nuklearstreitmacht zu beteiligen, und die Weigerung, einen über den Verzicht auf die Herstellung hinausgehenden formellen Verzicht auf den Erwerb von oder die Beteiligung an Nukle-

[3] Zur Analyse des Adenauerschen Führungsstils (dargestellt am Prozeß der Wiederbewaffnung) siehe Arnulf Baring, Außenpolitik in Adenauers Kanzlerdemokratie. Bonns Beitrag zur Europäischen Verteidigungsgemeinschaft (München : Oldenbourg, 1969). Adenauer selbst schrieb hierzu in seinen Memoiren: "Mir ist oft nachgesagt worden, ich sei ein Mann der 'einsamen Entschlüsse'. Ich halte diese Bezeichnung nicht für richtig. Der einzige wirklich 'einsame Entschluß', den ich während meiner Kanzlerjahre faßte, das heißt ohne mein Kabinett, meine Fraktion oder meine Partei zu hören, war der zur Abgabe dieser Verzichterklärung." Konrad Adenauer, Erinnerungen 1953-1955 (Frankfurt: Fischer Bücherei, 1968), S. 339.

[4] Siehe hierzu Haftendorn, Sicherheit und Entspannung, S. 165-175.

arwaffen auszusprechen, in der Erwartung, eine solche Verzichtserklärung könnte mit Zugeständnissen der sowjetischen Seite in bezug auf die Wiedervereinigung verknüpft werden, führte zu mancherlei Bemühungen auf seiten der Verbündeten, die vermeintlichen Bedürfnisse der Bundesrepublik auf andere Weise zu berücksichtigen. Vorschläge zur Schaffung einer multilateralen nuklearen Streitmacht (MLF) scheiterten jedoch an den überwältigenden technischen Schwierigkeiten ebenso wie am Widerstand einiger Verbündeter. So blieb am Ende nur die Schaffung von Planungs- und Konsultationsmechanismen im Rahmen der NATO übrig, in denen die Bundesrepublik ihre Vorstellungen einbringen kann. Mit ihrer Unterschrift unter den Atomsperrvertrag von 1969 verzichtete die Bundesrepublik endgültig formell auch auf die Möglichkeit, Nuklearwaffen zu erwerben. Der Prozeß der Internalisierung des völligen Verzichts auf Zugang zu Nuklearwaffen war damit abgeschlossen.

Inzwischen hat sich das Problem von der Frage des Zugangs zu nuklearen Waffen verlagert auf die Frage der Kontrolle über die nuklearen Waffen der Verbündeten, die von deutschem Boden oder auf deutschen Boden abgefeuert werden könnten. Im Zusammenhang mit der Diskussion um die Nachrüstung wurde vereinzelt wieder die Forderung laut, der Bundesrepublik müsse ein Vetorecht, möglicherweise sogar verbunden mit einem effektiven "Zwei-Schlüssel-System", durch das der Abschuß einer Nuklearwaffe verhindert werden könnte, zugestanden werden. Zunächst kam diese Forderung in der Friedensbewegung auf, die den Mangel an Souveränität der Bundesrepublik in diesen Fragen herausstellte und hoffte, auf diese Weise wenigstens einige der - aus ihrer Sicht - schlimmsten Folgen der Nachrüstung verhindern zu können. Hier sah man vor allem das Problem, daß die Bundesrepublik durch einen außerhalb des NATO-Rahmens erfolgten Einsatz der Pershing II gegen die Sowjetunion - oder auch nur eine amerikanische Androhung ihres Einsatzes - in die Gefahr einer kriegerischen Auseinandersetzung mit der Sowjetunion geraten könne(5). Später äußerten sich auch einige Vertreter der etablierten Parteien befürwortend zu einem solchen Vetorecht, wobei es zu manchen überraschenden Übereinstimmungen, etwa zwischen F.J. Strauß und Karsten Voigt oder Hans Apel kam(6).

Die Bundesregierung, aber auch führende Politiker der SPD(7), sprachen sich gegen diese Forderung aus. Sie argumentierten einerseits, die Bundesrepublik wolle nicht - gleichsam "durch die Hintertür" - doch zu einem "Kernwaffenstaat" werden, indem sie an Entscheidungen über den Einsatz von Kernwaffen direkt beteiligt wird. Andererseits aber betonten sie, der amerikanische Präsident sei schon jetzt verpflichtet, insbesondere vor dem Ersteinsatz von Atomwaffen, die Verbündeten zu konsultieren, wobei der Bundesrepublik bei einer solchen Entscheidung ein besonderes Gewicht zukäme(8). Verteidigungsminister Wörner erklärte, er glaube nicht, "daß ein amerikanischer Präsident gegen den erklärten Rat einer Bundesregierung in einem solchen Fall entscheiden würde"(9).

[5] Siehe hierzu Christian Krause, "Braucht die Bundesrepublik ein atomares Veto?" (Bonn: Friedrich-Ebert-Stiftung, Forschungsinstitut, August 1983), der sich gegen ein Vetorecht ausspricht, aber vorschlägt, die USA sollten vertraglich verpflichtet werden, die Pershing II nicht außerhalb des NATO-Rahmens einzusetzen.

[6] Siehe "Strauß: Veto-Recht gegen die Amerikaner," Der Spiegel, 15. August 1983, S. 17ff.

[7] Siehe "Vogel: Deutsches Vetorecht problematisch," Süddeutsche Zeitung, 7. November 1983.

[8] Siehe hierzu "Atomare Mitbestimmung im Bündnis," Frankfurter Allgemeine Zeitung, 17. Oktober 1983, und "Wer den Finger am Drücker hat,", Süddeutsche Zeitung, 4. November 1983.

[9] Manfred Wörner in einem Interview der ARD-Sendung "Tagesthemen" am 2. November 1983, zitiert nach BPA-Nachrichtenabteilung, 3. November 1983.

Entscheidend für die grundlegende Haltung gegen ein Vetorecht sind jedoch nicht diese Argumente oder gar die Erkenntnis, daß die amerikanische Regierung niemals bereit sein wird, verbündeten Nationen ein *absolutes* Vetorecht über den Einsatz amerikanischer Atomwaffen einzuräumen - selbst die englische Regierung verfügt wohl nicht über ein solches Vetorecht. Ausschlaggebend ist vielmehr die Tatsache, daß nach der vorherrschenden Logik der Abschreckungsdoktrin die Möglichkeit eines deutschen Vetos die Abschreckung in Europa mindern würde, und zwar auf doppelte Weise. Zum einen würde die Bundesrepublik in diesem Falle erpreßbar: der Gegner wäre dann nämlich in der Lage, sie durch die Androhung entsprechender Gegenmaßnahmen unter Druck zu setzen, ihr Vetorecht tatsächlich auszuüben. Gerade weil es in einem drohenden Kriegsfall im Interesse der Bundesrepublik läge, den Einsatz von Atomwaffen auf und von ihrem Territorium zu vermeiden oder zu begrenzen, muß die Bundesrepublik im Interesse der Abschreckung jeder kriegerischen Auseinandersetzung darauf verzichten, über den Einsatz von Atomwaffen direkt mitverfügen zu können. Hier liegt das grundsätzliche Dilemma der auf Nuklearwaffen angewiesenen Abschreckungsdoktrin der NATO. Die Bundesrepublik kann sich diesem Dilemma durch eigene Maßnahmen nicht entziehen. Eigene Atomwaffen bleiben ihr verwehrt und wären wohl auch in ihrer Abschreckungswirkung relativ unbedeutend. Eine Abkehr von jeglicher nuklearer Abschreckung aber würde die Wahrscheinlichkeit eines konventionellen Krieges - oder auch erpresserischer Drohungen - erhöhen. Zum anderen bestünde im Falle eines Vetorechts über den Einsatz amerikanischer Atomwaffen die Gefahr, daß die USA, solchermaßen des atomaren Schutzes ihrer eigenen Truppen beraubt, sich gezwungen sehen könnten, ihre Mitverantwortung für die Sicherheit Westeuropas einzuschränken und ihre Truppenpräsenz zu reduzieren. Dann aber wäre die Sicherheit des Bundesrepublik erst recht nicht mehr gewährleistet.

Vorschläge, wie sie früher gelegentlich selbst von den USA unterstützt wurden, die Europäer sollten zur Lösung dieser Probleme eine eigene gemeinsame Nuklearstreitmacht aufstellen, sind aufgrund dieser Überlegungen zum Scheitern verurteilt. Eine europäische nukleare Komponente kann auf absehbare Zeit den nuklearen Schirm der USA rein qualitativ nicht ersetzen. Im übrigen ist man sich in der Bundesrepublik sehr wohl der Tatsache bewußt, daß andere europäische Länder nicht bereit wären, einen deutschen Finger - selbst bei Mitwirkung anderer - am Abzugshebel nuklearer Waffen zu dulden. Dieses immer noch vorhandene Mißtrauen hat man in der Bundesrepublik akzeptiert; es öffentlich und lauthals sen.

Während sich die Frage westdeutscher Verfügungsgewalt über nukleare Waffen weitgehend dadurch entschärft hat, daß die Bundesrepublik entsprechende Einschränkungen heute voll anerkennt, ist das Problem der Begrenzung der konventionellen Stärke der Bundeswehr durch die Aufhebung der meisten Beschränkungen im großen und ganzen gegenstandslos geworden. Die in dem Protokoll Nr. III zum Vertrag über den Beitritt zur Westeuropäischen Union vertraglich fixierten Beschränkungen der westdeutschen Rüstungsproduktion(10) sind im Laufe der Zeit vollständig aufgehoben worden. Die Bundesrepublik selbst hielt sich mit öffentlichen Forderungen nach der Aufhebung dieser Beschränkungen eher zurück. Sie überließ dies aus guten Gründen anderen Kräften, wobei vor allem der zähe Widerstand Frankreichs überwunden werden mußte. So wurden z.B. die letzten Beschränkungen der zulässigen Baugröße deutscher Kriegsschiffe erst im Juli 1980 außer Kraft gesetzt, nachdem die sowjetische Invasion in Afghanistan dem westlichen Bündnis die Notwendigkeit gemeinsamer Anstrengungen zur Verteidigung des Persischen Golfes

[10] Diese Beschränkungen betrafen weitreichende Geschosse, gelenkte Geschosse, Influenzminen, Bombenflugzeuge für strategische Zwecke und Kriegsschiffe mit mehr als 3ooo to Wasserverdrängung. Für den vollständigen Wortlaut des Protokolls Nr. III vom 23. Oktober 1954 siehe Auswärtiges Amt (Hg.), Auswärtige Politik, S. 271-174.

Tabelle 1: "Ist die Bundeswehr Ihrer Meinung nach für ihre Aufgaben genügend stark bewaffnet oder ist sie zu schwach bewaffnet?"

	1967	1968	1969	197o	1971	1972	1973	1974	1975	1976	1977	1978	1979	198o	1981	1982	1983
genügend stark	41%	33%	37%	25%	65%	41%	41%	42%	44%	45%	5o%	63%	65%	62%	65%	72%	7o%
zu schwach	32	38	36	48	27	24	2o	25	32	29	28	31	3o	34	31	25	26
keine Antwort	27	29	27	27	8	34	4o	32	25	27	23	7	5	4	4	3	4

Quelle: EMNID-Institut, <u>Meinungsbild zur Wehrpolitischen Lage, Herbst 1983</u> (Bielefeld: EMNID-Institut, Oktober 1983), S. 29.

Tabelle 2: "Drei Männer unterhalten sich über unsere wehrpolitische Lage und darüber, ob es angebracht ist, die Höhe der Ausgaben für die Bundeswehr zu verändern. Welche Meinung finden Sie am richtigsten?

I. Der erste sagt: Ich halte die Lage jetzt für gefährlich, man sollte die Ausgaben für die Bundeswehr erhöhen.

II. Der zweite sagt: Wir müssen für die Bundeswehr so viel ausgeben wie auch die anderen Länder, ich meine, wie die im Westen und im Osten pro Kopf der Bevölkerung für ihre Verteidigung ausgeben.

III. Der dritte sagt: Ich meine, in der heutigen Lage können wir uns erlauben, bei der Bundeswehr gewisse Einsparungen vorzunehmen."

	1969	1971	1972	1973	1974	1975	1976	1977	1978	1979	1980	1981	1982	1983	1984
Ausgaben erhöhen	10%	9%	8%	8%	15%	10%	15%	18%	11%	11%	20%	18%	15%	14%	11%
so viel wie andere	49	53	45	44	51	55	54	56	60	61	61	53	54	54	54
einsparen	28	35	35	34	27	31	26	24	25	25	17	27	29	3o	35
keine Antwort	13	3	12	14	7	4	5	2	4	3	3	2	3	2	1

Quelle: EMNID, <u>Meinungsbild 1984</u>, S. 26.

und eventuell bedrohter Seewege vor Augen geführt hatte. Unter dem Regime entsprechender Beschränkungen war die Bundesmarine zuvor allein mangels logistischer Fähigkeiten nicht in der Lage, hier einen Beitrag zu leisten. Die verbliebenen Beschränkungen bezüglich der Herstellung von strategischen Langstreckenbombern und Fernraketen wurden im Sommer 1984 aufgehoben, damit, wie der luxemburgische Berichterstatter der Versammlung der WEU erläuterte, "die Bundesrepublik hinsichtlich der Produktion klassischer Waffen mit den anderen WEU-Mitgliedern rechtlich gleichgestellt werde. 30 Jahre nach der Unterzeichnung des WEU-Vertrages würde man damit einer Nation Gerechtigkeit widerfahren lassen, an deren Rückkehr zu einer modernen Demokratie keine Zweifel bestünden"(11). Im übrigen sollte die Aufhebung dieser diskriminierenden Beschränkungen auch dem Ziel dienen, die WEU als potentiellen Grundstein für eine eigenständigere westeuropäische Verteidigung zu reaktivieren.

Die WEU legte auch, in Abstimmung mit den Anforderungen der NATO, den Gesamtumfang des Verteidigungsbeitrages der Bundesrepublik fest. An den ursprünglich formulierten Zielen, 12 Divisionen und rund 500 000 Mann unter Waffen in allen Waffengattungen, hat sich bis heute nichts verändert. Diese Größenordnung und die ihr entsprechende Bewaffnungsstärke ist von der Bevölkerung der Bundesrepublik weitgehend als hinreichend anerkannt worden; man hält die Bundeswehr für stark genug (siehe Tabelle 1) und ist nicht bereit, höheren Verteidigungsanstrengungen zuzustimmen (siehe Tabelle 2). Auch die volle Integration der Bundeswehr in die Befehlsstruktur der NATO - eine Maßnahme, die notwendig wurde, nachdem das ursprünglich verfolgte Ziel des Aufbaus einer integrierten europäischen Verteidigungsgemeinschaft in der französischen Nationalversammlung gescheitert war -

[11] "WEU-Vertrag soll geändert werden," <u>FAZ</u>, 1. Dezember 1983, S. 6.

ist heute kaum umstritten. Eine eigene Verfügungsgewalt über den Einsatz deutscher Truppen wird nur von wenigen gefordert(12). Diese fast vollständige Akzeptierung von Beschränkungen der Stärke und der Kommandostruktur der Bundeswehr bedingt allerdings auch beträchtlichen Widerstand gegen jegliche Bemühungen, den Umfang des westdeutschen Verteidigungsbeitrages zu erhöhen oder den Aufgabenbereich der Bundeswehr zu verändern. Die Internalisierung von Beschränkungen ist gerade in diesen beiden Fällen sehr stark vorangeschritten.

Eine aggressive Anwendung militärischer Macht wird der Bundesrepublik nicht nur aufgrund der ihr auferlegten und von ihr akzeptierten Beschränkungen unmöglich gemacht, sondern ist auch aufgrund verfassungsrechtlicher und vertraglicher Bestimmungen mehrfach verboten. So mußte sich die Bundesrepublik beim Beitritt zum Bündnis verpflichten, ihre außenpolitischen Ziele - insbesondere aber das der Wiedervereinigung - nicht mit Mitteln militärischer Gewaltanwendung zu verfolgen. Das Grundgesetz (Artikel 26) bestimmt, daß "Handlungen, die geeignet sind und in der Absicht vorgenommen werden, das friedliche Zusammenleben der Völker zu stören, insbesondere die Führung eines Angriffskrieges vorzubereiten", verfassungswidrig sind. Der später hinzugefügte Artikel 87a stellt fest, daß die vom Bund aufgestellten Streitkräfte "außer zur Verteidigung" nur eingesetzt werden dürfen, soweit das Grundgesetz es ausdrücklich zuläßt. Artikel 24 regelt: "Der Bund kann sich zur Wahrung des Friedens

[12] "Die Bundeswehr untersteht ja im großen und ganzen dem Oberbefehl der NATO. Halten Sie das für richtig, oder fänden Sie es besser, daß sie einem westdeutschen Oberkommando untersteht, wenn das möglich wäre?"

	9/1971	4/1976	9/1979
Oberbefehl bei NATO richtig	51%	49%	51%
Westdeutsches Oberkommando	18	16	16
Unentschieden	16	24	20
NATO unbekannt	15	11	13

Quelle: Elisabeth Noelle-Neumann und Edgar Piel (Hg.), Allensbacher Jahrbuch der Demoskopie 1978-1983 (München: Saur, 1983), S.325.

einem System gegenseitiger kollektiver Sicherheit einordnen; er wird hierbei in die Beschränkungen seiner Hoheitsrechte einwilligen, die eine friedliche und dauerhafte Ordnung in Europa und zwischen den Völkern der Welt herbeiführen und sichern". Als die Bundesrepublik dem durch WEU und NATO gebildeten kollektiven Sicherheitssystem des Westens beitrat, verständigte man sich darauf, daß potentielle Einsätze der Bundeswehr auf den Bereich der NATO beschränkt bleiben müßten.

Angesichts dieser - in der deutschen Geschichte begründeten - Bestimmungen und Verpflichtungen kann es kaum verwundern, wenn auch heute ein militärischer Einsatz der Bundeswehr außerhalb des Geltungsbereichs der NATO für die Bundesregierung wie für die Bevölkerung "überhaupt nicht in Frage kommt"(13). Ein solcher Einsatz würde nicht nur schwierige verfassungsrechtliche Probleme aufwerfen; auch vernünftiges militärisches Kalkül spricht gegen einen Einsatz westdeutscher Truppen fernab von der zentralen Front in Europa(14). Das Problem liegt jedoch noch tiefer: Gerade weil man in der Bundesrepublik die Beschränkungen des Umfangs und der Einsatzmöglichkeiten der Bundeswehr so weitgehend akzeptiert hat, wäre eine darüber hinausgehende Verwendung allein aus politischen Gründen äußerst schwierig. Selbst die Beteiligung von Bundeswehreinheiten an internationalen Friedenstruppen unter der Flagge der Vereinten Nationen scheint vorerst kaum realisierbar, wobei allerdings auch die Rücksicht-

[13] So der heutige Verteidigungsminister Manfred Wörner in einem für eine amerikanische Leserschaft verfaßten Beitrag über "The Security Policy of the Federal Republic of Germany in the 1980s," AEI Foreign Policy and Defense Review, Frühjahr 1983 (eine Sonderausgabe über Germany: Keystone to European Security, herausgegeben von Joyce Lasky Shub), S. 45.

[14] Wörner argumentierte in seinem Beitrag über "The Security Policy of the Federal Republic", solche Operationen ergäben keinen strategischen Sinn, da sie den konventionellen Nachteil des Westens an der zentralen Front nur noch erhöhen würden: "Er wäre der größte Unsinn, Truppen aus dem NATO-Bereich abzuziehen und Europa für eine sowjetische Bedrohung verwundbar zu lassen." (S. 45.)

nahme auf mögliche Empfindlichkeiten anderer Nationen eine Rolle spielt(15).

Diese internalisierten Einschränkungen des Einsatzes militärischer Mittel führen dann zu außenpolitischen Schwierigkeiten, wenn von der Bundesrepublik erwartet wird, daß sie - um ihre eigenen Interessen zu schützen, aber auch um sich an der Durchsetzung gemeinsamer westlicher Interessen angemessen zu beteiligen - in solchen Krisengebieten und -situationen aktiv wird, die außerhalb des Vertragsgebiets der NATO liegen. In den letzten Jahren traf dies vor allem für den Persischen Golf zu, dessen Schutz für die gesamte westliche Welt von lebenswichtiger Bedeutung ist. Zwar spricht man sich in der Bundesrepublik durchaus dafür aus, daß die NATO insgesamt Schritte zum Schutz dieser Region unternimmt(16), aber nach offizieller Lesart kann die Unterstützung solcher Maßnahmen nur auf bilateraler Ebene und im Rahmen nationaler Fähigkeiten geleistet werden(17). Der Ver-

[15] Um sich nicht dem Vorwurf auszusetzen, an Friedensaktionen der UN völlig unbeteiligt zu sein, ist die Bundesrepublik bisher bereit gewesen, militärische Ausrüstung für die Truppen anderer Länder (wie etwa für nepalesische Truppen der UN-Friedenstruppe im Libanon) zur Verfügung zu stellen.

[16] "Manche fürchten ja nun, daß die Sowjetunion in weitere Länder einmarschiert, um näher an den Indischen Ozean zu kommen und um die Ölversorgung des Westens abschneiden zu können. Deshalb wird von einigen Politikern gefordert, daß die NATO Maßnahmen trifft, um nicht nur Westeuropa, sondern auch diese Länder und damit unsere Ölversorgung zu schützen. Was meinen Sie: sollte die NATO auch für den Schutz dieser Staaten im Nahen Osten sorgen, oder sollte sie sich da besser raushalten?"

	1/198o
Auch diese Staaten schützen	5o%
Sich raushalten	38
Unentschieden	12

Quelle: Noelle-Neumann, Jahrbuch 1983, S. 631.

[17] Siehe hierzu Wörner, "Security Policy of the Federal Republic." Forderungen von amerikanischer Seite, die Bundesrepublik solle zusätzliche 8o ooo Mann Reserve für den Fall bereitstellen, daß Einheiten der Rapid Deployment Force aus der Bundesrepublik verlegt werden müßten, wurden bisher mit dem Hinweis zurückgewiesen, dafür sei einfach kein Geld vorhanden. (Siehe "In Bonn verstärkt sich 'Raketenstreit'," Süddeutsche Zeitung, 3o. Mai 1983, S. 3.)

zicht auf Machtpolitik - oder gar Großmachtpolitik - ist in der Bundesrepublik tief verankert(18); eine Abkehr davon, die auch einen Truppeneinsatz außerhalb des NATO-Bereiches als legitim empfinden lassen würde, ist auf absehbare Zeit nicht zu erwarten.

Die geringe Bereitschaft, in der internationalen Politik durch Einsatz militärischer Mittel eine bedeutende Rolle spielen zu wollen, findet ihre Ergänzung in der durchweg akzeptierten Anwesenheit von Streitkräften sechs verbündeter Nationen in der Bundesrepublik. Als die Bundesrepublik sich wiederbewaffnete und in das westliche Bündnis eintrat, wurde sie dazu verpflichtet, die Stationierung verbündeter Truppen zuzulassen. Abgesehen von strategischen Gründen sollte damit auch eine Kontrolle über Entwicklungen in der Bundesrepublik gewährleistet werden. Im Laufe der Zeit ist diese Begründung für die alliierte Truppenpräsenz weit in den Hintergrund getreten; man findet sie heute selten erwähnt, in der Bundesrepublik so wenig wie im verbündeten Ausland(19). Die Anwesenheit verbündeter Streitkräfte, vor allem natürlich die der Vereinigten Staaten, ist schon seit langem zu einer Selbstverständlichkeit geworden: Man sieht in ihnen kein Instrument der Kontrolle mehr, sondern eine deutlich sichtbare Sicherheitsgarantie. Die Anwesenheit ver-

[18] "Glauben Sie, daß Deutschland noch einmal zu den mächtigsten Staaten der Welt gehört?"

	1955	1965	1972	1975	198o
Glaube ich nicht	48%	52%	67%	62%	59%
Glaube ich	25	17	12	18	22
Unmöglich zu sagen	27	31	21	2o	19

Quelle: Noelle-Neumann, Jahrbuch 1983, S. 188

[19] Siehe allerdings folgenden nüchternen Hinweis von Helga Haftendorn: "Mögen die aus historischen Erfahrungen gespeisten Besorgnisse heute an Bedeutung verloren haben, so sollte doch nicht übersehen werden, daß gegenwärtig auf westdeutschem Territorium an Landstreitkräften den 335 2oo Mann der Bundeswehr (ohne Territorialheer) 336 2oo Mann amerikanische, belgische, britische, kanadische, französische und holländische Streitkräfte (ohne Berlin-Kontingente) gegenüberstehen." (Sicherheit und Entspannung, S. 37.)

bündeter Truppen auf deutschem Boden dient dazu, diese Länder im Angriffsfall an die Verteidigung der Bundesrepublik zu binden. Sie ermöglicht erst die insgesamt als gemeinsame Verteidigungsstrategie bevorzugte Politik der Abschreckung. Ein größerer Rückzug amerikanischer Truppen aus der Bundesrepublik würde heute vom größten Teil der Bevölkerung mit Bedauern, wahrscheinlich sogar mit großen Befürchtungen zur Kenntnis genommen werden (siehe Tabellen 3 und 4).

Die Bundesrepublik profitiert von der Anwesenheit alliierter Truppen nicht nur im Sinne der damit verbundenen Sicherheitsgarantien. Sie ermöglicht der Bundesrepublik geringere eigene Verteidigungsanstrengungen, als eigentlich notwendig wären, um ein Land direkt am Eisernen Vorhang gegen die sowjetische Übermacht zu schützen - falls dies mit konventionellen Mitteln überhaupt möglich ist. Dieser Umstand ist vor allem in den USA in den letzten Jahren mehr und mehr zum Gegenstand teilweise heftiger Kritik geworden. Man beschuldigt die Bundesrepublik, auf Kosten der amerikanischen Steuerzahler eine sehr verbilligte Fahrt oder gar eine Freifahrt auf dem Zug amerikanischer Sicherheitsanstrengungen zu genießen, verlangt daher größere deutsche Verteidigungsanstrengungen und droht mit dem Abzug amerikanischer Truppen. Von deutscher Seite wird entgegengehalten, die Verteidigung Westeuropas liege auch im offensichtlichen Interesse der USA. Es bedürfe daher keiner zusätzlichen deutschen Leistungen. Diese Haltung mag auch die relative Gelassenheit erklären, mit der Rückzugsdrohungen - die seit dem Höhepunkt des fast angenommenen Mansfield-Amendments von 1971(20) in der Tat an Wirksamkeit verloren

[20]Im Mai 1971, auf dem Höhepunkt der durch den Vietnamkrieg hervorgerufenen Rückzugsmentalität der Amerikaner, brachte der demokratische Senator Mansfield einen Gesetzeszusatz ein, der die Administration gezwungen hätte, amerikanische Truppen in Europa um die Hälfte zu reduzieren. Die Annahme dieser rechtlich wirksamen Verpflichtung konnte nur mit größten Anstrengungen der Administration verhindert werden. (Siehe hierzu die ausführliche Darstellung von Henry Kissinger im 1. Band seiner Memoiren, White House Years, Boston: Little, Brown, 1979, S. 938ff.)

Tabelle 3: "Was meinen Sie, ist die Anwesenheit amerikanischer Truppen in der Bundesrepublik für unsere Sicherheit unerlässlich, wichtig, von geringer Bedeutung, unwichtig oder schädlich?"

	197o	1971	1972	1973	1974	1975	1976	1977	1978	1979	198o	1981	1982	1983	1984
Unerläßlich, wichtig	72%	75%	65%	66%	7o%	71%	69%	74%	83%	8o%	81%	79%	8o%	75%	73%
Geringe Bedeutung	11	14	15	14	12	13	11	9	9	12	11	11	8	11	15
Unwichtig, schädlich	7	7	8	9	5	6	6	7	5	6	5	8	11	12	11
Keine Antwort	11	3	12	12	12	11	14	9	3	2	3	1	1	2	-

Quelle: EMNID, Meinungsbild/1984, S. 41.

Tabelle 4: "Wenn Sie morgen in der Zeitung lesen würden, die Amerikaner ziehen ihre Truppen aus Europa zurück: Würden Sie das begrüßen oder bedauern?"

	7/1956	12/1957	6/1962	5/197o	6/1973	6/1976	8/1978	9/1979	1o/1981	1o/1982	6/1983	9/1984
Begrüßen	51%	34%	12%	22%	23%	15%	17%	11%	17%	21%	17%	17%
Bedauern	22	34	59	51	45	55	57	6o	59	55	52	59
Unentschieden	27	32	29	27	32	3o	26	29	24	24	31	24

Quelle: Noelle-Neumann, Jahrbuch 1983, S. 623; Gerhard Herdegen und Elisabeth Noelle-Neumann, "Gute Freunde, Schlechte Kritik", Die Politische Meinung, Januar/Februar 1984, S. 8; Der Spiegel, 29. Oktober 1984, S. 43 (EMNID-Umfrage).

haben(21) - in der Bundesrepublik betrachtet werden. Aber dieser zweifellos richtige Hinweis auf das amerikanische Eigeninteresse trägt wenig dazu bei, das "Freifahrt"-Problem zu bewältigen; im Gegenteil, da er gelegentlich nicht ohne ein gewisses Maß an Unverschämtheit vorgebracht wird, führt dies eher zu einer Verschärfung der Diskussion. Die Frage der Lastenteilung im Bündnis wird auch weiterhin ein schwieriges Problem darstellen.

Die Einschränkungen der Souveränität der Bundesrepublik, die durch die Stationierung fremder Truppen bedingt sind, haben im Zuge der intensiven öffentlichen Auseinandersetzungen um die Modernisierung amerikanischer Nuklearwaffen in Westeuropa ein gewisses Maß an Aufmerksamkeit erweckt. Insbesondere Sprecher der Friedensbewegung argumentieren, daß die Einführung neuer Waffensysteme, wie sie die Pershing II und die Marschflugkörper, die erstmals sowjetisches Gebiet direkt erreichen können, ohne Zweifel darstellen, die Souveränität der Bundesrepublik verletzen würde, es sei denn, der Souverän - das Volk - stimme, etwa auf dem Wege einer Volksbefragung, dieser Einführung zu. Andere gingen in ihrer Argumentation noch weiter: Sie sahen in der Nachrüstung nicht nur eine empfindliche Einschränkung westdeutscher Souveränität, sondern sogar eine Verletzung gültigen internationalen Rechts und damit auch eine Verletzung des Grundgesetzes, das internationales Recht zum Verfassungsrecht erklärt. Internationales Recht verbiete die Anwendung von Massenvernichtungswaffen, während das Grundgesetz Vorbereitungen für einen Angriffskrieg, wie er durch diese Waffensysteme angeblich ermöglicht werde, unter Strafe stelle. Im übrigen betone das Grundgesetz die Würde des

[21] Ein dem Mansfield-Amendment nachempfundener Antrag wurde 1982 vom Repräsentantenhaus mit überwältigender Mehrheit abgelehnt; zur gleichen Zeit verweigerte der Senat seine Zustimmung zu einem sehr viel weicher formulierten Antrag des Senators Stevens. (Siehe hierzu Gebhard Schweigler, "Die Rolle des Kongresses in der amerikanischen Außenpolitik", Europa-Archiv, 1/1983, S. 22.) Im Sommer lehnte der Senat einen von Senator Sam Nunn eingebrachten Gesetzentwurf ab, der einen teilweisen Abzug amerikanischer Truppen für den Fall mangelnder europäischer Verteidigungsanstrengungen vorsah.

Menschen sowie sein Recht auf Leben und körperliche Unversehrtheit und dieser Schutz könne mit den neuen Waffen der Verbündeten nicht mehr gewährleistet werden, zumal die Aufstellung weitreichender Raketen mit Nuklearwaffen die Sowjetunion zu einem Präventivschlag veranlassen könne(22).

Auf der Grundlage dieser Argumente wurden zahlreiche Beschwerden und Anträge auf einstweilige Verfügungen gegen die Nachrüstung beim Bundesverfassungsgericht eingereicht. Dieses lehnte im Dezember 1983 solche einstweiligen Verfügungen ab und gab in seinen Erläuterungen dazu bereits deutlich zu erkennen, daß es auch die Verfassungsbeschwerden zurückweisen würde. Das Gericht betonte, Maßnahmen zur wirksamen Verteidigung lägen in der Kompetenz der Bundesregierung. Das Gericht könne nicht "jenseits rechtlich normierter Vorgaben in diesem Bereich seine Einschätzungen an die Stelle der Einschätzungen und Erwägungen der zuständigen politischen Organe des Bundes" setzen(23). Im übrigen beträfe das Argument, ein sowjetischer Präventivschlag gegen Pershing II und Marschflugkörper könne das Recht auf Leben verletzen, nicht die Bundesregierung, da es sich hierbei um Maßnahmen einer fremden Macht handle. Das Bundesverfassungsgericht folgte damit im wesentlichen den Argumenten der Bundesregierung.

Insbesondere bezüglich der Frage bundesrepublikanischer Souveränität betonte die Bundesregierung, daß aufgrund der bestehenden vertraglichen Vereinbarungen die Verbündeten berechtigt seien, "Streitkräfte der gleichen Nationalität und Effektivstärke wie zur Zeit des Inkrafttretens" des Vertrages über den Aufenthalt ausländischer Streitkräfte in der

[22] Die ausführlichste Darstellung dieser Argumentationskette findet sich bei Wolfgang Däubler, Stationierung und Grundgesetz. Was sagen Völkerrecht und Verfassungsrecht zu neuen Massenvernichtungswaffen (ABC-Waffen) in der Bundesrepublik? (Hamburg: rororo aktuell, 1982).

[23] Zitiert nach "Karlsruhe weist die Nachrüstung den für Außenpolitik zuständigen Bundesorganen zu," FAZ, 23. Dezember 1983, S. 2.

Bundesrepublik Deutschland zu stationieren(24). Dieser Vertrag bestimme ferner, daß die Effektivstärke jederzeit mit Zustimmung der Regierung der Bundesrepublik Deutschland erhöht werden dürfe. Neue vertragliche Regelungen, die vom Parlament ratifiziert werden müßten, seien nicht notwendig. Im übrigen aber seien das Parlament, und damit auch die Wählerschaft, letztlich an einer solchen Entscheidung beteiligt, da die Bundesregierung von den Mehrheitsverhältnissen im Bundestag abhängig sei. Eine wesentliche Einschränkung der Souveränität der Bundesrepublik läge daher nicht vor.

Die von der Friedensbewegung beim Kampf gegen die Nachrüstung in Gang gebrachte Diskussion über die Souveränität der Bundesrepublik hat in einigen Teilen dieser Bewegung dazu beigetragen, der Frage der geteilten Nation wieder größere Beachtung zu schenken. Dem hierbei vermeintlich aufgebrochenen "neuen deutschen Nationalismus" wurde im Ausland große Aufmerksamkeit zuteil. Er nährte vielfache Befürchtungen, er könne weiter um sich greifen und schließlich zum Abfall der Bundesrepublik vom westlichen Bündnis führen.

Ohne Zweifel hat diese Diskussion dazu beigetragen, die Frage der Abhängigkeit westdeutscher Politik von Entscheidungsprozessen in anderen Hauptstädten, vor allem in Washington, erneut in das Bewußtsein der Bürger zu rufen. Ein "neuer deutscher Nationalismus", der die Bewältigung von Souveränitätsproblemen durch eine Lösung der deutschen Frage zum Inhalt gehabt hätte, griff jedoch nicht weiter um sich, vor allem nicht bei großen Teilen der Friedensbewegung, die deutschlandpolitischen Themen eher ablehnend gegenüberstehen(25). Die von rechten und linken Randgruppen vorgebrach-

[24] Zum Wortlaut des Stationierungsvertrages (als Bestandteil der Pariser Verträge vom 23. Oktober 1954) siehe Europa-Archiv, 2o. Dezember 1954, S. 7181.

[25] Siehe hierzu den Bericht über einen deutschlandpolitischen Kongress der Grünen im Herbst 1983, der zeigte, daß Deutschland "noch nicht viele auf diesem Teil des politischen Spektrums" bewegt: "Katerstimmung bei den Grünen," FAZ, 11. November 1983, S. 12.

ten Argumente und Konzepte enthielten ohnehin nicht Neues; und wenn manche mit Bedenken die Tatsache feststellen, "daß es bei den Marginaldebatten über deutschlandpolitische Konzepte zu einem regen Austausch von Argumentationsfiguren zwischen den Extremrändern des politischen Spektrums kommt"(26), so läßt dies vielleicht umgekehrt doch eher den Schluß zu, daß das diskreditierende Gedankengut der Rechten den neuen nationalistischen Schwung einiger Linker bremsen wird. Zur Dämpfung eventueller nationalistischer Regungen trug im übrigen auch die Bundesregierung bei, indem sie sich aktiv in den Prozeß der INF-Verhandlungen in Genf einschaltete und einer ausführlichen Debatte im Bundestag zustimmte.

Wäre denn die Bundesrepublik überhaupt souverän genug, einen Abzug verbündeter Streitkräfte durchzusetzen, um etwa - wie es manche friedens- und deutschlandpolitischen Vorschläge vorsehen - ein wiedervereinigtes Deutschland zu neutralisieren? Das Netzwerk der vertraglichen Verpflichtungen und Einbindungen, die die Bundesrepublik zur Gewinnung ihrer Souveränität auf sich nahm, scheint dies eher auszuschließen.

Die Mitgliedschaft in der NATO könnte, nachdem die ersten zwanzig Jahre abgelaufen sind, nunmehr mit einjähriger Frist gekündigt werden. Der WEU-Vertrag jedoch ist noch bis 1998 unkündbar; und die Pariser Verträge mit all ihrem Beiwerk sind überhaupt nicht einseitig kündbar. Der "Deutschlandvertrag" kann nur in "gegenseitigem Einvernehmen" geändert werden, und zwar im Falle der Wiedervereinigung oder "in jeder Lage, die nach Auffassung aller Unterzeichnerstaaten aus einer Änderung grundlegenden Charakters in den zur Zeit des Inkrafttretens des Vertrages bestehenden Verhältnissen ent-

[26] So Wilfried von Bredow in einer ausgezeichneten Darstellung über "Friedensbewegung und Deutschlandpolitik", Aus Politik und Zeitgeschichte, 19. November 1983, S. 46.

standen ist" (Artikel 10). Der Stationierungsvertrag "tritt außer Kraft mit dem Abschluß einer friedensvertraglichen Regelung mit Deutschland oder wenn die Unterzeichnerstaaten zu einem früheren Zeitpunkt übereinkommen, daß die Entwicklung der internationalen Lage neue Abmachungen rechtfertigen" (Artikel 3). Die Bundesrepublik ist also rein rechtlich nicht in der Lage, gegen den Widerstand der Verbündeten einen Abzug alliierter Truppen oder eine Reduzierung bestimmter Waffensysteme - etwa Nuklearwaffen - durchzusetzen. Sollte die Bundesrepublik dennoch solche Forderungen erheben und damit Vertragsbestimmungen verletzen, könnten die anderen Vertragspartner das gesamte Vertragswerk für null und nichtig erklären. Ihnen stünde dann die "Möglichkeit offen, die Truppenstationierungen als Besetzung von Deutschland als Ganzem zu deklarieren"(27). Mit anderen Worten: Der Versuch, die volle Souveränität ausüben zu wollen, könnte zum abermaligen Verlust jeglicher Souveränität führen.

Die ehemaligen westlichen Siegermächte scheinen also rechtlich durchaus in der Lage, Maßnahmen, die ihre Stationierungsrechte beeinträchtigen könnten, zu verhindern. Die Anwesenheit ihrer Truppen verleiht ihnen zusätzlich die Möglichkeit, die Durchsetzung ihrer Rechte notfalls erzwingen zu können. Die Bundesrepublik ist somit keineswegs in der Lage, völlig frei zu handeln. Aufgrund der internalisierten Beschränkungen ihrer Handlungsfreiheit steht sie allerdings auch nicht in Gefahr, gegen den Willen der westlichen Verbündeten handeln zu wollen. Die Frage nach den Begrenzungen des Handlungsspielsraums im militärischen Bereich ist daher zwar nicht gegenstandslos, aber letztlich doch ohne politische Bedeutung.

[27] So argumentiert Werner Jung, "Probleme der Souveränität in Deutschland," in: Ulrich Albrecht et al. (Hg.), Deutsche Fragen - Europäische Antworten (Berlin: Verlag Europäische Perspektiven, 1983), S. 47.

Politische Einschränkungen

Auch im politischen Bereich sind die bestehenden Einschränkungen westdeutscher Handlungsfreiheit weitgehend unumstritten. Die Bundesrepublik erklärte sich im "Deutschlandvertrag" (Artikel 2) damit einverstanden, daß "die Drei Mächte die bisher von ihnen ausgeübten oder innegehabten Rechte und Verantwortlichkeiten in bezug auf Berlin und auf Deutschland als Ganzes einschließlich der Wiedervereinigung Deutschlands und einer friedensvertraglichen Regelung" behielten. Die Gründe für diese Abtretung hoheitlicher Rechte in bezug auf Deutschland als Ganzes waren vielfältiger Natur: Erstens war es der Preis, im Zusammenhang des gesamten Vertragswerkes, für die Erlangung der Souveränität. Zweitens wurden die Westmächte verpflichtet, mit der Bundesrepublik zusammenzuwirken, "um mit friedlichen Mitteln ihr gemeinsames Ziel zu verwirklichen: Ein wiedervereinigtes Deutschland, das eine freiheitlich-demokratische Verfassung, ähnlich wie die Bundesrepublik, besitzt und das in die europäische Gemeinschaft integriert ist" (Artikel 7)(28). Drittens band diese Verantwortung die Vereinigten Staaten an die Aufgabe, in Europa eine neue Friedensordnung zu schaffen und zu erhalten. Viertens wurde die Vier-Mächte-Verantwortung für Berlin bestätigt. Fünftens schließlich stellt das Vertragswerk ein wichtiges Rechtsinstrument zur Bestimmung der fortdauernden Existenz Deutschlands als Ganzes dar(29). Diese Gründe haben bis heute ihre Gültigkeit behalten.

[28] Um die Frage, inwieweit die Bundesrepublik vertraglich verpflichtet werden sollte, ihre Westbindung auf ein wiedervereinigtes Deutschland zu übertragen, gab es innerhalb der Bundesregierung wie mit den Westmächten heftige Auseinandersetzungen. Eine entsprechende "Bindungsklausel" fand im 1954 unterzeichneten Vertragswerk keine Berücksichtigung mehr. Die Verpflichtung auf das in Artikel 7 formulierte "gemeinsame Ziel" läßt jedoch keinen Zweifel daran, daß eine Wiedervereinigung auf einer anderen Grundlage als der des Grundgesetzes und der Westintegration vertragswidrig wäre. Siehe hierzu Baring, Adenauers Kanzlerdemokratie, S. 135ff, sowie Hans-Jürgen Grabbe, Unionsparteien, Sozialdemokratie und Vereinigte Staaten von Amerika 1945-1966 (Düsseldorf: Droste, 1983), S. 185f.

[29] Ein weiteres Rechtsinstrument zur Bestimmung der fortdauernden Existenz Deutschlands findet sich in Artikel 1o7 der Charta der Vereinten Nationen, dessen Feindstaatenklausel Maßnahmen gegen Staaten, die im 2. Weltkrieg mit irgendeinem Unterzeichnerstaat verfeindet waren, zuläßt. Die Bundes-

Der Schlußstein im noch bestehenden Gebäude politischer Einschränkungen ist Berlin, zumindest solange die Bundesrepublik ein überwältigendes Interesse daran hat, den Status von Berlin zu erhalten - und die Fortdauer dieses Interesses steht in keiner Hinsicht in Frage. Die Notwendigkeit, den Status von Berlin zu schützen und die Freiheit der West-Berliner zu garantieren, bot und bietet der Sowjetunion die Möglichkeit, die Bundesrepublik an dieser empfindlichen Stelle unter Druck zu setzen. Um einen Erfolg solcher Erpressungsversuche zu verhindern, mußte - und muß - sich die Bundesrepublik auf die Standfestigkeit der westlichen Verbündeten verlassen. Bemühungen der Bundesrepublik, das Netzwerk bestehender Rechte und Verpflichtungen der Westmächte in bezug auf Berlin und Deutschland als Ganzes aufzulösen, könnten die Gefahr heraufbeschwören, daß die westliche Verpflichtung für den Schutz Berlins gemindert wird und damit die Entschlossenheit, Berlin zu schützen und im Notfall zu verteidigen, schwindet.

Umgekehrt bietet die Schutzfunktion der Westmächte in Berlin diesen ebenfalls die Möglichkeit, ihrerseits Druck auf die Bundesrepublik auszuüben. Dies zeigte sich in besonders beispielhafter Weise zuletzt bei den Verhandlungen über das Vier-Mächte-Abkommen von 1971, die "ein subtiles Instrument /darstellen/, mit dem die Dynamik der von der Sozialliberalen Koalition geführten Ostpolitik kontrolliert und gegebenenfalls gezügelt werden konnte"(30). Ursprünglich sollte es sich bei dem Berlin-Abkommen um ein Quid quo pro mit der Sowjetunion handeln: Anerkennung des Status quo in Europa durch die Bundesrepublik gegen Anerkennung und damit Verbesserung des Status quo in Berlin durch die Sowjetunion.

republik suchte, ohne Erfolg, von der Sowjetunion die Zusicherung zu erreichen, daß sie unter Rückgriff auf die Feindstaatenklausel sich nicht in die Angelegenheiten der Bundesrepublik einmischen würde. Weitergehende Bemühungen wurden jedoch nicht unternommen, da das sowjetische Beharren auf der Gültigkeit der Feindstaatenklausel die Anerkennung der fortdauernden Existenz Deutschlands als Ganzes impliziert. Siehe hierzu Monica H. Forbes, Feindstaatenklauseln, Viermächteverantwortung und Deutsche Frage (Baden-Baden: Nomos, 1983).

[30] Haftendorn, Sicherheit und Entspannung, S. 352.

Dieses Ziel wurde auch erreicht. Das Vier-Mächte-Abkommen, ein komplexes Vertragswerk, das die besondere Rolle der Bundesrepublik und der DDR berücksichtigen mußte, regelte den ungehinderten Zugang von und nach Berlin, verschaffte den West-Berlinern erstmals seit langer Zeit wieder das Recht, nach Ost-Berlin und in die DDR einreisen zu dürfen, bestätigte das Recht der Bundesrepublik, West-Berlin und seine Einwohner international zu vertreten, und betonte erneut, daß West-Berlin nicht Bestandteil der Bundesrepublik im verfassungsrechtlichen Sinne ist, während es jedoch die Entwicklung der Beziehungen zwischen West-Berlin und der Bundesrepublik erlaubte.

Der Abschluß des Vier-Mächte-Abkommens wurde von amerikanischer Seite jedoch dazu benutzt, einerseits Druck auf die Sowjetunion in anderen Bereichen - vor allem bei den Rüstungskontrollverhandlungen(31) - auszuüben, andererseits aber das vermeintlich allzu ungestüme Vorgehen der westdeutschen Ostpolitik gegenüber der Sowjetunion zu bremsen(32). Kissingers "Verknüpfungs-Taktik", die sich vor allem darauf stützte, daß ohne ein zufriedenstellendes Berlin-Abkommen die Ostverträge kaum vom Bundestag ratifiziert worden wären, konnte einen gewissen Erfolg verzeichnen: Ein Rüstungskontrollabkommen (SALT I) wurde abgeschlossen, die Dynamik der Ostpolitik gebremst und die Stellung West-Berlins gestärkt. Die Bundesrepublik konnte dabei die Erfahrung machen, daß

[31] "Whereas I held out on Berlin to speed progress on SALT, Gromyko slowed up SALT to accelerate the discussions on Berlin." So Kissinger in White House Years, S. 814.

[32] Noch einmal Kissinger (White House Years, S. 532): "Brandt wanted to speed up the Berlin negotiations so that he could use them for leverage and, if necessary, shift the onus for any failure of his Ostpolitik to us. Conversely, we favored a more leisurely pace, lest we be asked to pay for progress in the inter-German negotiations in the coin of Four-Power rights in Berlin." Die Kissingerschen Bremsbemühungen betrafen vor allem die Einberufung der Konferenz über Sicherheit und Zusammenarbeit in Europa (KSZE) und der damit verknüpften Konferenz über einen ausgewogenen Truppenabbau in Europa (MBFR).

die anderweitig begrüßte Vier-Mächte-Verantwortung für Berlin durchaus dazu dienen kann, ihre eigene außenpolitische Handlungsfreiheit einzuschränken. Als Gewinn vermochte sie dennoch zu verbuchen, daß nach der erfolgreichen vertraglichen Absicherung des Status von Berlin künftige Pressionsmöglichkeiten und damit auch Beeinträchtigungen ihrer Handlungsfreiheit eher weniger wahrscheinlich geworden sind.

Die Einschränkungen, denen die Bundesrepublik aufgrund der Viermächtevorbehalte in bezug auf Deutschland als Ganzes unterworfen ist, sind einerseits deutlich sichtbar, andererseits aber in der politischen Praxis kaum von Bedeutung. Sichtbar werden sie in der Tatsache, daß die Wiedervereinigung Deutschlands nicht erzielt werden konnte. Ihre geringe politische Bedeutung dagegen beruht auf dem Umstand, daß die Bundesrepublik selbst das Ziel der Wiedervereinigung zu keiner Zeit gegen den Willen der Westmächte durchzusetzen versuchte. Auch in diesem Fall wurden die Einschränkungen von Anfang an auf die eine oder andere Weise weitgehend internalisiert.

"Im Anfang war Adenauer" - so Baring - und es war Adenauer, der die Westintegration der Bundesrepublik über das Ziel der Wiedervereinigung stellte:

> In einem Augenblick, in dem ein Eiserner Vorhang in der Mitte Europas niedergegangen war, von dem niemand wußte, ob oder wann er sich je wieder heben würde, gelangte ein Mann an die Spitze der neuen Bundesrepublik, der schon seit dem Ersten Weltkrieg überzeugt war, man müsse Deutschland aus seiner schaukelnden Zwischenlage erlösen, entschlossen nach Westen verlagern, fest mit dem Westen verbinden. Adenauer hielt es vom ersten Tage seiner Kanzlerschaft an für seine Hauptaufgabe, den ihm zugefallenen Teilstaat in einen größeren westeuropäischen Zusammenhang einzugliedern(33).

Adenauers Prioritäten waren innenpolitisch heftig umstritten, ein Umstand, der ihn dazu zwang, seine Politik nicht

[33] Baring, Adenauers Kanzlerdemokratie, S. 332.

mit jener Deutlichkeit zu vertreten, die die Situation eigentlich erforderte. So ist auch heute noch die Frage gelegentlich umstritten, ob Adenauer - wie von ihm oft genug beteuert - tatsächlich ernsthaft an einer Wiedervereinigung gelegen war, oder ob er nicht vielmehr mit solchen Beteuerungen seine eigentlichen Ziele geschickt zu verschleiern wußte(34). Wie auch immer: seine Politik deckte sich zunächst weitgehend mit den Interessen der westlichen Siegermächte.

Die Westmächte, vor allem die USA, wollten eine weitere Machtausdehnung der Sowjetunion eindämmen und zu diesem Zweck den westlichen Teil Deutschlands fest in das westliche Bündnis eingliedern. Dies war auch Adenauers Ziel, der im übrigen hoffte, auf diese Weise deutsche Handlungsfreiheit wiedergewinnen zu können, ein Konzept, das schließlich im Mai 1955 aufging. Adenauer propagierte diese Politik als eine "Politik der Stärke". Wenn der Westen erst seine militärische, wirtschaftliche und politische Stärke wiedergewonnen und unter Beweis gestellt habe - so das Argument -, bliebe der Sowjetunion gar keine andere Wahl, als ihre Herrschaft über die Länder des Ostblocks, und vor allem natürlich über Ostdeutschland, zu lockern oder gar aufzugeben. Nur so würde eine Wiedervereinigung Deutschlands nach westlichem Muster möglich werden - und allein eine solche Wiedervereinigung war Adenauer - wenn überhaupt - bereit, in Betracht zu ziehen. Die Westmächte unterstützten aus eigenem Interesse diese Politik, indem sie etwa den Alleinvertretungsanspruch der Bundesrepublik anerkannten, die Forderung nach der Abhaltung freier Wahlen in ganz Deutschland befürworteten und vermeintlich entgegenkommende Angebote

[34] Aufschlußreich hierzu folgende Formulierungen bei Baring: "Durch und durch taktisch bestimmt, wie er war, pflegte er seine Darlegungen auf die jeweiligen Gesprächspartner und Auditorien abzustimmen. Insgesamt war sein Konzept daher komplizierter, als die einfachen Formeln ahnen lassen, derer er sich bediente. Und vor die Wahl gestellt, sollte man eher Adenauers Aufrichtigkeit als seine Intelligenz bezweifeln." (Adenauers Kanzlerdemokratie, S. 138.)

der Sowjetunion, ein wiedervereinigtes aber neutrales Deutschland zuzulassen, ablehnten(35).

Solange die Westintegration der Bundesrepublik nicht unwiderruflich vollzogen war, blieb Adenauers Politik daher auf Spannung im Ost-West-Verhältnis angewiesen. Adenauer war zwar durchaus bereit, unmittelbar nach Wiedergewinnung der außenpolitischen Handlungsfreiheit nach Moskau zu reisen, um mit der Sowjetunion diplomatische Beziehungen aufzunehmen und nach Wegen der Verständigung zu suchen. Nicht zuletzt wollte er damit einer eventuellen Verständigung der Siegermächte untereinander auf Kosten deutscher Interessen zuvorkommen. Aber gegenüber den Machthabern in der DDR galt es, eine Politik der Verständigung, die zu einer Anerkennung der DDR hätte führen können, zu vermeiden. Adenauer lehnte deshalb jeden direkten Kontakt ab und bestand im übrigen auf Maximalforderungen, von denen er wußte, daß sie keine Chance für einen Dialog lassen würden. Die Tatsache, daß er damit zugleich den Alleinvertretungsanspruch untermauern und sich mit einer harten antikommunistischen Linie innenpolitische Vorteile verschaffen konnte, half ihm bei der Durchsetzung dieser Politik der Abgrenzung. Gegenüber den Westmächten, die ja vertraglich an das Ziel der Wiedervereinigung nach westlichem Muster gebunden waren, gelang es ihm, ein Junktim durchzusetzen: keine Entspannungsmaßnahmen - vor allem im Rüstungskontrollbereich - ohne eine Lösung der Deutschen Frage. Wahre Entspannung, so Adenauer, könne sich nur einstellen, wenn die Deutsche Frage geregelt war. Je mehr aber internationale Entwicklungen nach Verständigung zwischen den Supermächten verlangte, desto mehr geriet Adenauer mit dieser Haltung in Widerstreit mit den westlichen Verbündeten.

[35] Über die Frage, ob Stalins Note an die Westmächte vom März 1952 ernst gemeint war und ihre Ablehnung daher eine vertane Chance zur Wiedervereinigung darstellt, oder ob es sich dabei nicht doch nur um den Versuch handelte, den Prozeß der Westintegration zu stören, sind die Auseinandersetzungen auch heute noch nicht verstummt. Zum jüngsten Stand dieser Diskussion siehe Rolf Steininger, Deutsche Geschichte 1945-1961 (Frankfurt: Fischer Taschenbuch, 1983, Band 1), Kapitel 16: "Eine Chance zur Wiedervereinigung?".

Der zweite problematische Aspekt der Politik der Stärke betraf die nationale Frage selbst. Adenauer wollte vor allem die Westintegration; aber um dieses Ziel erreichen zu können, mußte er argumentieren, daß nur auf diesem Umweg eine Wiedervereinigung Deutschlands zu erzielen sei. Dieses Argument wurde ihm nicht zuletzt von der innenpolitischen Opposition aufgedrängt, die - wie die SPD in jenen Jahren - nachdrücklich darauf bestand, daß mit der Westintegration der Bundesrepublik jede Chance zur Wiedervereinigung verspielt würde. Um noch einmal Baring zu zitieren:

> Denn selbst unter dem Schock der Niederlage, selbst angesichts des Eisernen Vorhangs ließ sich der Westabmarsch, wie ihn Gustav Heinemann genannt hat, nach Überzeugung des Bundeskanzlers der Bevölkerung nur plausibel machen, wenn man ihn zugleich als kürzesten Weg zur Wiedervereinigung ausgab. Trotz aller Entschlossenheit, den Bonner Staat nicht als Provisorium oder Transitorium, sondern als ein endgültiges Staatswesen aufzufassen, trotz seiner genialen taktischen Begabung wagte Adenauer nicht, den Deutschen seine Sicht der Lage zu vermitteln. Selbst in einer für sein Konzept außergewöhnlich günstigen Situation hielt sich dieser Founding Father nicht für stark genug, seinen Staat, die Bundesrepublik Deutschland, wirklich als das auszugeben, was ihr Name sagte: als Deutschland - Deutschland schlechthin und für alle Zeiten.

Barings Schlußfolgerung: "Ein Grundwiderspruch durchzog nicht nur die westdeutsche Außenpolitik, sondern auch das westdeutsche Selbstverständnis. Mit eigener Hand untergrub Adenauer damit sein konzeptionelles Westwerk..."(36).

Aufgrund dieser widersprüchlichen Haltung zur nationalen Frage blieb die Bundesrepublik gleichsam mit einem Geburtsfehler behaftet, an dem sie noch heute zu leiden hat. Noch immer scheint für viele die Frage offen, ob die Bundesrepublik trotz - oder nach! - erfolgreicher Westintegration eine wie auch immer geartete Wiedervereinigung anstreben solle, oder ob sie - wie es eigentlich den Maximen eines mitt-

[36] Baring, <u>Adenauers Kanzlerdemokratie</u>, S. 332f.

leren Staaten in Europa entspräche(37) - sich auf sich selbst besinnen und sich zum eigenen Nationalstaat - zum "Deutschland schlechthin und für alle Zeiten" (Baring) - bekennen sollte. Mit den daraus entstehenden Ungewißheiten das westdeutsche Selbstverständnis betreffend wird sich das folgende Kapitel ausführlicher beschäftigen.

Am Ende scheiterte Adenauer an diesen problematischen Aspekten seiner Politik der Stärke. Seine Beziehungen zu den USA verschlechterten sich dramatisch nach der Wahl des jungen John F. Kennedy zum Präsidenten der Vereinigten Staaten im Jahre 1961. Kennedy, konfrontiert mit wachsenden Rüstungsausgaben und einer als Supermacht auftretenden Sowjetunion, suchte die Entspannung mit der Sowjetunion, zumal nach dem Bau der Mauer in Berlin im August 1961 und der Raketenkrise um Cuba im Oktober 1962. Washington versuchte, dem Bundeskanzler in Bonn zu bedeuten, daß eine Wiedervereinigung, wenn überhaupt, nur als Ergebnis nicht aber als Vorbedingung eines langwierigen Entspannungsprozesses zustande kommen könne.

Auch in der Bundesrepublik verstärkte sich der Widerstand gegen Adenauers Politik. Teile der SPD, vor allem um den Regierenden Bürgermeister von Berlin, Willy Brandt, griffen die neuen amerikanischen Argumente auf und forderten eine Umkehr der bisherigen Politik: nicht mehr Wiedervereinigung durch Abgrenzung, sondern Wandel durch Annäherung(38).

[37] Siehe hierzu die noch immer lesenswerten Ausführungen von Waldemar Besson, Die Außenpolitik der Bundesrepublik. Erfahrungen und Maßstäbe (München: Piper, 197o). Besson kam hier zu folgendem Schluß (S. 459): "/Es/ ist freilich nötig, daß die Bundesrepublik auch im Bewußtsein ihrer Bürger als Definitivum anerkannt wird, soweit es dies im Strom der Geschichte überhaupt geben kann. Das setzt die Entwicklung eines westdeutschen Patriotismus voraus, denn kein Staat kann auf die Dauer gedeihen ohne die erzwungene oder freiwillige Loyalität seiner Bürger. Gerade ein vielfach international verflochtenes Gemeinwesen braucht die Identität von Staat und Staatsvolk."

[38] Die Rede, in der Egon Bahr diese berühmt gewordene Formel am 15.7.1963 prägte, ist abgedruckt in: Dokumentation zur Deutschlandpolitik. Hauptband III: Von der Berlin-Sperre August 1961 bis zur Regierungserklärung Erhards November 1965 (Siegler & Co. KG, Bonn-Wien-Zürich 1966), S. 256-259.

So schälten sich im Verlauf der sechziger Jahre allmählich neue Konzepte zur Ostpolitik heraus. Auch die CDU zeigte sich nach dem 1963 erzwungenen Rücktritt von Adenauer zunehmend bereit, gegenüber den osteuropäischen Staaten vorsichtig neue Wege zu beschreiten. Zum Ziel westdeutscher Politik wurde es nun mehr und mehr, durch eine Öffnung gegenüber den Ländern des Ostblocks zu deren innerem und äußerem Wandel beizutragen und damit einen Prozeß einzuleiten, an dessen Ende die Systemunterschiede zwischen Ost und West weitgehend abgeflacht sein würden. Auch das Problem der Teilung Deutschlands würde durch eine solche Aufhebung der Systemgrenzen langfristig gelöst werden. Die politische Aufmerksamkeit verlagerte sich damit von der Deutschen Frage auf die gesamteuropäische Problematik.

Voll zum Tragen kam die neue Ostpolitik jedoch erst 1969, als in Washington Präsident Nixon sein Amt übernahm und in Bonn die sozialliberale Koalition unter Bundeskanzler Brandt an die Macht kam. Die amerikanische und deutsche Politik gegenüber der Sowjetunion verlief nun wieder, wenn auch nicht immer reibungslos, so doch in vereinterer Zielrichtung. Eingebettet in die entspannungspolitischen Bemühungen der USA, die zunächst von dem Ziel geleitet waren, die USA ehrenhaft aus der Verwicklung in Vietnam zu befreien - und daher von den Intentionen her mit den Bemühungen der Bundesrepublik nicht identisch waren(39) -, strebte die neue Ostpolitik nach vertraglichen Abkommen mit der Sowjetunion und anderen Ländern Osteuropas. Geschäftsgrundlage dieser Abkommen war die Anerkennung des Status quo der Nachkriegszeit durch die Bundesrepublik, die dafür eine Verbesserung der menschlichen Beziehungen über den Eisernern Vorhang hinweg zu erreichen hoffte. Dieses Vorgehen - weg von territorialen Veränderungen hin zu politischem Wandel - fand seine gesamteuropäische Entsprechung in der Schlußakte der Konferenz für

[39] Zur Entwicklung und Durchführung der amerikanischen Entspannungspolitik siehe Gebhard Schweigler, Von Kissinger zu Carter. Entspannung im Widerstreit von Innen- und Außenpolitik 1969-1981 (München: Oldenbourg, 1982).

Sicherheit und Zusammenarbeit in Europa, in der westliche Zugeständnisse hinsichtlich des Status quo in Europa in Korb 1 aufgewogen wurden durch die in Korb 3 von der anderen Seite zugestandenen menschlichen Erleichterungen. Die Bundesregierung versprach sich hiervon nicht nur den seit langem angestrebten Wandel durch Annäherung, sondern sie stellte auch die Möglichkeit in Aussicht, daß die erreichten menschlichen Erleichterungen in den innerdeutschen Beziehungen das nationale Zusammengehörigkeitsgefühl erhalten und damit langfristig die Chancen für eine Wiedervereinigung verbessert werden würden. Mit anderen Worten: Die SPD wollte mit der neuen Ostpolitik das erreichen, was nach ihren eigenen Argumenten in den fünfziger Jahren durch die Politik der Westintegration endgültig verspielt worden war - den Erhalt der nationalen Einheit. Ähnlich wie einst Adenauer, nur mit umgekehrten Vorzeichen, trug sie mit dieser Argumentation zur Fortdauer des Grundwiderspruchs bundesrepublikanischer Außenpolitik bei.

Die Ergebnisse der neuen Ostpolitik waren innenpolitisch heftig umstritten, nicht zuletzt weil die CDU/CSU, nunmehr in Opposition, argumentierte, mit der Annahme des Status quo seien Rechtspositionen aufgegeben worden, ohne die eine Wiedervereinigung nicht mehr zu erreichen sei. Ihre Klage gegen die Verfassungsmäßigkeit der Ostverträge blieb allerdings ohne Erfolg, da das Bundesverfassungsgericht der Exekutive das Recht zugestand, zur Erreichung der verfassungsmäßig vorgegebenen Ziele - in diesem Falle "die nationale und staatliche Einheit zu wahren" bzw. "in freier Selbstbestimmung die Einheit und Freiheit Deutschland zu vollenden"(40) - die Mittel hierzu jeweils selbst zu wählen.

[40] So die entsprechenden Formulierungen in der Präambel zum Grundgesetz. Die hier enthaltene Verpflichtung zur Wahrung der staatlichen Einheit Deutschlands scheint in der politischen Diskussion zunehmend aus dem Gesichtsfeld zu rücken. Das Bundesverfassungsgericht versuchte hier entsprechende Richtungsweiser aufzustellen, indem es betonte, daß alle Verfassungsorgane verpflichtet seien, auf dieses Ziel hinzuwirken; ein Rückzug auf das Konzept der Kulturnation - also nationale Einheit ohne staatliche Einheit - wurde ausdrücklich abgelehnt.

Während aufgrund der Ostverträge, wie auch das Bundesverfassungsgericht feststellte, der rechtliche Status von Deutschland als Ganzem nicht verändert worden war, schufen die von der Bundesrepublik eingegangenen vertraglichen Verpflichtungen dennoch neue politische Tatsachen; insofern hatten die Einwände der Opposition durchaus ihre Berechtigung.

So erkannte die Bundesrepublik vorbehaltlich anderslautender Bestimmungen eines endgültigen Friedensvertrages, dessen Abschluß unter den gegebenen Bedingungen aber wohl ernsthaft von niemanden erwartet wird, die Oder-Neiße-Linie als die rechtmäßige Grenze zwischen Deutschland und Polen an(41). Die Aufnahme formeller Beziehungen mit der DDR stellte ferner einen Akt der Anerkennung der Eigenstaatlichkeit der DDR dar, dem allerdings eine völkerrechtlich voll gültige Wirkung nicht zukam; aus diesem Grunde wurden auch keine Botschaften eingerichtet, sondern lediglich "ständige Vertretungen". Dennoch hatte dieser Akt der Anerkennung zur Folge, daß seit 1972 beide deutsche Staaten Vollmitglieder der Vereinten Nationen sind. Ihr getrenntes Auftreten auf der internationalen diplomatischen Bühne verdeutlicht die durch die Ostverträge neu geschaffenen politischen Tatsachen.

Der Vertrag über die Grundlagen der Beziehungen zwischen der Bundesrepublik und der DDR stellt ausdrücklich fest, daß hinsichtlich der nationalen Frage keine Einigung erzielt werden konnte. Die Bundesregierung betonte ihrerseits,

[41] Über die Frage der Oder-Neiße-Linie hatte es zwischen Adenauer und den Westmächten bei den Verhandlungen über den Deutschlandvertrag erbitterte Auseinandersetzungen gegeben. Adenauer versuchte, die Westmächte vertraglich auf die Wiedergewinnung der Gebiete jenseits der Oder-Neiße-Linie festzulegen; die Westmächte lehnten dies ab. Artikel 7 des Vertrages stellte hierzu lediglich fest, "daß die endgültige Festlegung der Grenzen Deutschlands bis zu dieser Regelung aufgeschoben werden muß." (Ausführlicher hierzu Baring, Adenauers Kanzlerdemokratie, S. 136ff.) Uwe Nerlich argumentiert allerdings: "The Paris Agreements appear to be based on prior agreement with the United States to the effect that West Germany would never make any claims on territories east of the Oder-Neisse Line (December 1951)." ("Change in Europe: A Secular Trend?", in Daedalus, Winter 1981, S. 1o1, Fußnote 35.)

sie halte nach wie vor an dem Ziel fest, einen Zustand des Friedens in Europa zu erreichen, in dem die deutsche Nation ihre Einheit in freier Selbstbestimmung wiedererlange. Die Führung der DDR hingegen erklärte die Deutsche Frage für geschlossen. Sie besteht nach wie vor auf ihrer vollen völkerrechtlichen Anerkennung sowie auf der Anerkennung einer DDR-Staatsbürgerschaft durch die Bundesrepublik. Zu diesen Schritten ist die Bundesrepublik allerdings ohne Veränderungen des Grundgesetzes nicht in der Lage. In letzter Zeit häufen sich aber, vor allem auf seiten der Opposition, Stimmen, die einer "Respektierung" der DDR-Staatsbürgerschaft im Interesse einer Verbesserung der Beziehungen und zusätzlicher menschlicher Erleichterungen das Wort reden(42).

Das vor Jahren in Gang gekommene große Tauschgeschäft zwischen der Bundesrepublik und der DDR - Anerkennung für menschliche Erleichterungen - ist noch nicht vollständig abgeschlossen. Der damit verbundene Prozeß der Normalisierung der Beziehungen - im Sinne von normalen zwischenstaatlichen Beziehungen - wird bis zu seinem Abschluß noch manche Jahre in Anspruch nehmen. Nach wie vor beharrt die Bundesrepublik auf dem besonderen Charakter der innerdeutschen Beziehungen, da die beiden deutschen Staaten für einander nicht Ausland seien. Obwohl die DDR aufgrund dieser Rechtslage gewisse Vorteile genießt, indem z.B. der innerdeutsche Handel nicht als Außenhandel betrachtet wird und sie dadurch zollfreien Zugang zum Gemeinsamen Markt gewinnt, lehnt die DDR-Führung diesen Anspruch auf einen besonderen Charakter der Beziehungen entschieden ab. Spannungen wegen dieser

[42] Siehe hierzu etwa die Ausführungen von Jürgen Schmude auf dem Deutschlandpolitischen Forum der Friedrich-Ebert-Stiftung am 19. Mai 1983 in Bonn (S. 14f des Protokolls), der hier auch das interessante Argument vorbrachte, daß, nachdem das Bundesverwaltungsgericht festgestellt habe, der Erwerb der DDR-Staatsbürgerschaft vermittle nicht ohne weiteres die deutsche Staatsangehörigkeit, damit auch die vielfach ausgesprochene Behauptung falsch werde, es gäbe nur eine deutsche Staatsangehörigkeit. Vermutlich wird sich eines Tages eine Formel finden lassen, die es der Bundesrepublik erlaubt, die DDR-Staatsbürgerschaft im Austausch für DDR-Zugeständnisse bei der Aufhebung von Reisebeschränkungen zu respektieren.

ungelösten Fragen werden daher das deutsch-deutsche Verhältnis weiterhin bestimmen, wenn auch andere, vor allem wirtschaftliche Interessen immer wieder zu sachlicher Zusammenarbeit hinführen. In der innenpolitischen Auseinandersetzung der Bundesrepublik bleibt somit ebenfalls ein Potential für Spannungen erhalten, obwohl der Konsens hinsichtlich der Gestaltung der besonderen Beziehungen zur DDR in letzter Zeit außergewöhnlich ausgeprägt erschien(43).

Die Deutsche Frage kann unter den gegebenen Umständen noch nicht als endgültig geregelt betrachtet werden. Ihre Lösung stellt dennoch kein Problem von überragender politischer Bedeutung dar. Forderungen nach Wiedervereinigung gehören inzwischen in den Bereich politischer Rhetorik, nicht aber zum politischen Tagesgeschäft. Die Deutsche Frage hat allenfalls "gegenwärtig eine neue Phase phantasievollen, wenn auch politisch irrelevanten Nachdenkens über deutsche Identität erreicht"(44). Konkrete Maßnahmen zur Erreichung der Wiedervereinigung stehen nicht zur Diskussion. Die Beschränkungen, denen die Bundesrepublik bei der Verfolgung dieses Zieles unterliegt, sind weitgehend internalisiert.

Angesichts dieser Entwicklung bleibt die Frage, inwieweit eigenständige Bestrebungen der Bundesrepublik, die Wiedervereinigung zu erzielen, von den Siegermächten des Zweiten Weltkriegs verhindert werden könnten, allein von theoretischer Relevanz. Hier sprechen die nach wie vor gültigen Bestimmungen des einseitig nicht kündbaren Deutschlandvertrages eine deutliche Sprache: Das gemeinsame Ziel, die Wiedervereinigung nach westlichem Muster, kann nur im Zusammenwirken der Unterzeichnerstaaten verfolgt werden. Die Westmächte verfügen aufgrund dieser Bestimmungen über er-

[43] Als Beispiel für die Tragweite dieses Konsenses siehe die gemeinsame Erklärung aller im Bundestag vertretenen Parteien (außer den Grünen) zum Bericht zur Lage der Nation vom 9. Februar 1984. Die DDR reagierte auf diese Erklärung in polemisch sehr scharfem Ton.

[44] Haftendorn, Sicherheit und Entspannung, S. 736.

hebliche Einspruchsmöglichkeiten, sollte die Bundesrepublik gegen deren Vorstellungen eine Wiedervereinigung im Alleingang anstreben. Zu einem solchen Alleingang wird es auch aus diesem Grunde nicht kommen. Die Internalisierung der Beschränkungen läßt ihn unmöglich erscheinen.

Wirtschaftliche Einschränkungen

Im wirtschaftlichen Bereich unterliegt die Bundesrepublik heute nur wenigen formellen Einschränkungen. Natürlich erfreut sie sich keiner absoluten Handlungsfreiheit in diesem Bereich. Ein Land, so vom Außenhandel abhängig wie die Bundesrepublik, muß diese Tatsache in seiner Politik berücksichtigen. Aber von daraus resultierenden Einschränkungen abgesehen, hat sich die Bundesrepublik im Lauf der Zeit von den ihr ursprünglich auferlegten Fesseln weitgehend befreien können. Einschränkungen ihrer wirtschaftlichen Handlungsfreiheit erwiesen sich teils als kontraproduktiv, etwa beim Wiederaufbau Westeuropas, teils wurden sie, vor allem im Rahmen der Europäischen Gemeinschaft, internationalisiert. In kritischen Bereichen wie der Nukleartechnologie und der Waffenproduktion hat die Bundesrepublik noch bestehende Beschränkungen inzwischen internalisiert; sie sind damit weitgehend hinfällig geworden.

In der unmittelbaren Nachkriegsperiode verfolgten die Siegermächte das Ziel, die wirtschaftliche Entwicklung Deutschlands unter strenger Kontrolle zu halten, um einen Wiederaufbau der wirtschaftlichen Grundlage des deutschen Militarismus zu verhindern, Reparationsleistungen - vor allem an die Sowjetunion - zu gewährleisten und die Konkurrenzfähigkeit der deutschen Industrie zu schmälern. Es gelang der Bundesrepublik jedoch ziemlich bald, diese Einschränkungen zu mildern, denn sie konnte die Westmächte davon überzeugen, daß nur ein wirtschaftlich genesendes Staatswesen in der Lage sein würde, den politischen Neuaufbau eines demokratischen Verfassungsstaats zustande zu bringen. Mit dem Aufziehen des Kalten Krieges und der damit entstehenden Notwendigkeit, die potentielle wirtschaftliche Leistungskraft der Bundesrepublik zu nutzen, entfielen weitere Restriktionen. Der wirtschaftliche Aufschwung wurde jedoch erst durch die großzügige Hilfe des Marshall-Plans in Gang gebracht. So kam es schließlich zum vielbestaunten Wirtschaftswunder, das maßgeblich zum Erfolg der Politik der Westintegration und des politischen Aufbaus der Bundesrepublik beitrug.

Sofern die wirtschaftlichen Einschränkungen aus den Jahren der Aufbauzeit nicht durch die eintretende Entwicklung hinfällig wurden, wurden sie internationalisiert - ein Prozeß von wesentlicher Bedeutung für die Entwicklung der Europäischen Gemeinschaft: Die Bestrebungen der Bundesrepublik, die Restriktionen hinsichtlich der Produktion von Kohle und Stahl im Ruhrgebiet und im Saarland, das bis 1957 unter französischer Verwaltung stand, aufzuheben, führten unmittelbar zur Gründung der Europäischen Gemeinschaft für Kohle und Stahl im Jahre 1952. Sie unterwarf den Montan-Bereich in allen Mitgliedsländern der Kontrolle der Gemeinschaft. Mit der Gründung von EURATOM und der Europäischen Wirtschaftsgemeinschaft 1958 wurden weitere Wirtschaftsbereiche der gemeinsamen Beschlußfassung und Kontrolle unterstellt. Stand diese Einbindung der Wirtschaft der Bundesrepublik am Ausgangspunkt der Bemühungen um die spätere Europäische Gemeinschaft (EG), so gehört es seit langem nicht mehr zu ihren Aufgaben, die industrielle Produktion Westdeutschlands zu kontrollieren. Aufgabe der EG als Wirtschaftsgemeinschaft ist vielmehr, die Wirtschaftspolitiken aller Mitgliedsländer zum gemeinsamen Nutzen zu koordinieren. Dabei spielt die Bundesrepublik als inzwischen stärkste westeuropäische Wirtschaftsmacht eine bedeutende Rolle. Sie ist nicht nur der größte Nettozahler der Gemeinschaft, sondern zieht auch großen Nutzen aus ihrer Mitgliedschaft. Daher kann es nicht überraschen, daß die Bundesrepublik nach wie vor eines der Länder ist, das schon aus wirtschaftlichen Interessen am entscheidendsten für den weiteren Ausbau der Europäischen Gemeinschaft eintritt(45).

Die Unterstützung der Bundesrepublik für die EG beruht nicht allein auf den wirtschaftlichen Vorteilen ihrer Mitgliedschaft. Ein wichtiger politischer Vorteil ist es, daß die EG mit ihrer Aufgabe, für die Mitgliedsländer eine gemeinsame Handelspolitik zu entwickeln und zu koordinieren, inzwischen die Funktion übernommen hat, die politische Verantwortung für kontroverse Maßnahmen zu tragen. Das bedeutet eine oft willkommene Verlagerung der Verantwortung von den einzelnen Hauptstädten auf den eher anonymen bürokratischen Entscheidungsprozeß in Brüssel. Gerade für die Bundesrepublik kann dies von erheblichem politischen Vorteil sein, wie z.B. jüngste Erfahrungen mit den Beziehungen zu den USA verdeutlichen. Während das transatlantische Verhältnis durch das Nachrüstungsproblem und die Frage des politisch richtigen Umgangs mit der Sowjetunion belastet war, sah sich die Bundesrepublik in der Lage, eine zusätzliche Belastung der deutsch-amerikanischen Beziehungen aufgrund schwieriger Handelsprobleme - vom Landwirtschaftsbereich über Stahlverkäufe bis hin zu Fragen des Technologietransfers - eben dadurch vermeiden zu können, daß die Behandlung dieser Probleme von Brüssel wahrgenommen wurde. Hier - wie in ähnlichen Fällen - konnte sich die Bundesrepublik gleichsam hinter dem gemeinsamen Entscheidungsprozeß der EG verstecken.

Die Mitgliedschaft in der Europäischen Gemeinschaft erlaubt es der Bundesrepublik, auf der internationalen Bühne eine weniger prominente Rolle zu spielen, als ihr aufgrund ihrer wirtschaftlichen Stärke eigentlich zufallen müßte. Für ein Land, dem noch immer gewisse Vorbehalte entgegengebracht werden und das sich seiner eigenen Rolle deshalb keineswegs sicher ist, stellt die Fähigkeit, als Teil einer Gemeinschaft auftreten zu können, eine willkommene Möglichkeit dar, gelegentlich in den Hintergrund zu treten. Der

[45] Siehe hierzu die (allerdings nicht in allen Punkten befriedigende) Darstellung von Bernhard May, Kosten und Nutzen der deutschen EG-Mitgliedschaft (Bonn: Europa-Union Verlag, 1982).

wirtschaftliche Riese, der nicht ungern, wenn es vorteilhaft erscheint, in die Rolle des politischen Zwergs schlüpft, ist nicht zuletzt aus diesem Grund an der Erweiterung der Aufgaben der EG im außen-, ja sogar im sicherheitspolitischen Bereich interessiert.

Die Internationalisierung wirtschaftlicher Einschränkungen hat der Bundesrepublik auch in anderen Bereichen geholfen. Die Mitgliedschaft im Coordinating Committee (CoCom) der westlichen Industrienationen, dem es 1950 unter dem Druck, andernfalls Marshall-Plan-Hilfe zu verlieren, beitrat(46), ist ein wesentlicher Grund dafür, daß die Bundesrepublik als wichtigster westlicher Handelspartner des Ostblocks bisher wegen dieser Handelsbeziehungen nicht stärkerer Kritik ausgesetzt war. Die Bundesrepublik machte 1963 mit dem Fiasko des ihr von den USA aufgezwungenen Röhrenembargos, das dann von den anderen CoCom-Mitgliedsländern umgangen wurde, die Erfahrung, daß sie ihren Osthandel nicht restriktiver zu handhaben braucht als ihre Konkurrenten auf dem internationalen Markt. Diese Erfahrung kam ihr 1981 zugute: Sie konnte zusammen mit anderen westeuropäischen Ländern ein von den USA gefordertes - und zweitweilig mit Sanktionen gegen westeuropäische Lieferfirmen beinahe erzwungenes - Röhrenembargo gegen die Sowjetunion erfolgreich abwehren. Zwar sind die Differenzen mit den USA über Art und Umfang des Handels mit der Sowjetunion nicht ausgeräumt. Doch die Bundesrepublik sieht sich heute nicht mehr mit dem Problem konfrontiert, daß sie im Vergleich zu ihren westeuropäischen Nachbarn besondere Einschränkungen akzeptieren oder sich selbst auferlegen muß.

Ein besonders empfindlicher Bereich, der inzwischen internationalisierten Einschränkungen unterworfen wurde, betrifft die Weiterverbreitung nuklearer Technologie. Die Bundesrepublik bestand schon sehr früh auf ihrem Recht,

[46] Siehe hierzu Hanns-Dieter Jacobsen, Die Ost-West-Wirtschaftsbeziehungen als deutsch-amerikanisches Problem (Baden-Baden: Nomos, in dieser Reihe Band 5 - in Vorbereitung).

Zugang zur f r i e d l i c h e n Nutzung der Kernenergie zu haben. Die westdeutsche Industrie wäre sonst von der Möglichkeit abgeschnitten worden, in der technologischen Entwicklung eine international konkurrenzfähige Position zu erreichen. Die damalige Bundesregierung unterstützte diese Bemühungen nachdrücklich, indem sie 1955 ein Bundesministerium für Atomfragen - zuerst unter Leitung von Franz Josef Strauß - einrichtete. Die Aktivitäten im Kernenergiebereich unterliegen bis heute der Kontrolle der 1957 gegründeten Europäischen Atomgemeinschaft (EURATOM) und der Internationalen Atomenergiebehörde in Wien. Diese Kontrollmaßnahmen zur Sicherung des rein zivilen Einsatzes von Atomenergie und -technik wurden von der Bundesrepublik zu keiner Zeit in Frage gestellt.

Umstritten war jedoch der nach langem Zögern vollzogene Beitritt der Bundesrepublik zum Nichtverbreitungsvertrag, in dem z.B. F.J. Strauß ein "Versailles von kosmischen Ausmaßen"(47) zu erkennen glaubte. Die Befürchtung der Beitrittsgegner war, daß unter dem Regime dieses Vertragswerks die Entwicklung und der Verkauf ziviler nuklearer Spitzentechnologien empfindlich eingeschränkt werden könnte. Diese Befürchtungen schienen sich zu bestätigen, als die Bundesrepublik Mitte der siebziger Jahre einen Vertrag mit Brasilien abschloß, der nicht nur die Lieferung von Kernreaktoren, sondern auch den Verkauf von Anreicherungs- und Wiederaufbereitungsanlagen für Kernbrennstoffe vorsah. Dadurch wurde Brasilien zumindest potentiell in die Lage versetzt, spaltbares Material für Kernwaffen herzustellen. Zwar argumentierte die Bundesregierung, die Kontrollen des gesamten Brennstoffkreislaufs in den brasilianischen Anlagen seien durch die Internationale Atomenergiebehörde genügend gewährleistet. Dennoch versuchte die amerikanische Regierung unter Präsident Carter, der sich der Problematik der nukle-

[47] Zitiert nach Haftendorn, Sicherheit und Entspannung, S. 662; dort auch in Kapitel VII eine ausführliche Darstellung des Verzichts auf eine nationale nukleare Option (S. 613-7o7).

aren Proliferation besonders angenommen hatte, unter Anwendung starken politischen Drucks die Bundesrepublik von diesem Geschäft abzubringen, wobei auf deutscher Seite die Vermutung nahelag, daß die amerikanische Nuklearindustrie selbst an diesem Geschäft interessiert war. Die Bundesrepublik konnte sich schließlich durchsetzen. Dabei half ihr die Mitarbeit in der Gruppe Nuklearer Lieferländer ("nuclear suppliers' club"), denn so konnte der amerikanische Druck einmal mehr auf ein multilaterales Forum abgeleitet und damit bilaterale Pressionen vermindert werden(48). Ähnliches galt auch für die unter Bonner Mitwirkung durchgeführte "internationale Bewertung des nuklearen Brennstoffkreislaufes", die 1980 ihre Empfehlungen verabschiedete. Durch diese Maßnahmen (s.u.) gelang es der Bundesrepublik, ihre Verantwortung hinsichtlich der Nichtweiterverbreitung sensitiver nuklearer Technologien hinreichend unter Beweis zu stellen.

Ein Problem von besonderer Brisanz stellte - und stellt - die Frage der Herstellung von Waffen sowie deren Verkauf an andere Länder dar. Die Gründer der Bundesrepublik trugen Befürchtungen hinsichtlich eines ungehinderten Wiederaufbaus der deutschen Waffenindustrie dadurch Rechnung, daß sie - in Artikel 26 des Grundgesetzes - "Handlungen, die geeignet sind und in der Absicht vorgenommen werden, das friedliche Zusammenleben der Völker zu stören, insbesondere die Führung eines Angriffskrieges vorzubereiten", als verfassungswidrig erklärten und die Herstellung sowie den Verkauf von zur Kriegführung bestimmter Waffen der Genehmigung der Bundesregierung unterwarfen. Die Bundesrepublik gewann mit Beginn der Wiederbewaffnung ein starkes wirtschaftliches Interesse, selbst wieder Waffen zu produzieren. Nur so konnte die Ausrüstung der Bundeswehr zu wirtschaftlich vertretbaren Kosten auf Dauer gewährleistet werden. Ferner galt es für die westdeutsche Industrie, in diesem technologisch und damit wirtschaftlich wichtigen Be-

[48] Siehe hierzu Haftendorn, Sicherheit und Entspannung, S. 699.

reich den internationalen Anschluß nicht zu verlieren(49). Die Herstellung von Waffen erlebte daher bald einen beträchtlichen Aufschwung.

In einigen Bereichen, vor allem bei der Entwicklung von gepanzerten Fahrzeugen, hat die Bundesrepublik in der Zwischenzeit mit vergleichbar großen Waffenproduzenten zumindest gleichgezogen. In anderen Bereichen, z.B. bei der Entwicklung und Produktion von Kampfflugzeugen, wurden Kooperationsabkommen mit Firmen in westeuropäischen Ländern geschlossen, denn nur gemeinsam war es möglich, den amerikanischen Vorsprung einzuholen.

Der Aufbau einer eigenen Rüstungsindustrie konfrontiert die Bundesrepublik bis heute jedoch mit einer Reihe von Problemen. Je mehr Waffen die Bundesrepublik selbst bzw. in Zusammenarbeit mit europäischen Partnern produziert, desto weniger Waffen braucht sie in den USA zu kaufen. Dadurch wird das seit langem bestehende Problem, die den USA entstehenden Kosten für die Stationierung ihrer Truppen in der Bundesrepublik auszugleichen(50), nicht einfacher. Um-

[49] Es wäre sicherlich nicht möglich gewesen, den technologischen Anschluß allein im zivilen Bereich zu halten. Im übrigen ist die Unterscheidung zwischen zivilen und militärischen Produkten nicht immer einfach, vor allem nicht beim Flugzeug- und Raketenbau. Dieses Problem gewann in den vergangenen Jahren eine gewisse Brisanz mit den Bemühungen der "Orbital-Transport- und Raketen-AG" (Otrag), eine Rakete zum Start von Satelliten unter privater Regie zu entwickeln. Die Aktivitäten der Otrag in Libyen und Zaire verstärkten jedoch national wie international geäußerte Verdachtsmomente, daß möglicherweise illegal militärisch nutzbare Raketen gebaut werden sollten. Nach mehreren technischen und politischen Rückschlägen kooperiert Otrag inzwischen jedoch mit der Deutschen Forschungs- und Versuchsanstal für Luft- und Raumfahrt und führt ihre Versuche auf dem Gelände der European Space Agency in Schweden durch; ihre Aktivitäten sind damit nationalen und internationalen Kontrollen unterworfen.

[50] In den Jahren der Besatzungszeit mußte die Bundesrepublik für die Besatzungskosten direkt aufkommen; später kam es zu Abmachungen über Ausgleichszahlungen und -einkäufe, die jedoch zu Beginn der achtziger Jahre von der Bundesrepublik nicht wieder erneuert wurden. Siehe hierzu Gregory F. Treverton, The "Dollar Drain" and American Forces in Germany. Managing the Political Economics of Alliance (Athens, Ohio: Ohio University Press, 1978) und Elke Thiel, Dollardominanz, Lastenteilung und amerikanische Truppenpräsenz (Baden-Baden: Nomos 1979).

gekehrt trägt die mit diesem Kostenargument begründete Weigerung der USA, in der Bundesrepublik größere Waffeneinkäufe zu tätigen, zu der Vermutung bei, die USA wollten ihre militärische Dominanz im Bündnis zu wirtschaftlichen Vorteilen nutzen. Dabei geht es nicht nur darum, daß man natürlich allein schon aus kommerziellen Gründen Waffen an die USA verkaufen möchte oder daß die Entwicklung und Herstellung moderner Waffensysteme ohne entsprechend große Produktionsserien nicht mehr finanziert werden können. Der Bundesrepublik liegt auch sehr daran, das NATO-weite Problem mangelnder Interoperabilität der wichtigsten Waffensysteme zu verringern - etwa dadurch, daß die USA deutsche oder westeuropäische Waffen für ihre hier stationierten Truppen kaufen.

In den vergangenen Jahren ist der Druck von seiten der Rüstungsindustrie und deren potentiellen Kunden auf die Bundesregierung stärker geworden, Waffenverkäufe auch an Länder der Dritten Welt in stärkerem Umfang zu genehmigen. Zwar haben die Waffenlieferungen in die Dritte Welt bereits in den letzten Jahren kräftig zugenommen; der Anteil der Dritten Welt am gesamten Waffenexport der Bundesrepublik stieg von 25% in den sechziger auf fast 70% in den siebziger Jahren(51). Auch bieten sich der Industrie offenbar manche Möglichkeiten, Exportverbote auf legalem (z.B. über Koproduzenten in anderen westeuropäischen Ländern) oder gar illegalem Wege(52) zu umgehen. Aber aus der Bundesrepublik sind bisher keine größeren Waffensyteme - mit Ausnah-

[51] Zitiert nach Joachim Krause und Gale A. Mattox, West German Arms Sales to the Third World Countries, Atlantic Quarterly, No. 2, Summer 1984, S. 175.

[52] Eine Möglichkeit, die strengen Exportlizensierungsbestimmungen bei Waffenverkäufen zu umgehen, besteht darin, Waffen an Drittländer zu verkaufen (die Kontrollen über einen Weiterverkauf sind gerade bei kleineren konventionellen Waffen sehr schwierig). Zu den Schwierigkeiten, die aufgrund solcher dubiosen Geschäftspraktiken entstehen können, siehe "Rheinmetall-Manager kommen wegen verbotener Waffenausfuhr vor Gericht", FAZ, 8. Februar 1984, S. 4.

me von kleineren Kriegsschiffen und U-Booten - an Länder der Dritten Welt geliefert worden.

Die Bundesrepublik kann aus historischen Gründen kein Interesse daran haben, zu einem der Hauptrüstungsschmiden und -waffenhandelsplätze der Welt zu werden; an ihre Verantwortung in militärisch-politischer Hinsicht wird sie oft genug erinnert(53). Insbesondere muß ihr daran gelegen sein, deutsche Waffenlieferungen in Spannungsgebiete zu verhindern oder Waffenverkäufe an Regime nicht zuzulassen, denen aus politischen oder moralischen Gründen Unterstützung versagt bleiben sollte. Allerdings können sich Waffenverkäufe auch als wertvolles Hilfsmittel bei der Verfolgung außenpolitischer Ziele erweisen. In welche Spannung die Bundesrepublik zwischen diesen beiden Polen geraten kann, zeigte sich zuletzt, als Saudi Arabien den Wunsch äußerte, westdeutsche Panzer zu kaufen (und diesen Wunsch wohl mit attraktiven Offerten hinsichtlich Lieferumfang und Preis für saudi-arabisches Öl verknüpfte). Die intensive innenpolitische Debatte, ob die Bundesregierung dieses bisher größte und auch außenpolitisch interessante Waffengeschäft genehmigen sollte - eine Debatte, die von dem heftigen Widerstand Israels noch zusätzlich geschürt wurde -, ließ erkennen, daß die Zurückhaltung bei internationalen Waffenverkäufen noch keineswegs geschwunden ist.

Dennoch deutete sich mit der Bereitschaft, Saudi Arabien zumindest "defensive" Waffensysteme zu verkaufen, eine gewisse Auflockerung der bisherigen Zurückhaltung an. Insbesondere in wirtschaftlich schwierigen Zeiten fällt es nicht leicht, lukrative Waffengeschäfte, die u.a. Arbeitsplätze

[53] Siehe z.B. folgenden nicht atypischen Ausbruch von William Safire, dem konservativen Kolumnisten der New York Times, unter dem Titel "The German Problem" (8. Januar 1984): "Only yesterday, West Germany was the embodiment of industriousness and resolve; today, it is a nation with a raging case of intellectual anomie, entrepreneurial timidity and diplomatic desperation. A Western bulwark is turning into a Western headache." Und warum?:"The West Germans have decided to go into the merchant-of-death business in a big way, with their prime customer Saudi Arabia."

sichern helfen, abzulehnen. Auch dürfte es für die Bundesrepublik immer schwieriger werden, potentielle Kunden, auf deren Wohlwollen man für die Durchsetzung eigener Interessen angewiesen ist, zu verprellen. Die Bundesrepublik wird also längerfristig kaum umhin können, Waffenverkäufe vorsichtig zu erweitern. Internationalisierte und internalisierte Beschränkungen werden ihr dennoch weiterhin Zurückhaltung auferlegen.

Die Auflockerung der äußeren und inneren Einschränkungen bei der Herstellung und dem Verkauf von Waffen ist nur ein Beispiel dafür, wie es der Bundesrepublik im Verlauf ihrer nunmehr 35-jährigen Geschichte gelungen ist, die ursprünglich rigiden Beschränkungen ihrer Handlungsfreiheit abzubauen. Die historisch bestimmten Grundlagen westdeutscher Außenpolitik haben sich dementsprechend verändert. Die Bundesrepublik scheint heute in der Lage, eigene Wege zu gehen. Dennoch wird sie von den bisher eingeschlagenen Pfaden kaum abweichen. Zahlreiche Wegbegrenzungen hat sie in die rechtlichen Grundlagen ihrer Existenz, in ihre Politik und nicht zuletzt in die grundsätzlichen Einstellungen ihrer Bevölkerung übernommen - sie damit internalisiert. Wie stabil diese internalisierten Einschränkungen sind, wie solide der Kurs ist, den die Bundesrepublik innen- wie außenpolitisch eingeschlagen hat, hängt entscheidend von der Stabilität grundlegender Einstellungen der Öffentlichkeit gegenüber Staat und Politik ab.

III. GRUNDLEGENDE EINSTELLUNGEN: IDENTITÄT UND ENTSPANNUNG

Nach der verheerenden Katastrophe des Nationalsozialismus sahen sich die Deutschen mit der Aufgabe konfrontiert, diese schreckliche Vergangenheit bewältigen zu müssen. Sie standen zudem vor der Notwendigkeit, diejenigen grundsätzlichen Orientierungen und persönlichen Einstellungen entwickeln und akzeptieren zu müssen, ohne die eine Demokratie - deren Aufbau das überragende Ziel westdeutscher Nachkriegspolitik war -, nicht lange bestehen kann. Beides waren keine einfachen Aufgaben, nicht zuletzt weil ein tief empfundenes Bedürfnis nach Vergessen - nach Verdrängung der Vergangenheit -, im Widerspruch stand mit der Notwendigkeit, sich an die Fehler der Vergangenheit zu erinnern, damit die Zukunft besser gestaltet werden konnte.

Die westlichen Siegermächte waren daran ineressiert, in dem von ihnen kontrollierten Teil Deutschlands solche Einstellungen zu fördern, durch die Westdeutschland wieder fester an westliche politische Traditionen gebunden werden würde. Die Überzeugung - die sich auf die Analysen mancher prominenter Sozialwissenschaftler stützte - war weit verbreitet, daß die Deutschen, einmal mehr sich selbst überlassen und in ihren Einstellungen nicht bekehrt, aufgrund mangelnder Orientierung eine gefährliche Rolle zwischen Ost und West zu spielen drohten. Das Problem für die Besatzungsmächte bestand darin, daß sie gezwungen waren, demokratische Werte mit letztlich undemokratischen Methoden zu vermitteln. Die Deutschen selbst mußten mit dem schwierigen Problem fertig werden, beim Aufbau eines demokratischen Staatswesens auf Personen und Institutionen zurückgreifen zu müssen, die den Zusammenbruch der Weimarer Republik und die Katastrophe des Dritten Reiches nicht unbelastet überstanden hatten. Für manche besorgte Beobachter handelte es sich bei politischen und gesellschaftlichen Entwicklungen in der neuen Bundesrepublik um eine Restauration diskreditierter Verhältnisse, die die Qualität der neuen Demokratie in Frage stellte. Aber die materielle und geistige Hilfe, die bald vor allem von den USA zur Verfügung gestellt wurde, und der unbestreitbare Erfolg beim Wiederaufbau trugen schließlich dazu bei, daß die anfangs bestehende Neigung, die Werte der westlichen Siegermächte abzulehnen, schwand und die Bundesrepublik als neuer demokratischer Staat akzeptiert wurde.

Die Entwicklung demokratischer und westlich-orientierter Werte stellte einen Bruch mit der unmittelbaren Vergangenheit dar. Dieser Bruch ließ die Frage aufkommen, ob es den Westdeutschen gelingen würde, sich eine neue Identität zuzulegen - eine Frage, die zusätzliche Bedeutung allein wegen der Teilung Deutschlands gewann. Als die Bundesrepublik nach Jahren rigiden Abgrenzungsdenkens eine Politik der Entspannung gegenüber der Sowjetunion und damit auch gegenüber der DDR - der ehemaligen Zone, für viele noch immer nur ein "Phänomen" -, begann, wurde diese neue Ostpolitik, die einerseits Veränderungen in der nationalen Identität widerspiegelte, andererseits aber auf die Erhaltung einer gesamtdeutschen Identität spekulierte, im westlichen Ausland mit zum Teil erstaunlicher Sorge betrachtet. Viele Beobachter äußerten die Befürchtung, daß eine ungenügend entwickelte Identität der Bundesrepublik eine rationale Entspannungspolitik nicht zulassen werde.

Wie tief verwurzelt diese Überzeugungen waren und - weit wichtiger - wie stark sie gerade das Zentrum des amerikanischen außenpolitischen Entscheidungsprozesses prägten, geht aus den Äußerungen von drei Sicherheitsberatern amerikanischer Präsidenten hervor. So zitiert z.B. Henry Kissinger in seinen Memoiren zunächst einen von ihm verfaßten Vermerk an Präsident Nixon und argumentiert fortführend:

> "It should be stressed that men like Brandt, Wehner and Defense Minister /Helmut/ Schmidt undoubtedly see themselves as conducting a responsible policy

> of reconciliation and normalization with the East and intend not to have this policy come into conflict with Germany's Western association. There can be no doubt about their basic Western orientation. But their problem is to control a process which, if it results in failure, could jeopardize their political lives and if it succeeds could create a momentum that may shake Germany's domestic stability and unhinge its international position. It seemed to me that Brandt's new Ostpolitik, which looked to many like a progressive policy of quest for détente, could in less scrupulous hands turn into a new form of classic German nationalism. From Bismarck to Rapallo it was the essence of Germany's nationalist foreign policy to maneuver freely between East and West"(1).

Zbigniew Brzezinski, Präsident Carters Berater für Nationale Sicherheitsfragen, argumentierte in einem - nach seiner Amtszeit verfaßten - Zeitungsaufsatz:

> "What is happening in Germany may not involve so much a wave of pacifism or of neutralism as a resurfacing of the more traditional Eastern orientation in German nationalism, which in some respects is older and more established than the Western orientation associated with the era of Adenauer. This is the deeper meaning of Chancellor Schmidt's initial endorsement of the imposition on the Polish people of Soviet-style dictatorship as 'necessary'"(2).

Schließlich noch ein Zitat von einem nicht näher identifizierten "senior White House official" aus dem Jahre 1981, das aller Wahrscheinlichkeit nach von Richard Allen, dem später zurückgetretenen Sicherheitsberater Reagans, stammt:

> "'...in fact Germany may be very fragile in terms of facing the Soviet threat and standing up to it. After all, Poland is on their border and the possibility of direct Soviet intervention in Poland has not escaped the Germans. There is a psychological impact; a realization that the Fact really might invade NATO...'"
>
> "The Soviet Union's policy over the years to keep Germany divided is starting to pay off the Russians, the White House official said: 'Russia has always believed if they could keep Germany split in half long

[1] Kissinger, White House Years, S. 4o8f.

[2] Zbigniew Brzezinski, "For a Broader Western Strategy", Wall Street Journal, 19. Februar 1982, S. 28.

> enough it would destroy the German national character, and this is working more than most people realize', he added"(3).

Zwar war die Ostpolitik der Jahre 1969 bis 1982 innenpolitisch heftig umstritten; und über die Frage ihrer eigenen Identität scheinen sich die Westdeutschen in der Tat noch nicht im klaren. Aber dennoch dürften diese Befürchtungen den meisten in der Bundesrepublik als absurd erscheinen: Für eine klassische Schaukelpolitik zwischen Ost und West gibt es keinerlei Anzeichen, ebensowenig wie für ein Wiederaufleben eines alten deutschen Nationalismus; eine Zerstörung des deutschen nationalen Charakters - was auch immer der "senior White House official" damit gemeint haben mag -, ist nicht festzustellen. In der Überzeugung ihrer eigenen Bürger steht die Bundesrepublik fest an der Seite des Westens, ihre Unterstützung demokratischer Werte ist außer Frage und das Mißtrauen gegenüber der Sowjetunion so stark wie eh und je. Aber wie, angesichts solcher tief verwurzelter Befürchtungen und Vorurteile im Ausland, die Stabilität grundlegender Einstellungen in der Bundesrepublik beweisen?

Der methodisch einfachste Schritt wäre ein Verweis auf die alltägliche politische Praxis. Sie läßt unzweideutig erkennen, daß die Bundesrepublik den Umgang mit der Demokratie gelernt hat und fest entschlossen ist, die Westorientierung beizubehalten. Aber gerade dies wird ja angesichts umstrittener außenpolitischer Maßnahmen der Bundesrepublik - etwa im Verlauf der Krise um Polen - angezweifelt. Aus diesem Grunde ist eine genauere Analyse der grundlegenden Einstellungen der westdeutschen Öffentlichkeit gerade mit Blick auf diese Verdachtsmomente unumgänglich. Eine solche Analyse ist natürlich nur möglich, wenn Daten zur öffentlichen Meinung von genügender Qualität und Quantität vor-

[3] "Reagan Attitude Toward German Reliance Shifts", Aviation Week & Space Technology, 27. April 1981, S. 65, 67. Falls, wie aus dem Zusammenhang ohne Zweifel zu entnehmen ist, mit "Deutschland" die Bundesrepublik gemeint ist, stimmt die Prämisse dieser Aussage im übrigen nicht: Die Bundesrepublik grenzt nicht an Polen.

liegen. Das ist der Fall, denn gerade weil in der Bundesrepublik von Anfang an ein großes Interesse an Entwicklungen öffentlicher Einstellungen vorherrschte, stehen Meinungsumfragedaten in viel größerem Umfang, als für die Zwecke dieser Untersuchung herangezogen werden können, zur Verfügung.

Skeptiker bezweifeln die Aussagekraft von Meinungsumfragen. In manchen Punkten haben sie recht. Das Vertrauen in deren Aussagekraft kann allerdings durch einen vorsichtigen Umgang mit ihnen erhöht werden. Das bedeutet vor allem, nur Umfragen renommierter Meinungsforschungsinstitute heranzuziehen, sich dabei weniger auf Einzelumfragen und mehr auf Trendanalysen zu verlassen, den vollen Wortlaut der Frage widerzugehen, denn nur so läßt sich nachvollziehen, auf welche Reizworte die Befragten unter Umständen reagiert haben - und im übrigen den Bezug zum politischen Umfeld herzustellen. Dies bedingt ein einigermaßen aufwendiges Verfahren, das zwar nicht alle Skepsis aus dem Weg räumen kann, aber doch den wichtigsten Vorbehalten Rechnung tragen soll.

Demokratische Einstellungen

Die Entwicklung demokratischer Einstellungen der Bevölkerung der Bundesrepublik bedarf hier keiner ausführlichen Darstellung; sie ist gerade von amerikanischen Sozialwissenschaftlern, aber auch von zahlreichen deutschen Analytikern hinreichend dokumentiert worden(4). Das politische

[4] Die klassische Untersuchung über demokratische Einstellungen in verschiedenen westlichen Demokratien ist Gabriel A. Almond und Sidney Verba, The Civic Culture. Political Attitudes and Democracy in Five Nations (Boston: Little, Brown, 1965); für eine Überprüfung der dort getroffenen Feststellungen siehe David Conradt, "Changing German Political Culture", in Gabriel A. Almond und Sidney Verba (Hg.), The Civic Culture Revisited (Boston: Little, Brown, 198o). Einen Überblick über Daten und Literatur bis Anfang der siebziger Jahre gibt Gebhard Schweigler, Nationalbewußtsein in der BRD und der DDR (Düsseldorf: Bertelsmann Universitätsverlag, 1974[2]). Zu neueren Entwicklungen siehe Martin und Sylvia Greiffenhagen, Ein schwieriges Vaterland. Zur Politischen Kultur Deutschlands (München: Piper, 1979), sowie Heinz Rausch, "Politisches Bewußtsein und politische Einstellungen im Wandel", in Werner Weidenfeld (Hg.), Die Identität der Deutschen (Bonn: Bundeszentrale für politische Bildung, 1983).

Verhalten der westdeutschen Bevölkerung im allgemeinen, ihr Wahlverhalten insbesondere - mit der hohen Wahlbeteiligung und dem bisher festzustellenden Vermögen, stabile Mehrheitsverhältnisse zu schaffen - und eine große Anzahl von Meinungsumfragen zeigen, daß die Bürger der Bundesrepublik einen Vergleich mit anderen Demokratien nicht zu fürchten brauchen. Sie haben in ihren eigenen Einstellungen die traditionellen Werte westlicher Demokratien voll akzeptiert:

> "Trotz aller Kritik gilt die Bundesrepublik als eine der besten Demokratien der Welt. Die Qualität der Demokratie der Bundesrepublik wird höher eingestuft als die Qualität des demokratischen Staates in den USA. Nur die Schweiz überragt in der Bewertung der Deutschen die Demokratie in der Bundesrepublik. Der DDR werden demokratische Qualitäten in der Regel abgesprochen.
>
> Als Bewahrer der Freiheit gelten das Parlament, das Rechtssystem, die Polizei, auch das Militär, die etablierten Parteien, die Gewerkschaften, die Presse, schließlich Bürgerinitiativen, das Fernsehen, auch die Grünen. Als Bedroher der Freiheit werden von den meisten die Rechtsextremisten und die Linksextremisten genannt. Bedrohlich wirkt auf eine beträchtliche Minderheit auch die Großindustrie".

So die Schlußfolgerung einer der jüngsten Untersuchungen über das Verhältnis der Bundesbürger zu ihrem Staat(5).

Die Legitimität des politischen Systems der Bundesrepublik steht heute fast ausnahmslos außer Frage. Mit dem Funktionieren der Demokratie sind die meisten zufrieden (Tabelle 5)(6); der Drang nach Reformen ist nicht übermäßig

[5] Gerhard Schmidtchen, "Jugend und Staat. Übergänge von der Bürger-Aktivität zur Illegalität. Eine empirische Untersuchung zur Sozialpsychologie der Demokratie", in Ulrich Matz und Gerhard Schmidtchen (Hg.), Gewalt und Legitimität (Opladen: Westdeutscher Verlag, 1983), S. 251. Zwar bezieht sich diese Schlußfolgerung vorwiegend auf Jugendliche zwischen 16 und 35 (auf der Grundlage einer 198o durchgeführten Befragung); sie trifft aber sicherlich auch auf die Gesamtbevölkerung zu.

[6] In der hier zitierten Umfrage aus dem Euro-Barometer (Die öffentliche Meinung in der Europäischen Gemeinschaft) vom Oktober 1983 (Heft Nr. 2o vom Dezember 1983), S. 32, rangiert die Bundesrepublik an der Spitze aller EG-Länder in bezug auf die Zufriedenheit mit der Demokratie.

Tabelle 5: "Sind Sie mit der Art und Weise, wie die Demokratie in Ihrem Land funktioniert, alles in allem gesehen...

	9 1973	1o 1976	4 1977	1o 1977	5 1978	1o 1978	4 1979	1o 1979	1o 198o	1o 1981	4 1982	1o 1982	4 1983	1o 1983
sehr zufrieden	5%	13%	11%	9%	9%	9%	1o%	12%	9%	11%	12%	8%	12%	7%
ziemlich zufr.	39	66	67	69	67	68	7o	68	64	59	56	59	59	59
ziemlich unzufr.	44	16	16	16	16	15	13	12	17	18	21	22	18	21
völlig unzufr.	11	3	2	2	3	2	2	2	4	5	7	4	4	3
keine Antwort	1	2	4	4	5	6	5	6	6	7	4	7	7	1o

Quelle: <u>Euro-Barometer</u>, Juni 1983, S. A40; <u>Euro-Barometer</u>, Dezember 1983, S. A33.

Tabelle 6: "Auf dieser Liste sind drei Grundeinstellungen zu unserer Gesellschaft aufgeführt. Welche kommt Ihrer eigenen Auffassung am nächsten?

1. Unsere gesamte Gesellschaftsordnung muß durch eine Revolution radikal geändert werden.
2. Unsere Gesellschaft muß Schritt für Schritt durch Reformen verbessert werden.
3. Unsere Gesellschaft in ihrer derzeitigen Form muß gegen alle umstürzlerischen Kräfte verteidigt werden."

	2 197o	1o 1976	4 1977	1o 1977	5 1978	1o 1978	4 1979	1o 1979	4 198o	1o 198o	4 1981	1o 1981	4 1982	1o 1982	4 1983	1o 1983
1. Revolution	2%	2%	2%	2%	1%	2%	2%	3%	4%	4%	3%	4%	4%	3%	2%	3%
2. Reformen	7o	52	43	41	41	43	52	5o	47	46	41	49	44	45	49	48
3. Verteid.	2o	39	48	5o	5o	44	39	38	37	43	43	36	39	38	42	39
Keine Antw.	8	7	7	7	8	11	7	9	12	7	13	11	13	14	7	1o

Quelle: <u>Euro-Barometer</u>, Juni 1983, S. A40; <u>Euro-Barometer</u>, Dezember 1983, S. A40.

groß (Tabelle 6). Nach wie vor dürften überwältigende Mehrheiten das gegenwärtige Regierungssystem für das beste überhaupt halten (Tabelle 7). Forderungen nach einem Ein-Parteienstaat - zumal zur Lösung drängender Probleme - stoßen auf keine Zustimmung (Tabellen 8 und 9). Die Zufriedenheit mit den Zuständen in der Bundesrepublik im allgemeinen und mit der eigenen Situation insbesondere ist vergleichsweise groß(7). Fast vierzig Jahre nach dem Ende des Zweiten Weltkriegs fühlen sich die Bürger der Bundesrepublik in ihrem neuen Staatswesen wohl und haben dessen bestimmende Merkmale - vor allem auch die Verfassung(8) - akzeptiert.

Aus all diesen Gründen besteht für die Bundesrepublikanische Demokratie heute keine Gefahr(9). Die Erfahrungen der vergangenen Jahre lassen erkennen, daß diese Demokratie in der Lage ist, auch größeren inneren oder äußeren Belastungen standzuhalten. Heinz Rausch hat die Einstellung der

[7]"Sind Sie mit den Verhältnissen hier bei uns in der Bundesrepublik im allgemeinen zufrieden, oder wünschen Sie sich vieles grundlegend anders?"

	5/1970	1/1980
Zufrieden	65%	65%
Vieles sollte anders sein	25	26
Unentschieden	10	9

Quelle: Noelle-Neumann, Jahrbuch 1983, S. 217.

Umfragen des Euro-Barometer nach der persönlichen Zufriedenheit mit dem Leben zeigen seit Beginn der siebziger Jahre unveränderte Grundeinstellungen: Etwa 12% erklären sich als sehr zufrieden, 66% als ziemlich zufrieden, 15% als nicht sehr zufrieden und 2% als völlig unzufrieden. Die Bundesrepublik rangiert damit in der Mitte der Zufriedenheitsskala aller europäischen Länder. (Euro-Barometer, Dezember 1983, S. 2o-24, A17).

[8]"Das Grundgesetz ist ja vor (2o-25-3o) Jahren unter Aufsicht und Kontrolle der Westmächte entstanden. Deshalb meinen manche, wir Deutsche sollten uns ein neues Grundgesetz schaffen, das besser unseren Bedürfnissen und Interessen entspricht. Andere sagen dagegen, das bisherige Grundgesetz hat sich so bewährt, daß wir kein neues brauchen. Welcher Meinung sind Sie?"

	11/1968	5/1974	4/1979
Brauchen kein neues Grundgesetz	43%	6o%	68%
Neues Grundgesetz nötig	26	2o	14
Unentschieden	31	2o	18

Quelle: Noelle-Neumann, Jahrbuch 1983, S. 222.

[9]E. Noelle-Neumann stellt eine zu geringe Achtung vor Autorität und mangelnden Nationalstolz fest. Siehe "Brauchen wir mehr Nationalstolz? Eine internationale Umfrage zeigt die Entmutigung der Deutschen", FAZ, 6.8.1982, S. 10. Für eine sehr viel weniger dramatisierende Interpretation dieser Umfragen siehe M. von Klipstein und B. Strümpel, Der Überdruß am Überfluß. Die Deutschen nach dem Wirtschaftswunder. München: Olzog, 1984.

Tabelle 7: "Glauben Sie, die Demokratie, die wir in der Bundesrepublik haben, ist die besten Staatsform, oder gibt es eine andere Staatsform, die besser ist?"

	10/1967	8/1975	8/1977	11/1978
Beste Staatsform	74%	74%	66%	71%
Gibt bessere	4	9	14	11
Unentschieden	22	17	20	18

Quelle: Noelle-Neumann, Jahrbuch 1983, S. 217.

Tabelle 8: "Glauben Sie, daß es für ein Land besser ist, nur eine Partei zu haben, damit möglichst viel Einstimmigkeit herrscht, oder wäre es besser, mehrere Parteien zu haben, damit die unterschiedlichen Meinungen frei vertreten sind?"

	9/1950	6/1956	8/1960	10/1967	9/1972	11/1978
Mehrere Parteien	53%	45%	50%	55%	54%	68%
Nur 2 oder 3		31	29	26	34	24
Nur 1 Partei	24	11	11	9	8	5
Keine Parteien		2	1	1		1
Unentschieden	23	11	9	9	4	2

Quelle: Elisabeth Noelle-Neumann, The Germans. Public Opinion Polls 1967-1980 (Wesport, Ct.: Greenwood Press, 1981), S. 132.

Tabelle 9: "Wenn man an all die Schwierigkeiten denkt, die auf uns zukommen: durch das rasche Wachstum der Weltbevölkerung, die Verknappung der Rohstoffe, Nahrungsmittel und Energiequellen und die Krise der Wirtschaft. - Glauben Sie, daß wir diese Schwierigkeiten mit unserer demokratischen Staatsform mit mehreren Parteien im Bundestag bewältigen können, oder braucht man in der Zukunft für all diese Schwierigkeiten ein Ein-Parteien-System mit einer starken Regierung an der Spitze?"

	4/1975	1/1977	11/1978	10/1982
Demokratische Staatsform	66%	70%	77%	80%
Ein-Parteien-System	17	13	8	6
Unentschieden	17	17	15	14

Quelle: Noelle-Neumann, Jahrbuch 1983, S. 223.

Bundesbürger zu ihrer Demokratie treffend zusammengefaßt: "Die Anerkennung der Demokratie ist leidenschaftslos. Nicht ihre Idee wird - gar im Sinne eines Sendungsbewußtseins - anerkannt, sondern ihre Wirklichkeit in der Bundesrepublik Deutschland. Für den Bestand der Demokratie dürfte dies eine sicherere Grundlage sein als jede ideelle Begeisterung"(10).

Die Überlebensfähigkeit einer Demokratie hängt in entscheidender Weise davon ab, wie nachfolgenden Generationen demokratische Werte vermittelt werden. Aus diesem Grund hat den Einstellungen der jungen Westdeutschen schon immer ein außerordentlich großes Interesse gegolten, das sich nicht zuletzt in zahlreichen Untersuchungen öffentlicher und privater Auftraggeber niederschlug(11). Eine kritische Untersuchung dieser Studien kam dabei zu dem Schluß, "daß die gängige quantifizierende Forschung im Bereich der Jugendumfragen das Prädikat der Wissenschaftlichkeit und Repräsentativität für sich gewiß nicht in Anspruch nehmen kann" (12). Gerade in den letzten Jahren ist ein angeblich mangelndes Demokratieverständnis der Jugend auch von ausländischen Beobachtern mit Besorgnis zur Kenntnis genommen worden. So äußerte sich z.B. der amerikanische Botschafter in Bonn, Arthur F. Burns, in einer vielbeachteten Rede in München folgendermaßen: "My conversations with young, politically engaged Germanys have raised questions in my mind

[10] Rausch, "Politisches Bewußtsein", S. 125.

[11] Siehe z.B. neben der bereits zitierten Untersuchung von Matz/Schmidtchen die regelmäßig von der Firma Shell in Auftrag gegebenen Jugenduntersuchungen. Im Auftrag des Bundesministers für Jugend, Familie und Gesundheit führte das SINUS-Institut eine Studie über "Die verunsicherte Generation" - Jugend und Wertewandel durch (Opladen: Leske, 1983). Aufsehen erregte zuletzt eine Untersuchung des Instituts für Demoskopie Allensbach, die im Auftrag des Bundesinnenministeriums durchgeführt worden war. Nach dieser Untersuchung gab es im Frühjahr 1984 unter den 16 bis 25 Jahre alten Jugendlichen 3,7% aktive und 2,5% passive Rechtsextremisten sowie 9,4% aktive und 3,o% passive Linksextremisten. Für eine ausführliche kritische Auseinandersetzung mit dieser Studie siehe Kurt Reumann, "Woran erkennt man Extremisten?", FAZ, 9. Oktober 1984. S. 11.

[12] Klaus Allerbeck und Wendy J. Hoag, "Zur Auswahlproblematik bei Jugendstudien: Ein Plädoyer für die Zufallsauswahl", Information Nr. 13 des Zentralarchivs für Empirische Zentralforschung, Universität Köln, November 1983, S. 24.)

about the commitment to parliamentary democracy on the part of some of your fellow citizens. It is assuredly a minority of those I have talked to, but it still worries and saddens me"(13). Burns beklagte sich in dieser Rede darüber, daß die Ablehnung der westlichen Gesellschaftsform und ihrer Werte durch die akademisch gebildete Jugend(14) einen Trend zum Anti-Amerikanismus der deutschen Jugend fördere.

Die Einstellung der Jugendlichen zur Demokratie - und vor allem zu i h r e r Demokratie - sind nicht immer sehr einfach zu bestimmen. Die meisten Untersuchungen zeigen, daß jüngere Altersgruppen stärker für bestimmte demokratische Werte eintreten als die älteren(15). Das Argument, die westdeutsche Jugend entfremde sich von demokratischen Werten, scheint so gesehen kaum haltbar. Umgekehrt ist jedoch in der Tat festzustellen, daß eine gewisse Unzufriedenheit mit dem Funktionieren der bundesrepublikanischen Demokratie bei Jugendlichen besonders ausgeprägt auftritt(16). Offen-

[13] "Challenges of Democracy in Germany and America", Rede vom 7. November 1983 vor der Gesellschaft für Auslandskunde, München, zitiert nach Wireless Bulletin from Washington, 7. November 1983, S. 6A. Teile dieser Rede wurden unter dem Titel "Looking Into Anti-Americanism" am 27. Dezember 1983 in der New York Times veröffentlicht.

[14] Aufsehen hatten in dieser Hinsicht zwei Umfragen des Instituts für Demoskopie Allensbach unter Studenten erregt, von denen 1982 7% (1978 8%) Gewalt gegenüber Sachen und Personen für ein legitimes Mittel bei der Durchsetzung wichtiger politischer Ziele hielten; Gewalt allein gegenüber Sachen wurden in bestimmten Situationen von 23% (1978 25%) für legitim gehalten. Siehe zu den Umfrageergebnissen Noelle-Neumann, Jahrbuch 1983, S. 154.

[15] Siehe z.B. die Ergebnisse der SINUS-Studie über rechtsextremistische Einstellungen bei den Deutschen, 5 Millionen Deutsche: "Wir sollten wieder einen Führer haben..." (Reinbek: rororo aktuell, 1982): "Generell läßt sich sagen, daß die rechtsextreme Ideologie bei den Altersgruppen unter 4o Jahren deutlich weniger Widerhall findet als bei den Älteren." (S. 87)

[16] Einzelergebnisse weichen allerdings beträchtlich voneinander ab. Eine Jugenduntersuchung des SINUS-Instituts aus dem Jahre 1982 ergab z.B. lediglich 48%, die erklärten, sie seien mit dem politischen System der Bundesrepublik zufrieden. Ein Jahr später, im Dezember 1983 auf dem Höhepunkt der Friedensbewegung, kam eine Untersuchung des Sozialwissenschaftlichen Forschungsinstituts der Konrad-Adenauer-Stiftung zu dem Ergebnis, hinsichtlich der Demokratie in der Bundesrepublik seien 15% der Jugendlichen zwischen 14 und 21 Jahren "sehr zufrieden", 65% "einigermaßen zufrieden" und lediglich 15% "nicht zufrieden". (Zitiert nach "Hälfte der Jugend unzufrieden mit dem politischen System", SZ, 26./27.

sichtlich ist die Bindung an die Ideale der Demokratie bei manchen Jugendlichen so stark, daß sie diese in der Bundesrepublik von heute zu wenig verwirklicht sehen. Ihre Unzufriedenheit ist also allenfalls Ausdruck von zu starkem demokratischen Idealismus oder vielleicht zu idealistischen Vorstellungen von einer Demokratie, aber nicht Hinweis auf ein Abrücken von demokratischen Werten an sich. Solange diese Unzufriedenheit in Aktivitäten einmündet, die zum normalen politischen Prozeß gehören, sollte man diese als wichtigen Beitrag zum Funktionieren einer lebendigen Demokratie betrachten. Problematisch wird es allerdings, wenn undemokratischen Alternativen der Vorzug gegeben wird.

Die Gefahr, daß jugendliche (oder auch andere) Unzufriedenheit mit dem Funktionieren der bundesrepublikanischen Demokratie zu einem Anwachsen rechtsradikaler oder gar neo-nazistischer Bewegungen führen könnte, dürfte äußerst gering einzuschätzen sein. Im Gegensatz zu manchen, vor allem auch im Ausland gehegten, Befürchtungen haben die Westdeutschen - und hier gerade die Jugendlichen - allmählich die Lehren aus den Verbrechen des Dritten Reiches gezogen. Der nationalsozialistische Staat wird heute von einer großen Mehrheit als ein Unrechtsstaat betrachtet (Tabelle 10), Hitler selbst - auch wenn er keinen Krieg geführt hätte - nicht mehr als potentiell großer Staatsmann angesehen (Tabelle 11). Wird die Judenverfolgung ausgeklammert, so zeigt sich, daß gerade die Älteren durchaus bereits sind, das nationalsozialistische Regime als gar nicht so schlecht einzuschätzen; je jünger dagegen die Befragten, desto stärker das grundsätzlich negative Urteil über den Nationalsozialismus (Tabelle 12). Auch in detaillierteren Untersuchungen über Rechtsradikalismus und Antisemitismus zeigen sich junge Westdeutsche sehr viel weniger anfällig als ihre Eltern

Februar 1983, S. 1, und Hans-Joachim Veen, "Mit den Risiken wächst die Zuversicht. Jüngste Meinungsdaten zur politischen Kultur und den Wertorientierungen Jugendlicher", <u>FAZ</u>, 2. Mai 1984, S. 9.)

Tabelle 10: "Wenn jemand sagt, der nationalsozialistische Staat war ein Unrechtsstaat, ein Verbrecherregime: Nach dem, was Sie heute über die Hitler-Zeit wissen oder persönlich erlebt haben - würden Sie sagen, das stimmt, das war ein Unrechtsstaat, ein Verbrecherregime, oder kann man das nicht sagen?"

	5/1964	9/1977	11/1978	2/1979
Das stimmt	54%	60%	71%	71%
Kann man nicht sagen	28	31	21	20
Es war nicht alles schlecht	10	3	3	5
Anderes, weiß nicht	8	6	5	4

Quelle: Noelle-Neumann, Jahrbuch 1983, S. 191.

Tabelle 11: "Alles, was zwischen 1933 und 1939 aufgebaut worden war und noch viel mehr, wurde durch den Krieg vernichtet. Würden Sie sagen, daß Hitler ohne den Krieg einer der größten deutschen Staatsmänner gewesen wäre?"

	5/1955	6/1960	5/1967	11/1978
Wäre er nicht gewesen	36%	43%	52%	55%
Ja, wäre er gewesen	48	34	32	31
Weiß nicht	16	23	16	14

Quelle: Noelle-Neumann, Jahrbuch 1983, S. 191.

Tabelle 12: "Eine Frage zu Hitler und dem Nationalsozialismus. Die einen sagen: Wenn man mal vom Krieg und der Judenverfolgung absieht, war das Dritte Reich gar nicht so schlecht. Andere sagen: Das Dritte Reich war in jedem Fall eine schlechte Sache. Welcher Meinung sind Sie?"

	4/1975	11/1977	11/1978	2/1979	-29	-44	-59	60-
Schlecht	42%	40%	40%	50%	57%	53%	48%	42%
Nicht so schlecht	25	38	37	32	19	30	39	42
Unentschieden	23	22	23	18	24	17	13	16

Quelle: Noelle-Neumann, Jahrbuch 1983, S. 191.

und älteren Mitbürger(17). Ein zweiter Hitler in Deutschland scheint undenkbar.

Neonazistische Bewegungen haben in der westdeutschen Politik in der Tat noch nie eine bedeutende Rolle gespielt; dafür sorgte nicht zuletzt ein Verbot entsprechender Parteien oder Gruppierungen. Allein während der Zeit der Großen Koalition (1966-1969) gelang es der National-Demokratischen Partei Deutschlands (NPD) als rechter Protestpartei gewisse Erfolge zu erzielen. Auf dem Höhepunkt ihrer öffentlichen Wirksamkeit erreichte die NPD in einigen Meinungsumfragen ca. 15%(18); bei Wahlen allerdings gelang es ihr nur in seltenen Fällen, die Fünfprozent-Hürde zu überspringen, ein Ziel, das sie auch in der Bundestagswahl 1969 mit 4,3% knapp verfehlte. Im Laufe der siebziger Jahre verschwand die NPD wieder von der politischen Bildfläche, um zuletzt allenfalls bei Bundestagswahlen mit fremdenfeindlichen Parolen Aufmerksamkeit zu erregen: mit weniger als 1% der Stimmen ganz offensichtlich ohne Resonanz. Sorge bereiteten vereinzelte terroristische Anschläge rechtsradikaler Gruppen, deren amateurhafte Aktivitäten von den Verfassungsschutzbehörden zunächst nicht ernst genug genommen

[17] Eine nur mit großen methodologischen Vorbehalten (auf die hier nicht näher eingegangen werden kann) zu benutzende Untersuchung kam mit Hilfe eines Skalierungsverfahrens zu folgendem Ergebnis (ca. 1979 - genaue Angaben über den Befragungszeitraum fehlen):

Tendenzen in %	-24	-39	-54	55-
anti-demokratisch	48,3	52,7	63,6	71,6
völkisch-rassistisch	25,9	35,6	39,0	40,5
antisemitisch	22,4	21,9	32,3	40,7

Quelle: Alphons Silbermann, Sind wir Antisemiten? Ausmaß und Wirkung eines sozialen Vorurteils in der Bundesrepublik Deutschland (Köln: Verlag Wissenschaft und Politik, 1982), S. 65.

[18] Die SINUS-Studie von 1979/80 über den Rechtsextremismus in der Bundesrepublik erbrachte mit Hilfe einer "Rechtsextreme Einstellungsskala" das Ergebnis, daß "rund 13% der Wahlbevölkerung zum rechtsextremen Einstellungspotential" zu rechnen ist. (Siehe 5 Millionen Deutsche: "Wir sollten wieder einen Führer haben...", S. 78.)

wurden. In der Zwischenzeit sind diese Gruppen weitgehend unter Kontrolle. Trotz gelegentlicher - und wohl unvermeidbarer - rechtsradikaler Schmierereien und jugendlichen Politikrockertums ist ein Wiederaufleben neonazistischer Bewegungen nicht zu befürchten.

Gefährdungen der Legitimität des politischen Systems sind bisher vorwiegend von linksradikalen Bewegungen ausgegangen. Dabei hat die Kommunistische Partei Deutschlands (KPD) zu keiner Zeit eine bedeutende Rolle spielen können. Zunächst - vor Schaffung der Fünfprozent-Hürde - im Bundestag vertreten, wurde die KPD 1956 als verfassungsfeindlich verboten. Als die starre antikommunistische Haltung der Kalten-Kriegs-Zeit im Verlauf der sechziger Jahre allmählich einer offeneren - und sicher demokratischeren - Einstellung wich, konnte sich die Deutsche Kommunistische Partei (DKP) aus den Mitgliedern der nach wie vor verbotenen KPD neu organisieren. Aber auch ihr gelangen keine Wahlerfolge, und sie blieb bis heute unbedeutend, wenn auch nicht - aufgrund ihrer Unterstützung für andere linke Gruppierungen - völlig ohne politischen Einfluß.

Die politisch einflußreichste Protestbewegung linker Provenienz war die sogenannte Außerparlamentarische Opposition (APO) zur Zeit der Großen Koalition. Entstanden aus einem gewissen Gefühl der Ohnmacht gegenüber dem von beiden großen Parteien gemeinsam beherrschten politischen System, war es das überragende Ziel der APO, die Notstandsgesetzgebung zu verhindern; Proteste gegen den Krieg in Vietnam und gegen eine Zusammenarbeit mit undemokratischen Regimen, wie etwa das des Schahs in Iran, lieferten zusätzliche Beweggründe. Von einigen extremistischen Elementen abgesehen, war es eine Bewegung für mehr Demokratie, wenn auch z.T. idealistisch überzogen. Entsprechende Bewegungen gab es auch in anderen westlichen Ländern, z.B. in Frankreich und den USA. Die jugendlichen Energien, die zu jener Zeit im politischen Bereich freigesetzt wurden, trugen schließlich zum Wahlsieg der sozialliberalen Koalition im Jahre 1969 bei. Der neue Bundeskanzler Willy Brandt brachte dies zum Ausdruck, als er ankündigte, man wolle fortan "mehr Demokratie wagen". Nachdem ein gewisser politischer Erfolg solchermaßen erreicht worden war, verlief sich die Protestbewegung des Jahres 1968 in den folgenden Jahren. Zurück blieb allerdings ein harter Kern, der bald darauf versuchte, seine politischen Ziele mit terroristischen Maßnahmen durchzusetzen.

Die Aktivitäten der "Roten-Armee-Fraktion" (RAF), "Baader-Meinhof-Gruppe", oder wie auch immer sie genannt wurden, hielten die Bundesrepublik in den siebziger Jahren in Atem. Sie stellten eine ernsthafte Herausforderung an das politische System dar. Zwar hielt die ursprüngliche quasi-romantische Unterstützung, die die Terroristen in manchen intellektuellen Kreisen genossen, nicht lange an, da die Aktionen der RAF zunehmend gewalttätiger wurden und die politische Zielrichtung immer weniger erkennbar war. Die Bundesregierung sah sich gezwungen, zur Bekämpfung der Terroristen außergewöhnliche Maßnahmen zu ergreifen. Diese reichten von den Bemühungen, das Umfeld der Terroristen durch ein "Berufsverbot" für Gegner der freiheitlich-demokratischen Grundordnung gleichsam "trockenzulegen", bis hin zu Einschränkungen des Umgangs zwischen Angeklagten und Verteidigern in Terrorismus-Prozessen. Diese Maßnahmen stießen nicht nur auf wachsende Kritik in der Bundesrepublik selbst(19). Sie wurden auch zum Gegenstand teilweise hef-

[19] "Wenn zur Bekämpfung der Terroristen der Einfluß von Staat und Polizei verstärkt werde muß - würden Sie eine Einschränkung Ihrer persönlichen Rechte durch Maßnahmen wie Überwachung und Hausdurchsuchung hinnehmen, oder würden Sie das ablehnen?"

	5/1975	5/1977	12/1978
Hinnehmen	69%	62%	53%
Ablehnen	21	26	36
Unentschieden	10	12	11

Quelle: Noelle-Neumann, Jahrbuch 1983, S. 321.

tiger Kritik im Ausland, wo man sich einmal mehr Sorgen über die Standfestigkeit der Demokratie in der Bundesrepublik machte(20).

Die Bundesregierung fühlte sich zu drastischen Maßnahmen nicht nur deshalb gezwungen, um die Legitimität des politischen Systems zu beschützen oder ihre eigene Sicherheit zu gewährleisten - Bonn glich gelegentlich einer Stadt im Belagerungszustand -, sondern auch um terroristische Anschläge auf militärische Einrichtungen der Verbündeten zu verhindern. Sie stand aufgrund dieser politisch sensitiven Verpflichtung in einem außergewöhnlich großen Zugzwang. Inzwischen ist jedoch - nach manchen Fehlleistungen, die zu weiteren Kontroversen führten - die terroristische Bedrohung scheinbar weitgehend unter Kontrolle. Der harte Kern der Terroristen ist entweder gefangengenommen, ums Leben gekommen oder spurlos untergetaucht. Zu einer größeren Zahl von spektakulären Anschlägen fehlt es offenbar zur Zeit ebenso sehr an Personal wie an Logistik. Daß dieser Alptraum wirklich vorbei ist, bleibt nur zu hoffen.

Die Protestbewegung auf der linken Seite des politischen Spektrums hat sich inzwischen in Gruppierungen, die für alternative Lebensformen, für Basisdemokratie, für Umweltschutz und für eine andere Sicherheitspolitik eintreten, neu organisiert(21). Spätestens seit ihrem Wahlerfolg bei den Bundestagswahlen im März 1983 stellen die Alternativen und die Grünen einen neuen politischen Faktor dar. Sie repräsentieren jene kleine, vorwiegend intellektuelle Schicht, die mit dem politischen System der Bundesrepublik unzufrieden ist und "eine andere Republik" anstrebt, in der ihre

[20] Für eine repräsentative Darstellung des Argumentes, die Demokratie in der Bundesrepublik sei nicht durch mangelnde Stabilität sondern durch ihre Exzesse bedroht, siehe Peter J. Katzenstein, "Problem or Model? West Germany in the 1980s", World Politics, Juli 1980, S. 577-598.

[21] Die SINUS-Studie über Rechtsradikalismus hat nachgewiesen, daß es auch ein rechtsextremes Öko-Potential gibt, das etwa 2% der Wahlbevölkerung umfaßt; hier verbindet sich aktuelles Umweltschutzdenken mit Elementen der nationalsozialistischen "Blut und Boden"-Ideologie. (5 Millionen Deutsche: "Wir sollten wieder einen Führer haben...", S. 96-97.)

Ideale einer direkten Demokratie verwirklicht werden sollen.

Die alternative Bewegung findet ihre stärkste Unterstützung bei jugendlichen Wählern, und hier vor allem bei solchen mit höherer Schulbildung. Es mag sich bei ihnen in gewisser Weise um die politischen Erben der 68er Generation handeln, deren Vertreter in der Zwischenzeit wichtige Positionen im Bildungs- und Medienbereich eingenommen haben. Diese jüngste Protestgeneration hat, gerade auch im Ausland, viel Aufmerksamkeit erregt. Über ihre angebliche Suche nach Identität durch eine Rückkehr zu den klassischen Mustern deutscher, irrationaler Romantik, über ihre nationalistischen Gefühle und über ihre Angst angesichts einer Welt voller wirtschaftlicher Ungewißheiten, furchterregender neuer Technologien und unvorstellbar gefährlicher Massenvernichtungswaffen ist manches Gescheite und weniger Gescheite geschrieben worden. Nicht wenige Beobachter sehen in dem Auftreten der Grünen auf der politischen Bühne der Bundesrepublik eine Gefahr für deren politischen Bestand. Über den Aussagewert entsprechender Artikel gerade in der amerikanischen Presse stellte Josef Joffe richtigerweise fest:

> "Für journalistische oder akademische Beobachter ist das Pathologische immer anziehender und aufregender als das Gesunde. Die Faszination mit einer Bewegung, die plötzlich alte deutsche Ungewißheiten zu neuem Leben erweckt hat, trägt dazu bei, einige sehr viel günstigere (und banalere) Tatsachen über die Bundesrepublik von heute vergessen zu lassen"(22).

Eine dieser banalen Tatsachen ist, daß zwar die Grünen nach der Wahl vom März 1983 zum ersten Mal im Bundestag vertreten sind, insgesamt aber dieses Wahlergebnis die Rückkehr der christlich-demokratischen Parteien zur Re-

[22] Josef Joffe, "The Greening of Germany", The New Republic, 14. Februar 1983, S. 22. Auch diese Überschrift muß, zumal im Lichte der Joffeschen Ausführungen, als reißerisch betrachtet werden.

gierungsverantwortung in überzeugender Weise bestätigte. Das vorherrschende Meinungsklima in der Bundesrepublik hat sich, mit anderen Worten, nach rechts - oder vielmehr: zur Mitte hin - zurückverlagert. Das Erscheinen der Grünen auf der politischen Bühne bedeutete also keine Verlagerung nach links. Die von manchen in der SPD in Aussicht gestellte Mehrheit links von der Mitte hat sich vorerst noch nicht materialisiert. Auch die Wahlerfolge der Grünen bei Länder- und Gemeindewahlen und vor allem der Sonderfall Hessen mit den ersten Ansätzen einer Koalition von SPD und Grünen widersprechen dem nicht. Im übrigen ist es ein Beweis für die Stärke und Vitalität der Demokratie in der Bundesrepublik, daß eine Partei, die die Unzufriedenheit einer größeren Anzahl von Wählern repräsentiert, in der Lage ist, sich am demokratischen Willenbildungsprozeß zu beteiligen. Ihr Auftreten kann daher zunächst nicht als eine Bedrohung für diese Demokratie betrachtet werden.

Besorgniserregend für diejenigen, die am Erhalt der Bundesrepublik in ihrer gegenwärtig verfaßten Form interessiert sind, wäre es allerdings, wenn die Grünen ihren Einfluß ausbauen und damit dem Ziel einer "anderen Republik" näher kommen würden. Für manche Beobachter liegt die Möglichkeit einer solchen Entwicklung darin begründet, daß die Grünen ihre Unterstützung zumeist jugendlichen Wählern verdanken, so daß der Einfluß der Grünen in dem Maße zunehmen könnte, wie jugendliche Wähler in das politische Leben hineinwachsen. Diese Befürchtung - oder Hoffnung - scheint jedoch aus mehreren Gründen zweifelhaft. So dürfte die jugendliche Faszination mit den Grünen für viele eine Art Modeerscheinung darstellen, die von gegenwärtigen Sorgen über sterbende Wälder, Jugendarbeitslosigkeit, nukleare Aufrüstung und korrupte Politiker gefördert wurde. In dem Maße aber, wie mit zunehmendem Alter andere Probleme für den einzelnen wichtiger werden, könnte auch die Attraktivität dieser politischen Richtung abklingen.

Ein weiterer Ausbau des Einflusses der Grünen hängt zudem entscheidend davon ab, welche politischen Erfolge sie zunächst verbuchen können. Hier sind sie mit mehreren Dilemmata konfrontiert. Je mehr z.B. das politische System sich ihrer Anliegen annimmt, desto stärker geraten sie unter Druck, sich anzupassen und zu kooperieren. Damit aber laufen sie Gefahr, an Attraktivität zu verlieren, da sie einerseits ihre inhaltlichen Anliegen nicht mehr allein vertreten, andererseits aber hinsichtlich ihrer Vorstellungen von notwendigen politischen Prozessen Kompromisse eingehen müssen. Insgesamt stehen sie vor dem Problem, daß eine allzu starre ideologische Haltung ihnen keine neuen Wählerschichten eröffnet, während Bemühungen, zumindest Teile ihres politischen Programms durch Kompromißlösungen zu verwirklichen, auf den entschiedenen Widerstand des harten Kerns der Grünen stoßen: eine Ausgangslage, die kaum eine erfolgreiche Herausforderung an das bestehende politische System erwarten läßt. Die nach einem Jahr Bundestagsrepräsentanz bereits aufgetretenen Auseinandersetzungen innerhalb der Grünen über Kompromißbereitschaft, Koalitionsvereinbarungen, Rotationsprinzip, Sprecherpositionen und insgesamt über ihre Politikfähigkeit, die mit dem Austritt von Gerd Bastian aus der Fraktion einen ersten Höhepunkt erreichten, weisen darauf hin, daß sie vor unlösbar erscheinenden Aufgaben stehen. Eine "andere Republik" ist aus all diesen Gründen nicht zu erwarten.

Bindungen an den Westen

Die Bemühungen, westliche demokratische Werte in der Bundesrepublik Deutschland einzuführen oder wiederzubeleben, waren nicht allein darin begründet, den Deutschen zu einem besseren Leben zu verhelfen oder Europa vor einem andernfalls potentiell gefährlichen Deutschland zu beschützen; sie beruhten auch auf der Erwartung, daß eine demokratisch verfaßte Bundesrepublik verläßliches Mitglied einer westlichen Wertegemeinschaft werden würde. Diese Erwartung scheint sich erfüllt zu haben. Die Werte, die heute von den meisten Westdeutschen geteilt werden, sind - sieht man von einigen nationalen Variationen ab - nahezu identisch mit denen der Bürger in anderen westlichen Ländern. Die Westorientierung der Bundesrepublik ist zu einem festen Bestandteil westdeutscher Identität geworden. Der Wunsch, die Bindungen an den Westen aufrechtzuerhalten, ist überwältigend groß.

Dieser Wunsch wird natürlich auch von praktischen Überlegungen gefördert. Zu diesen zählen zunächst die Sicherheitsgarantien, die die Mitgliedschaft im westlichen Bündnis - und vor allem die enge Zusammenarbeit mit den USA - bietet. Auch die wirtschaftlichen Vorteile, die die Bundesrepublik als Teil der Europäischen Wirtschaftsgemeinschaft und als Mitglied des internationalen Wirtschaftssystems westlicher Industrieländer genießt, gehören dazu. Auf diese beiden Aspekte der Bindungen an den Westen wird in den folgenden Kapiteln näher eingegangen. Zunächst einmal sollen drei verwandte Problembereiche analysiert werden, die in letzter Zeit Gegenstand mancher Spekulationen waren: Einstellungen zu Europa, Haltungen bezüglich der Beziehungen zu den USA und Tendenzen zum Neutralismus.

Europa

Seitdem im Februar 1948 die erste von heute fast nicht mehr zu zählenden Umfragen über die europäischen Einstellungen der Westdeutschen durchgeführt wurde(23), haben sich ständig um 70% aller Befragten für eine Vereinigung der westeuropäischen Staaten ausgesprochen(24). Für diesen hohen Grad

[23] Im Rahmen der extensiven Meinungsumfragen, die im Auftrag der amerikanischen Besatzungsbehörden durchgeführt wurden. Siehe hierzu Anna J. und Richard L. Merritt (Hg.), Public Opinion in Occupied Germany. The OMGUS Surveys, 1945-1949 (Urbana: University of Illinois Press, 1970).

[24] Für die jüngsten Umfrage-Ergebnisse siehe Euro-Barometer. Im Oktober 1983 sprachen sich 34% sehr und 42% etwas für die Bemühungen zur Vereinigung Westeuropas aus; etwas dagegen waren 6%, sehr dagegen 2%. (Euro-Barometer, Dezember 1983, S. 48-50.)

an Zustimmung zum Ziel der europäischen Einheit waren im wesentlichen drei Beweggründe verantwortlich. Der erste betraf das überragende Ziel des Wiederaufbaus Europas, nämlich friedliche Verhältnisse zu schaffen. Eine Vereinigung aller westeuropäischen Länder würde dazu beitragen, Erbfeindschaften - wie etwa die zwischen Frankreich und Deutschland - endgültig zu beseitigen. Dieses Ziel ist ohne jeden Zweifel erreicht worden; eine Rückkehr zu Zeiten tief empfundener Feindschaft zwischen den Ländern Westeuropas erscheint den Westeuropäern selbst als völlig undenkbar. Trotz gelegentlicher Rivalitäten im politischen oder wirtschaftlichen Bereich herrschen zwischen den Völkern Europas freundschaftliche Einstellungen vor. Der relative Erfolg der Europäischen Gemeinschaft trug zu dieser Entwicklung bei(25). Er half auch bei der Verwirklichung des zweiten Ziels, dem wirtschaftlichen Wiederaufbau Europas.

Für die Deutschen gab es einen besonderen dritten Beweggrund für ihre Europa-Begeisterung. Für viele bot nach der Zerschlagung des Nationalsozialismus die europäische Bewegung die Möglichkeit, sich von dem Ruf und Gefühl, ein "schlechter Deutscher" zu sein, zu befreien. Schuld- und Schamgefühle konnte man in einer neuen europäischen Identität gleichsam aufgehen lassen. Zudem hatte allein die Tatsache eines Z w e i t e n Weltkrieges mehr als deutlich auf die tödlichen Gefahren hingewiesen, die von einem Europa ausgingen, das in einzelne Nationalstaaten zerfiel, von denen einer nationalistischer war als der nächste. Eine europäische Einigung ließ die Hoffnung aufkeimen, daß der Nationalismus in Europa durch die Schaffung einer europäischen Identität überwunden werden könnte. Diese Hoffnung

[25] Im Oktober 1983 bezeichneten 33% als Sinn und Zweck der europäischen Einigung deren Beitrag zur Vertiefung der Freundschaft zwischen den Völkern Westeuropas; 29% nannten Verteidigung von Freiheit und Demokratie, 22% die Stützung der Wirtschaftskraft der europäischen Partner und 12% die Schaffung einer eigenständigen Kraft zwischen der UdSSR und den USA. (H.-J. Veen et al., Europa im Spiegel der Umfrageforschung November 1978 bis Oktober 1983. Sankt Augustin: Sozialwissenschaftliches Institut der Konrad-Adenauer-Stiftung, Januar 1984, S. 10.)

erfüllte sich teilweise. Zwar scheinen die Gefahren eines übertriebenen Nationalismus heute in allen europäischen Ländern gebannt; aber Europa besteht immer noch aus Nationalstaaten und es gibt keine Hinweise darauf, daß sich dieser Zustand in absehbarer Zeit verändern könnte.

Die Unterstützung der Bundesbürger für das Ziel eines vereinten Europa veränderte sich in dem Maße, wie die empfundene Notwendigkeit, sein Deutschsein in einer europäischen Identität zu verbergen, nachließ und das Europa der Nationalstaaten sich behauptete. Die Mehrheit der Bevölkerung tritt zwar nach wie vor für dieses Ziel ein, gelegentlich sogar mit der Forderung nach größeren Fortschritten (Tabelle 13), glaubt aber im Grunde nicht daran, daß es erreicht werden könnte (Tabelle 14). Über die Frage, wie ein vereintes Europa organisiert sein sollte, gibt es nur sehr vage Vorstellungen; relativ sicher ist man sich jedoch in der Ablehnung einer europäischen Zentralgewalt (Tabelle 15). Eine effektivere Bindung an die Symbole eines geeinten Europa gibt es kaum(26). Dafür ist die Überzeugung weit verbreitet, daß zwar die Bundesrepublik am meisten für die Europäische Gemeinschaft leistet(27), umgekehrt aber auch bestimmte Vorteile durch die Mitgliedschaft genießt(28).

[26] Vom Januar 1970 bis zum Mai 1982 ging die Zahl derer, die für ein einheitliches europäisches Geld plädierten, von 52% auf 33% zurück; für das Hissen der Europafahne bei feierlichen Anlässen traten 1970 35% ein, 1982 nur noch 21%. (Noelle-Neumann, Jahrbuch 1983, S. 603.) Für eine ausführlichere Darstellung dieser Entwicklung siehe Alexander Boguslawski, "Direktwahl zum Europäischen Parlament und Europa-Bewußtsein. Eine demoskopische Bilanz drei Jahre nach der Wahl", Europa-Archiv, 10. Januar 1983, S. 7-14.

[27] Auf die Frage, welche Mitgliedsländer am meisten für die EG tun, antworteten im Oktober 1983 78% "die Bundesrepublik"; 34% nannten Frankreich, 12% die Niederlande. So ist auch zu verstehen, daß unter den Nachteilen der EG-Mitgliedschaft die Zahlmeisterrolle der Bundesrepublik bei weitem am häufigsten (von 40%) genannt wird. (Veen, Europa/Umfrageforschung, S. 18, 34.

[28] Die Einschätzung der Vor- und Nachteile der EG-Mitgliedschaft ist allerdings nicht eindeutig. Auf die Frage, ob sie Vorteile hat, antworteten im April 1983 49% mit ja; 15% erkannten keine Vorteile. Gefragt, ob die Mitgliedschaft eher Vorteile als Nachteile bringe, erklärten im Oktober 1983 27% "eher Vorteile", 23% "eher Nachteile"; 46% meinten "teils-teils". (Euro-Barometer, Juni 1983, S. 86, und Veen, Europa/Umfrageforschung, S. 31).

Tabelle 13: "Wie rasch sollte die Entwicklung zu einem Vereinigten Europa sein? Schneller oder langsamer oder weiter wie bisher?"

	1973	1975	1976	1978	1982	1984
Schneller	49%	47%	41%	38%	50%	62%
Langsamer	4	6	9	7	6	4
Wie bisher	34	36	37	34	28	22
Unentschieden	13	11	13	21	16	12

Quelle: Noelle-Neumann, Jahrbuch 1983, S. 600; IdF-Archiv.

Tabelle 14: "Glauben Sie, Sie werden es noch erleben, daß sich die westeuropäischen Länder zu den Vereinigten Staaten von Europa zusammenschließen?

	2/1953	10/1961	5/1969	3/1974	3/1979
Ja, erleben	41%	36%	38%	30%	31%
Nein, nicht erleben	29	30	42	51	47
Unentschieden	30	34	20	19	22

Quelle: Noelle-Neumann, Jahrbuch 1983, S. 598.

Tabelle 15: "Wie sollte das Vereinigte Europa aussehen, in welcher Form stellen Sie es sich vor?

I. Es gibt eine übergeordnete europäische Regierung, die sich mit bestimmten Aufgaben befaßt, aber jedes Land hat noch seine eigene Regierung für besondere Regierungsaufgaben des Landes.

II. Es gibt keine europäische Regierung; die Regierungen der einzelnen Länder treffen sich jedoch regelmäßig, um über eine gemeinsame Politik zu entscheiden.

III. Es gibt nur noch eine europäische Regierung, und die nationalen Regierungen werden abgeschafft. Alle bisherigen Aufgaben der nationalen Regierungen übernimmt die europäische Regierung."

(März 1983: Für oder gegen eine gesamteuropäische Regierung.)

	3/1970	8/1977	3/1979	(3/1983)
I. Übergeordnete Regierung	52%	53%	54%	(56% dagegen)
II. Keine europäische Regierung	16	21	22	(13 egal)
III. Nur noch eine europäische Regierung	15	12	7	(27 dafür)

Quelle: Noelle-Neumann, Jahrbuch 1983, S. 599; Veen, Europa/Umfrageforschung, S. 25.

Die Mitgliedschaft zur EG wird daher im allgemeinen für eine gute Sache gehalten (Tabelle 16); eine Auflösung der Gemeinschaft würde dementsprechend von den meisten bedauert (Tabelle 17).

Die erkennbare Desillusionierung hinsichtlich des Zieles der europäischen Einigung bedeutet also nicht, daß die westdeutsche Öffentlichkeit begonnen hat, sich von ihren europäischen Bindungen zu lösen. Im Gegenteil, die Zusammenarbeit innerhalb der EG und unter den europäischen Ländern ist im Wertesystem der Bundesbürger fest verankert(29). Sie haben mehrheitlich zwar keine europäische Identität übernommen (Tabelle 18); aber die Bindung an Westeuropa ist zu einem festen Bestandteil ihrer Identität geworden.

Ein wesentlicher Grund dafür, daß es in der Bundesrepublik nicht zur Entwicklung einer europäischen Identität kam, ist in dem Umstand zu suchen, daß die Westdeutschen - zumal nach dem Scheitern der Europäischen Verteidigungsgemeinschaft(30) - sich auf eine Garantie ihrer Sicherheit durch andere europäische Staaten nicht verlassen konnten. Nur durch die enge Zusammenarbeit mit den Vereinigten Staaten im Rahmen der westlichen Bündnisstrukturen war die Sicherheit der Bundesrepublik zu gewährleisten. Deshalb fand auch die "gaullistische" Alternative - die enge sicherheitspolitische Zusammenarbeit mit Frankreich - zur vorherrschenden "atlantischen" Orientierung in der Öffentlichkeit nur ge-

[29] Offensichtlich betrifft diese Internalisierung auch die Institutionalisierung der EG: Eine Vergrößerung der Zahl der Mitgliedstaaten der EG wurde im Oktober 1983 von 57% für nicht sinnvoll gehalten, 41% hielten eine Erweiterung der EG für sinnvoll. (Veen, Europa/Umfrageforschung, S. 4.)

[30] Adenauer war sich der in dem Scheitern der EVG innewohnenden Tragik sehr wohl bewußt, daß er die Rehabilitierung Deutschlands nun nicht mehr durch eine europäische Identität erreichen konnte, sondern nur noch durch die Wiedergewinnung staatlicher Souveränität, die ein Europa der Nationalstaaten (und eine westdeutsche Identität) implizierte. Siehe hierzu Baring, Adenauers Kanzlerdemokratie, S. 333.

Tabelle 16: "Ist allgemein gesehen die Mitgliedschaft der Bundesrepublik Deutschland in der Europäischen Gemeinschaft Ihrer Meinung nach eine gute Sache - eine schlechte Sache - oder weder gut noch schlecht?"

	9/1973	1974-1980[1]	4/1981	10/1981	4/1982	10/1982	4/1983	10/1983	10/1983
Gute Sache	63%	60%	49%	58%	54%	52%	61%	69%	57%
Schlechte Sache	4	6	9	6	8	9	5	5	9
Weder gut noch schlecht	22	24	28	25	31	33	26	25	24

[1] Mittelwerte aus 14 Umfragen

Quelle: Euro-Barometer, Juni 1983, S. 92; Veen, Europa/Umfrageforschung, S. 6; Euro-Barometer, Dezember 1983, S. 55.

Tabelle 17: "Angenommen, Sie hören auf einmal, daß die EG, die Europäische Gemeinschaft, wieder aufgelöst wird - wie würden Sie diese Nachricht aufnehmen? Wäre das in Ihren Augen..."

	3/1970	8/1977	4/1978	3/1979	5/1982	10/1983	3/1984
Sehr bedauerlich	38%	29%	33%	29%	27%	34%	26%
Ziemlich bedauerlich	30	36	31	41	36	39	38
Gleichgültig	16	18	16	17	16	18	16
Eher ein Vorteil	6	6	7	6	10	7	9
Kein Urteil	10	11	13	7	11	2	11

Quelle: Noelle-Neumann, Jahrbuch 1983, S. 605; Veen, Europa/Umfrageforschung, S. 8; IfD-Archiv.

Tabelle 18: Es fühlen sich als Europäer...

	11/1978	11/1979	9/1980	10/1983
Nicht angesprochen	47%	31%	32%	36%
Unentschlossen	19	2o	22	23
Stark angesprochen	34	49	44	40

Quelle: Veen, Europa/Umfrageforschung, S. 1.

ringe Unterstützung(31) - und zwar obwohl der deutsch-französische Freundschaftsvertrag, den Adenauer und de Gaulle 1963 z.T. in Reaktion auf außen- und sicherheitspolitische Maßnahmen Präsident Kennedys abschlossen -, auf überwältigende Zustimmung stieß.

Die Frage nach der Rolle Europas in der Weltpolitik - und nach einer eigenen europäischen Identität - ist dennoch weiterhin offen, auch in der öffentlichen Meinung der Bundesrepublik. Es ist eine Frage, die immer dann, wenn es zu europäisch-amerikanischen Spannungen kommt, neu gestellt wird, selten allerdings mit neuen Erkenntnissen oder Ergebnissen. Zuletzt wurde die Diskussion um diese Frage intensiviert durch die Auseinandersetzung um die Nachrüstung der NATO mit Mittelstreckenwaffen, die zu mannigfaltigen Überlegungen über eine Neugestaltung der NATO-Strategie führten. Den vielleicht am meisten beachteten Diskussionsbeitrag lieferte der ehemalige amerikanische Außenminister, Henry Kissinger, der zwischen der Abhängigkeit der Europäer von den USA im militärischen Bereich und den Einstellungen der Europäer folgenden psychologischen Zusammenhang konstatierte:

> "The present imbalance is not new. It has existed ever since World War II. But military dependence on another nation has a cumulative impact. When dependence no longer results from wartime destruction but from a policy choice, made under conditions of relative prosperity, it can breed guilt, self-hatred and a compulsion to display i n d e p e n d e n c e of the U.S. wherever doing so is safe, especially

[31] "Die einen sagen, wir sollten eng mit Frankreich zusammenarbeiten, dann wird Europa stark, und Amerika muß Rücksicht nehmen. Die anderen sagen: Nur Amerika garantiert unsere Sicherheit. Darum dürfen wir in erster Linie nicht die Amerikaner verärgern. Wie denken Sie?"

	1/1965	5/1965	1/1980
Nur Amerika garantiert Sicherheit	48%	60%	45%
Enge Zusammenarbeit mit Frankreich	19	15	22
Unentschieden	33	25	33

Quelle: Noelle-Neumann, Jahrbuch 1983, S. 619.

> with regard to some Third World issues and certain aspects of East-West relations"(32).

Diese Abhängigkeitspathologien, so Kissinger, führten auf europäischer Seite zu einem psychologischen Neutralismus, während auf amerikanischer Seite ohnehin vorhandene Tendenzen zu Unilateralismus und Isolationismus dadurch verstärkt wurden. Deshalb seine vielbeachtete Empfehlung: "The vitality of the Atlantic Alliance requires Europe to develop greater identity and coherence in the field of defense"(33).

Kissingers Forderung nach einer größeren europäischen Identität griff europäische Stimmungen auf(34) und verstärkte sie noch. Es scheint dabei geradezu paradox, daß ein Sprecher jener Oppositionspartei, die Kissinger in seinem Beitrag scharf attackierte(35), mit Thesen zur Selbstbehauptung Europas an die Öffentlichkeit trat, die mit den Kissingerschen Formulierungen weitgehend identisch waren:

> "Die Selbstbehauptung Europas erfordert in dieser weltpolitischen Situation weit mehr als nur einen mehr oder weniger weitreichenden Kompromiß in den strittigen EG-Fragen... Westeuropa [muß] seine Stellung in der Welt insgesamt neu ins Auge fassen und alle Kräfte für eine Politik der Selbstbehauptung

[32] Henry Kissinger, "A Plan to Reshape NATO", Time, 5. März 1984, S. 15.

[33] An konkreten Maßnahmen schlug Kissinger vor, daß Europa seine konventionellen Verteidigungsanstrengen verstärken solle, der Oberbefehlshaber der verbündeten Streitkräfte in Europa ein Europäer sein solle, der Generalsekretärsposten der NATO dagegen von einem Amerikaner zu besetzen sei und die Europäer die Verhandlungsführung bei Europabezogenen Rüstungskontrollverhandlungen übernehmen sollten. Diese Vorschläge stießen in Europa auf z.T. heftige Kritik.

[34] Siehe z.B. Peter Bender, Das Ende des ideologischen Zeitalters. Die Europäisierung Europas (Berlin: Severin & Siedler, 1981), ein Plädoyer für die Europäisierung Gesamteuropas, das aber dennoch auf vielbeachtete Weise die Stimmung hinsichtlich einer größeren Identität Westeuropas gegenüber den Supermächten zum Ausdruck brachte.

[35] "The main opposition parties in West Germany and Great Britain - which, in the nature of democratic politics, can be expected to get into office eventually - are advocating policies that amount to unilateral nuclear disarmament for their countries." (Kissinger, "A Plan to Reshape NATO", S. 14.)

zusammennehmen, statt sich einer Gefühlsmischung von Trotz und Kleinmut hinzugeben.

...

Die Westeuropäer müssen also bei ihrer Rolle im Bündnis ansetzen. Sie müssen zu einer Kraft im Bündnis werden, die auch gegenüber den USA und auch in Sicherheitsfragen mit einer Zunge spricht. Nur dann kann die amerikanische Dominanz im Bündnis, über die die Europäer oft und gerne klagen, durch eine "Partnerschaft der Gleichen" abgelöst werden. Es war Präsident Kennedy, der vor über 20 Jahren diesen Begriff geprägt und von den "zwei Säulen der NATO", der amerikanischen und der europäischen Säule gesprochen hat. Das zeigt, daß eine solche Rolle Europas mit den Interessen Amerikas durchaus vereinbar sein kann. Die heutigen kritischen Äußerungen aus Amerika über die europäische Rolle im Bündnis legen es nahe, auf der Grundlage einer erneuten Bewertung zu einer neuen Arbeitsteilung zu kommen. Europa muß mehr Verantwortung für die Verteidigung der europäischen Zentralfront übernehmen. Amerika muß die Europäer im Bündnis als wirklich gleichberechtigten Partner akzeptieren und der Versuchung widerstehen, Westeuropa zu einem Instrument seiner Weltmacht-Politik machen zu wollen"(36).

Die Tatsache, daß in der Frage größerer europäischer Selbständigkeit weitgehende Übereinstimmung zwischen Regierung und Opposition zu bestehen schien, belegte Bundesaußenminister Genscher im April 1984 in einer Grundsatzrede vor der Carl-Schurz-Gesellschaft. Er betonte dort, Europa müsse aus der Rolle des Kostgängers amerikanischer Stärke heraustreten und seine Sicherheit stärker durch eigene Anstrengungen gewährleisten. Auch er plädierte dafür, Europa durch verstärkte sicherheitspolitische Zusammenarbeit zu einem zweiten Pfeiler der NATO zu machen und regte dafür eine Neubelebung der WEU als Grundlage für einen Zusammenschluß zur gemeinsamen Verteidigung an(37). Daß diese Dis-

[36] Horst Ehmke, "Überlegungen zur Selbstbehauptung Europas", Manuskript vom Januar 1984, S. 3,11. Bei diesen "Überlegungen" handelte es sich um eine Vorlage für SPD-interne Diskussionen über ein neues Sicherheitskonzept (inzwischen veröffentlicht: Horst Ehmke, Eine Politik zur Selbstbehauptung Europas. Überlegungen angesichts der Entfremdung zwischen Alter und Neuer Welt, Europa-Archiv, Nr. 7, 1984, S. 195ff.).

[37] Rede vom 10. April 1984 in Bremen, zitiert nach "Genscher warnt USA vor Scheinalternative", SZ, 11. April 1984, S. 1.

kussion keineswegs auf die Bundesrepublik beschränkt blieb, stellte das Europäische Parlament in Straßburg unter Beweis: Es betonte zur gleichen Zeit, die einseitige Abhängigkeit der Sicherheit Westeuropas von den Vereinigten Staaten lasse nur schwer ein Verhältnis gleichberechtigter Partnerschaft entstehen. Es forderte deshalb die Entwicklung eines eigenen europäischen Sicherheitskonzeptes(38).

Angesichts tiefgreifender Meinungsunterschiede in der Bundesrepublik wie auch unter den Ländern Europas hinsichtlich alternativer Sicherheitskonzepte scheinen allerdings Zweifel angebracht, ob eine Verständigung darüber überhaupt möglich sein kann. Dagegen spricht bereits die Schwierigkeit der europäischen NATO-Mitgliedsländer, ihre konventionellen Verteidigungsanstrengungen in absehbarer Zeit zu erhöhen. Ferner dürfte die Frage einer nuklearen Mitbestimmung der Bundesrepublik weiterhin ein unüberwindbares Problem darstellen. Schließlich ist kaum zu erwarten, daß ausgerechnet zu einem Zeitpunkt, da die EG sich in einer tiefen Krise befindet und ein weiterer Ausbau der Europäischen Gemeinschaft in ihrem Kernbereich blockiert ist, neue Impulse für eine europäische Einigung vom kontroversen Sicherheitsbereich ausgehen könnten. Auch die Bemühungen, durch eine Wiederbelebung der Westeuropäischen Union einen "europäischen Pfeiler" für das Bündnis zu schaffen, scheinen wenig erfolgversprechend. Ein erster Versuch in diese Richtung, die WEU-Ministerratssitzung in Rom im Oktober 1984, beeindruckte mehr durch die offensichtliche Zurückhaltung Frankreichs als durch ihre "Erklärung von Rom", in der vor allem eine bessere Zusammenarbeit auf dem Rüstungssektor angekündigt wurde. Vermutlich werden weitere Ansätze kaum über das bisher vorherrschende Wunschdenken hinaus gedeihen.

[38] Zitiert nach "EG betont eigene Sicherheitsinteressen", SZ, 12. April 1984, S. 9.

Dennoch läßt sich nicht übersehen, daß für Tendenzen zu einer Einigung Europas eine gewisse Resonanz in der bundesdeutschen Öffentlichkeit vorhanden ist, selbst wenn es an einer europäischen Identität bisher noch mangelt. So tritt eine überwältigende Mehrheit dafür ein, daß die Europäische Gemeinschaft einen größeren weltpolitischen Einfluß geltend machen solle(39). Möglicherweise wird dabei der Wunsch nach eigenem größeren Einfluß, der in anderem Zusammenhang abgelehnt wird(40), auf Europa projiziert, wie überhaupt festzustellen ist, daß in der transatlantischen Diskussion eigene Vorstellungen oftmals mit dem - nicht immer richtigen - Etikett "europäisch" deklariert werden. Der Wunsch nach größerem Einfluß geht allerdings nicht so weit, daß man eine ganz unabhängige Politik verfolgen möchte; man verspürt nur das Bedürfnis, sich etwas aus der Umklammerung der USA zu lösen(41). Dabei deuten einige Umfrageer-

[39] Die Europäische Gemeinschaft sollte größeren weltpolitischen Einfluß

	10/1983
geltend machen	69%
nicht geltend machen	27

Quelle: Veen, Europa/Umfrageforschung, S. 11.

[40] "Bei unseren europäischen Nachbarländern ist vieles nicht in Ordnung. Man hört nun oft die Ansicht, wir Deutschen müßten unseren Einfluß verstärken und mehr die Führung übernehmen, dann würden sich die Verhältnisse in der Europäischen Gemeinschaft bald bessern. Würden Sie da zustimmen oder nicht zustimmen?"

	4/1975	3/1979	5/1982	2/1983
Nicht zustimmen	40%	47%	4)%	49%
Zustimmen	31	30	26	31
Unentschieden	29	23	27	20

Quelle: Noelle-Neumann, Jahrbuch 1983, S. 605.

[41] Europas weltpolitische Rolle

	10/1983
"Die Europäer sollten als Partner der USA eng mit den Amerikanern zusammenarbeiten."	17%
"Die Europäer sollten zwar Partner der USA bleiben, aber eine unabhängigere Politik verfolgen als bisher."	62
"Die Europäer sollten als eigenständige Kraft eine ganz unabhängige Politik verfolgen."	19

Quelle: Veen, Europa/Umfrageforschung, S. 12.

gebnisse darauf hin, daß hinsichtlich der Ausgestaltung dieses Wunsches die Alternative Europa nicht unbedingt an Attraktivität zugenommen hat(42); manche ziehen eine eher unbestimmte Politik der Neutralität vor (Tabelle 19), wobei allerdings - wie noch zu zeigen sein wird - neutralistische Vorstellungen äußerst verschwommen und daher politisch wenig relevant sind. Im übrigen sind die Deutschen - wie die Europäer insgesamt - in der Frage größerer Verteidigungsanstrengungen Westeuropas deutlich gespalten(43). Entscheidende Impulse für einen Einigungsprozeß Europas dürften jedenfalls kaum im sicherheits- und außenpolitischen Bereich zu erwarten sein.

Vereinigte Staaten von Amerika

Die Auseinandersetzungen um die Rolle Europas in der Weltpolitik im Zusammenhang mit teilweise heftigen europäisch-amerikanischen Kontroversen um wirtschafts- und außenpolitische Fragen haben bei manchen Beobachtern auf beiden

[42] "Was wäre Ihrer Ansicht nach die bessere Außenpolitik: Sollten wir uns weiter fest mit den Amerikanern militärisch verbünden, oder sollten wir uns ganz eng mit den anderen westeuropäischen Staaten zu einem politischen Block in Europa zusammenschließen?"

	3/1974	3/1979	5/1981
Politischer Block in Europa	41%	38%	32%
Mit den Amerikanern verbünden	38	36	44
Unentschieden	21	26	24

Quelle: Noelle-Neumann, Jahrbuch 1983, S. 619.

[43] "Westeuropa sollte stärkere Anstrengungen unternehmen, um eine angemessene militärische Verteidigung sicherzustellen."

	4/1979	10/1981	4/1983
Stimme voll und ganz zu	17%	17%	8%
Stimme zu	37	37	36
Lehne ab	22	19	30
Lehne voll und ganz ab	8	11	13
Keine Antwort	16	16	13

Quelle: Euro-Barometer, Juni 1983, S. A82.

Tabelle 19: "Für die Bundesrepublik gibt es ja mehrere Möglichkeiten, wie sie ihre Außenpolitik künftig ausrichten kann. Auf dieser Liste sind die Möglichkeiten beschrieben. Welche davon würden Sie für die beste halten, worauf sollte die Bundesrepublik besonderes Gewicht legen?

I. Weiter eng an der Seite der USA stehen.

II. Mit den Staaten der Europäischen Gemeinschaft eine eigene Politik betreiben.

III. Eine Politik der Neutralität zwischen den Großmächten in Ost und West führen.

IV. Eine neutrale Position unter freundschaftlicher Abstimmung mit der Sowjetunion einnehmen.

V. Eng mit der Sowjetunion zusammenarbeiten.

(Mehrfachnennungen möglich)

	9/1980	7/1983	3/1984
I. Eng mit den USA	57%	47%	36%
II. Mit EG eigene Politik	40	38	35
III. Neutral Ost/West	31	38	38
IV. Neutral pro Sowjetunion	15	15	8
V. Eng mit Sowjetunion	4	5	2
Unentschieden	9	8	9

Quelle: Noelle-Neumann, Jahrbuch 1983, S. 615; IfD-Archiv.

Seiten des Atlantik den Verdacht geweckt bzw. verstärkt, daß sich in Euroopa einmal mehr antiamerikanische Tendenzen ausbreiten. Aufgrund der Aktivitäten der Friedensbewegung und der damit verbundenen innenpolitischen Debatte um die Nachrüstung richtete sich dieser Verdacht vor allem auf die Bundesrepublik. Vielfach wurde die Befürchtung geäußert, die besonderen deutsch-amerikanischen Beziehungen seien in Gefahr und die Bundesrepublik befinde sich auf dem Weg in den Neutralismus. Ein Blick auf die Entwicklung der Einstellungen der deutschen Öffentlichkeit gegenüber den USA zeigt, daß von der Ausbildung einer antiamerikanischen Haltung bei einer Mehrzahl der Bevölkerung kaum die Rede sein kann. Die Befürchtungen hinsichtlich eines Zusammenbrechens des Bündnisses entbehren daher jeglicher Grundlage. Ohne Zweifel läßt sich jedoch auch feststellen, daß viele Bundesbürger nicht bereit sind, jede Veränderung der amerikanischen Politik vorbehaltlos und ohne Widerspruch zu unterstützen. Dies trifft besonders auf die jüngere Generation zu, deren angebliche Mängelerscheinungen hinsichtlich ihrer Haltung zu den USA Anlaß zu Befürchtungen über den zukünftigen Einfluß dieser "Nachfolge-Generation" gegeben haben(44), die inzwischen schon fast zu einem Klischee und auf jeden Fall zum Gegenstand intensiver Korrekturbemühungen(45) geworden sind.

[44] Am meisten Aufmerksamkeit fanden die Untersuchungen von Stephen Szabo, der in der Bundesrepublik ein "cultural and generational upheaval" festzustellen glaubte und zu folgender Schlußfolgerung gelangte: "What is happening in West Germany is the convergence of old themes with the emergence of a new generation in an altered international environment. Concerns of prewar German historical experience, particularly the debate about the 'Westernness' of German culture and the general struggle for identity have merged within a postwar historical milieu in which the issue of national identity has become even more dramatic. Adenauer's policy of integration within a Western framework has become modified by the Ostpolitik and the result is a distancing from the United States." Stephen F. Szabo, "West Germany: Generations and Changing Security Perspectives", in Stephen F. Szabo (Hg.), The Successor Generation: International Perspectives of Postwar Europeans (London: Butterworths, 1983), S. 70.

[45] Als Beispiel für das Ergebnis einer von zahlreichen "successor generation"-Konferenzen siehe Alan Platt (Hg.), The Atlantic Alliance. Perspectives from the Successor Generation (Santa Monica, Cal.: RAND Corp., 1983).

Im allgemeinen "mögen" die Bürger der Bundesrepublik "die Amerikaner". Lediglich in den Jahren vor Vietnam und Watergate ging dieses Gefühl wohlwollender Zuneigung etwas zurück (Tabelle 20)(46). Natürlich gibt es noch immer den auf der Unterscheidung zwischen amerikanischer "Zivilisation" und europäischer "Kultur" beruhenden Vorwurf an die Amerikaner, die seien zu materialistisch eingestellt(47). Dennoch überwiegt insgesamt die Überzeugung, daß es die Amerikaner mit ihrem Eintritt für Freiheit und Demokratie ehrlich meinen(48). Und auf dieser Überzeugung beruht letztlich auch die Einschätzung der Vereinigten Staaten als bester Freund der Bundesrepublik (Tabelle 21), wenn auch nicht unbedingt als das Land oder das Volk, das einem am besten gefällt(49). Überhaupt keine Zweifel gibt es hin-

[46] Siehe hierzu auch die Trenddaten in Bruce Russett und Donald R. Deluca, "Theater Nuclear Forces: Public Opinion in Western Europe", Political Science Quarterly, Sommer 1983, S. 183, 186, die im übrigen erkennen lassen, daß die Bundesrepublik in ihrer Zuneigung für die USA von keinem anderen größeren europäischen Land übertroffen wurde.
Unterschiede bei den verschiedenen Altersgruppen traten zuletzt kaum in Erscheinung, während noch 1965 die Jugend eine sehr viel stärkere Zuneigung zu den USA zeigte als andere Altersgruppen. Offensichtlich hat sich hier ein Nivellierungs- und Normalisierungsprozeß durchgesetzt.

[47] Im Mai 1981 stimmten 60% dem Statement zu: "Die Amerikaner sind als Konsum- und Wegwerfgesellschaft ein abschreckendes Beispiel für den Rest der Welt"; nur 23% stimmten nicht zu. (Noelle-Neumann, Jahrbuch 1983, S. 609).

[48] "Hier unterhalten sich zwei Männer über die Amerikaner. Wer von beiden sagt das, was auch Sie darüber denken, wem würden Sie eher recht geben?

	5/1965	8/1981
Ich finde, die Amerikaner tun nur nach außen so scheinheilig, als ob ihnen die Freiheit wichtig wäre. Im Grunde geht es nur darum, den amerikanischen Absatz auf dem Weltmarkt zu sichern.	18%	27%
Ich finde, die Amerikaner sind ehrlich bemüht, die Freiheit in der Welt zu verteidigen. Natürlich haben sie auch wirtschaftliche Interessen, aber viel wichtiger ist ihnen die Freiheit und die Demokratie."	67	55

Quelle: Noelle-Neumann, Jahrbuch 1983, S. 607.

[49] Im Sommer 1981 rangierte die Schweiz weit vor Japan, Schweden und den USA als ein Land, das für die Bundesrepublik ein Vorbild sein könnte; die Schweizer wurden mit ähnlichem Vorsprung (ca 40% gegen 20%) als das Volk genannt, das den Deutschen am besten gefällt. Siehe Noelle-Neumann, Jahrbuch 1983, S. 594, und "Jeder vierte Pazifist gegen Friedensbewegung", Der Spiegel, 30. November 1981, S. 103.

Tabelle 20: "Mögen Sie eigentlich die Amerikaner, oder mögen Sie sie nicht besonders?"

	1/1957	4/1961	7/1962	5/1965	1/1967	6/1973	3/1975	8/1979	9/1980	9/1981	11/1982	6/1983	5/1984
Ja	37%	51%	54%	58%	47%	48%	42%	50%	51%	56%	53%	53%	47%
Nein	24	16	18	19	24	24	21	23	22	18	22	19	24
Unent	39	33	28	23	29	28	37	27	27	26	25	28	29

Quelle: Noelle-Neumann, Jahrbuch 1983, S. 606; Gerhard Herdegen und Elisabeth Noelle-Neumann, "Gute Freunde, Schlechte Kritik", Die Politische Meinung, Januar/Februar 1984, S. 5; IfD-Archiv.

Tabelle 21: "Welches Land betrachten Sie als besten Freund der Bundesrepublik?"

	5/1965	1o/1977	1/1980	9/1980	8/1981	11/1982
USA	49%	54%	53%	51%	49%	48%
Frankreich	9	10	14	17	18	15
Österreich	5	6	5	6	8	6
Schweiz	3	3	2	2	2	3
England	6	2	1	2	1	1

Quelle: Noelle-Neumann, Jahrbuch 1983, S. 594, und The Germans, S. 408.

Tabelle 22: "Mit welchen von diesen Ländern sollten wir möglichst eng zusammenarbeiten?"

	8/1954	9/1959	8/1963	11/1968	8/1972	9/1975	8/1980	6/1983
USA	78%	81%	90%	81%	76%	79%	80	79%
Frankreich	46	48	70	68	63	63	69	66
England	58	49	65	59	55	47	46	49
Japan	35	32	31	35	44	35	40	40
Russland	22	31	27	35	49	38	20	38

Quelle: Noelle-Neumann, Jahrbuch 1983, S. 596 (siehe auch die graphische Darstellung mit zusätzlichen Datenpunkten in Herdegen/Noelle-Neumann, "Gute Freunde", S. 7).

sichtlich der Notwendigkeit, mit den USA möglichst eng zusammenzuarbeiten (Tabelle 22). Zwar ist - bei entsprechender Fragestellung - durchaus die Meinung zu finden, die Bundesrepublik solle a u c h mit Rußland eng zusammenarbeiten, wobei sich die Einstellungen der verschiedenen Altersgruppen in den letzten zehn Jahren eher einander angepaßt haben (Tabelle 23 und 24), ein "Nachfolge-Generationsproblem" hier also nicht festzustellen ist. Aber eindeutig vor die Wahl gestellt, was wichtiger sei: ein gutes Verhältnis zu Amerika oder zur Sowjetunion, entscheidet sich die überwältigende Mehrheit der Bundesbürger seit Jahr und Tag für gute Beziehungen mit den USA (Tabelle 25). Die Westbindungen der Bundesrepublik sind in diesem zentralen Bereich durch veränderte Einstellungen der Bevölkerung ganz offensichtlich nicht gefährdet.

Die Notwendigkeit deutsch-amerikanischer Zusammenarbeit steht also außer Frage. Hinsichtlich der Möglichkeiten für eine solche Zusammenarbeit ist man sich in letzter Zeit jedoch nicht mehr so sicher. Wie William Schneider in einer zusammenfassenden Darstellung festgestellt hat: "Europeans continue to like the United States and believe it is seriously committed to their security; but they have come to distrust U.S. leadership and judgement"(50). Dieses Mißtrauen in bezug auf die Qualitäten der amerikanischen Führung war bereits während der Amtszeit Präsident Carters stark ausgeprägt (und wurde, wie das Wahlergebnis vom November 1980 zeigte, auch von den meisten Amerikanern geteilt)(51).

[50] William Schneider, "Elite and Public Opinion: The Alliance's New Fissure?", Public Opinion, Februar/März 1983, S. 6.

[51] "Wie stark ist Ihr Vertrauen darauf, daß die Vereinigten Staaten heute fähig sind, in Weltproblemen eine kluge Führungsrolle zu übernehmen?"

	8/1979	9/1980	5/1981	1/1983	2/1984	10/1984
Sehr stark	8%	6%	8%	5%	7%	9%
Ziemlich stark	26	28	34	38	26	46
Nicht so stark	42	43	39	44	39	34
Gar nicht	12	10	8	11	16	10

Tabelle 23: "Sollten wir für die Zukunft mit Amerika und Rußland gleich eng zusammenarbeiten, oder lieber enger mit Rußland oder lieber enger mit Amerika? Was meinen Sie?"

	5/1973	11/1977	10/1978	1/1980	5/1981	1/1982	6/1982	1/1983	6/1983	5/1984
Gleich eng	54%	38%	36%	41%	32%	44%	39%	51%	47%	48%
Enger Amerika	36	49	51	49	56	42	51	39	42	41
Enger Rußland	3	2	1	2	1	2	1	1	2	2
Kein Urteil	7	11	12	8	11	12	9	9	9	9

Quelle: Noelle-Neumann, Jahrbuch 1983, S. 621; IfD-Archiv.

Tabelle 24: Enge Zusammenarbeit mit USA oder gleich eng mit Rußland? - Altersgruppen in Prozent.

		16-29	-44	-59	60-
Gleich enge Zusammenarbeit	5/1973	60	60	53	41
	11/1977	46	38	37	32
	4/1983	46	46	49	44
Enger mit Amerika	5/1973	28	34	38	44
	11/1977	40	52	53	61
	4/1983	39	41	41	45

Quelle: Noelle-Neumann, Jahrbuch 1983, S. 621.

Tabelle 25: "Wenn wir uns für e i n e dieser beiden Möglichkeiten entscheiden müssen - was ist dann für die Zukunft des deutschen Volkes wichtiger: ein gutes Verhältnis zu Amerika oder ein gutes Verhältnis zu Rußland?"

	6/1954	12/1975	11/1979	5/1981
Amerika	62%	52%	63%	65%
Rußland	10	12	12	6
Unentschieden	28	36	25	29

Quelle: Noelle-Neumann, Jahrbuch 1983, S. 619.

Im Verlauf der ersten Amtsperiode Präsident Reagans verfestigte sich diese skeptische Haltung hinsichtlich der Führungsqualitäten der USA. Die persönlichen Einstellungen zu Präsident Reagan erfuhren durch dessen Besuch in Bonn im Juni 1982 nur eine kurzlebige Verbesserung(52). Vor allem die zunehmend geäußerte Überzeugung, der politische Kurs Reagans sei - in nicht näher bestimmter Weise - "zu hart", trug zu dieser skeptischen Haltung bei(53). Das Amerika-Bild der Bundesbürger wurde von dieser kritischen Einschätzung des amerikanischen Präsidenten und seiner Führungsqualitäten beeinflußt. Das außenpolitische Verhalten der USA während der ersten Reagan-Administration wurde immer kritischer beurteilt. Eine zunehmende Zahl von Bundesbürgern sah kaum einen Unterschied mehr zwischen dem Großmachtverhalten der USA und dem der Sowjetunion; beide Großmächte wurden bezüglich bestimmter außenpolitischer Verhal-

Quelle: Noelle-Neumann, Jahrbuch 1983, S. 611; für 1983: Der Spiegel, 7. Februar 1983, S. 90 (EMNID-Umfrage); für 2/1984: IfD-Archiv; für 10/1984: Der Spiegel, 29. Oktober 1984, S. 43 (EMNID-Umfrage, leicht veränderte Fragestellung).

[52] "Haben Sie von Ronald Reagan alles in allem eine gute Meinung oder keine gute Meinung?"

	1/1980	5/1981	7/1981	12/1981	6/1982	7/1982	11/1982	6/1983
Gute Meinung	13%	43%	33%	33%	40%	24%	18%	24%
Keine	33	22	28	38	31	45	51	45
Unentschieden	54	35	39	29	29	31	31	31

Quelle: Herdegen/Noelle-Neumann, "Gute Freunde", S. 10.

Noch deutlicher tritt die Verschlechterung des Meinungsklimas in Umfragen des SINUS-Instituts zutage; hier erhöhte sich die Zahl derer, die mit der Politik des amerikanischen Präsidenten nicht einverstanden waren, von 31% im Jahre 1980 auf 61% im Herbst 1983. (Siehe SINUS-Institut, "Sicherheitspolitik, Bündnispolitik, Friedensbwegung", Untersuchung im Auftrag der Friedrich-Ebert-Stiftung, München, Oktober 1983, S. 21.)

[53] "Finden Sie, der politische Kurs von Präsident Reagan ist alles in allem eher zu hart, zu weich oder gerade richtig?"

	5/1981	10/1981	12/1981	11/1982	6/1983
Zu hart	25%	38%	38%	47%	40%
Zu weich	2	2	4	4	6
Gerade richtig	45	35	33	18	24

Quelle: Herdegen/Noelle-Neumann, "Gute Freunde", S. 11.

tensweisen mehr und mehr auf eine Stufe gestellt(54).

Reagan demonstrierte die vermeintliche Härte seines außenpolitischen Kurses in mehrfacher Weise, am folgenschwersten jedoch im Sommer 1982, als er ein amerikanisches Embargo gegen das Gas-Röhren-Geschäft der Europäer mit der Sowjetunion auf europäische Länder ausdehnte - eine Maßnahme, die von der deutschen Öffentlichkeit entschieden abgelehnt wurde(55).

Dieser harte Kurs, verbunden mit dem Anspruch, daß die Verbündeten Amerikas ihm folgen müßten, stieß in der Bundesrepublik schon sehr früh nicht nur deshalb auf Widerstand, weil er deutschen Interessen zuwiderzulaufen schien (Tabelle 26), sondern zum Teil auch, weil - gerade bei den jüngeren Generationen - ein gewachsenes westdeutsches Selbstbewußtsein den amerikanischen Führungsanspruch nicht mehr ohne weiteres akzeptieren ließ (Tabelle 27). Man fühlte sich ohnehin von den USA zunehmend abhängig und war deshalb bereit, Forderungen nach größerer Selbstständigkeit zu unterstützen(56). Diese bezogen sich jedoch allein auf den

[54] Siehe hierzu die Umfragen der Jahre 1980-1983 in SINUS-Institut, "Sicherheitspolitik", S. 11-17.

[55] Das Lieferverbot für unter amerikanischer Lizenz gefertigte Produkte europäischer Firmen wurde im Oktober 1982 von 71% abgelehnt; 72% traten dafür ein, daß die Bundesrepublik - ähnlich wie die USA mit ihren Getreidegeschäften - solche Geschäfte mit der Sowjetunion tätigen dürfe. (Noelle-Neumann, Jahrbuch 1983, S. 614.)

[56] Es sind der Meinung, die Bundesrepublik sei von den USA ...

	1980	1981	1982	1983
(sehr) abhängig	70%	74%	81%	81%
nicht/kaum abhängig	25	21	15	14
weiß nicht/keine Angabe	5	5	4	5

Quelle: SINUS-Institut, "Sicherheitspolitik", S. 28.

Auf die Frage: "Sollte sich die Bundesrepublik in der gegenwärtigen Lage außenpolitisch ganz auf die Seite der Amerikaner stellen, oder sollte sie von Fall zu Fall entscheiden, ob sie mit den Amerikanern oder ihren eigenen Weg geht?", entschieden sich im Mai 1980 56% für "von Fall zu Fall entscheinen"; im Mai 1981 waren es bereits 65%. (Noelle-Neumann, Jahrbuch 1983, S. 617.)

Tabelle 26: "Darüber wie sich die Bundesregierung gegenüber der Politik der Amerikaner verhalten soll, kann man unterschiedlicher Meinung sein. Hier sind zwei Ansichten aufgeschrieben. Welcher würden Sie eher zustimmen?

	5/1980	5/1981
Ich finde, wenn wir von den Amerikanern verlangen, daß sie uns in Europa beistehen, dann müssen wir ihnen jetzt durch Taten zeigen, daß wir ihre Politik in anderen Teilen der Welt unterstützen, auch wenn wir nicht mit allen Maßnahmen einverstanden sind, und dies Opfer von uns verlangt.	39%	20%
Da bin ich anderer Meinung. Zwar sollten wir uns soweit wie möglich mit den Amerikanern solidarisieren, aber wenn sie eine unvernünftige Politik machen, dann können sie nicht von uns verlangen, daß wir uns Maßnahmen anschließen, die unseren eigenen Interessen schaden."	49	68
Unentschieden	12	12

Quelle: Noelle-Neumann, Jahrbuch 1983, S. 620.

Tabelle 27: "Hier unterhalten sich zwei über das Verhältnis zwischen den USA und der Bundesrepublik. Welcher von beiden sagt eher das, was auch Sie denken?" (Mai 1981)

	Ges.	16-29	-44	-59	60-
Die Bundesrepublik braucht die Amerikaner als Schutzmacht heute so nötig wie vor dreißig Jahren, als die Allianz gegründet wurde. Daran hat sich nichts geändert. Deshalb müssen wir Deutschen weiterhin fest an der Seite der USA stehen und sie als Führungsmacht akzeptieren.	48%	38%	50%	56%	49%
In den letzten dreißig Jahren hat sich vieles verändert. Die Bundesrepublik hat im Kreis der großen Mächte an Bedeutung gewonnen. Mit der neuen Rolle der Deutschen in der Weltpolitik verträgt es sich nicht mehr, wenn wir uns in allem der amerikanischen Führung unterordnen."	35	43	38	33	26

Quelle: Noelle-Neumann, Jahrbuch 1983, S. 623.

Schutz westdeutscher Interessen gegenüber als schädigend oder gar als gefährlich empfundenen Maßnahmen der amerikanischen Regierung. Das Bündnis mit den USA wurde deswegen nicht in Frage gestellt. Die mangelnde Unterstützung für manche Aspekte der Außenpolitik Präsident Reagans, die ja in den USA selbst auch auf zunehmende Kritik stieß, signalisierte also keineswegs die Entwicklung eines Antiamerikanismus.

Hinsichtlich der Frage, wie stark die Bevölkerung für eine deutlichere Betonung westdeutscher Interessen eintrat, lieferte der Wahlkampf 1983 einige interessante Aufschlüsse. Die SPD hatte sich offensichtlich aufgrund dieser Stimmung ermutigt gefühlt, ihren Wahlkampf unter dem Slogan "Im deutschen Interesse" zu führen und dabei in Aussicht zu stellen, vor allem gegenüber den USA in Fragen der Nachrüstung und der Entspannungspolitik härter aufzutreten. Sie verlor jedoch die Bundestagswahl 1983 entscheidend. Ihre Niederlage läßt erkennen, daß eine schärfere Betonung deutscher Interessen gegenüber den USA nicht unbedingt das Denken der Wähler beherrschte.

Dennoch kann auch eine Bundesregierung unter einem Kanzler der CDU/CSU, die die Solidarität mit den USA erfolgreich zu einem ihrer Wahlkampfthemen gemacht hatte(57), eine Stimmung in der Öffentlichkeit nicht völlig vernachlässigen, die sich gegen ein überloyales Nachvollziehen jeder Wendung der amerikanischen Außenpolitik wehrt. Eine solche Haltung erscheint als geradezu notwendiger Bestandteil einer gereiften Gesellschaft und ihrer Politik, die eigene Interessen, so wie sie im demokratischen Entscheidungsprozeß zum Ausdruck gebracht werden, verfolgen muß. Das Ein-

[57] Auf die damit einmal mehr bestätigte historische Erfahrung, daß Wahlsieger jene Partei wird, die über den nachweisbar besseren Draht zu Washington verfügt - wodurch auch die zentrale Bedeutung der deutsch-amerikanischen Beziehungen für die Innenpolitik der Bundesrepublik unter Beweis gestellt wird -, verweist Grabbe, Unionsparteien, Sozialdemokratie und Vereinigte Staaten, S. 15.

treten für die eigenen Interessen ist im übrigen auch selbstverständliche Voraussetzung für die Erhaltung eines Bündnisses gleichberechtigter, wenn auch nicht gleich starker Staaten. Eine vorbehaltlose Unterordnung unter die Ansprüche der Führungsmacht dürfte kaum das Bestimmungsmerkmal eines Bündnisses demokratisch verfaßter Staaten sein. Dabei ist der notwendige Abstimmungsprozeß innerhalb des Bündnisses natürlich immer mit Schwierigkeiten verknüpft. So muß sich z.B. die Bundesrepublik nicht nur über ihre eigenen Interessen klar werden; sie muß auch versuchen zu unterscheiden zwischen kurzfristigen außenpolitischen Wendungen einer Washingtoner Administration, auf die man gegebenenfalls nicht einzugehen braucht und langfristigen Kursänderungen, die von allen politischen Kräften in den USA getragen werden - angesichts der Komplexität des amerikanischen Entscheidungsprozesses eine keineswegs leichte Aufgabe. Aus diesen Gründen kann Washington nicht in allen Fällen "automatisch" mit der Unterstützung Bonns rechnen. Es besteht umgekehrt aber kein Anlaß, das Fehlen vorbehaltloser Zustimmung oder Unterstützung als Manifestation einer antiamerikanischen Haltung zu interpretieren.

In den vergangenen Jahren bezog sich das Bedürfnis nach der Durchsetzung eigener Interessen vor allem auf die Ausgestaltung der Beziehungen zur Sowjetunion - für ein Bündnis, das zur Abwehr der sowjetischen Bedrohung eingerichtet wurde, immerhin ein zentraler Bereich. Für das Beharren der Bundesrepublik auf einer Politik der Entspannung gegenüber Forderungen der Reagan-Administration, einen härteren Kurs zu verfolgen, gab es eine Reihe von Beweggründen, auf die im weiteren näher eingegangen wird. Besonders schwierig waren diese Auseinandersetzungen jedoch nicht zuletzt deshalb, weil beide Seiten nur wenig bereit schienen, die - auch historisch begründeten - Eigeninteressen der jeweils anderen Seite zur Kenntnis zu nehmen, und stattdessen mit z.T. plumpen Verdächtigungen argumentierten. Der Antiamerikanismus-Vorwurf war gerade in diesem Zusammenhang häufig zu hören.

Einer der Gründe für das mangelnde Verständnis in bezug auf die grundlegenden Interessen der jeweils anderen Seite hinsichtlich der Beziehungen mit der Sowjetunion ist ohne Zweifel in dem Umstand zu suchen, daß Amerikaner und Deutsche aus den Erfahrungen der deutschen Vergangenheit unterschiedliche Lehren gezogen haben. Das Gefühl der Frustration dürfte gerade deshalb besonders groß gewesen sein. So ist für die Vereinigten Staaten - und gerade auch für die wichtigsten Mitarbeiter der Reagan-Administration - die Erfahrung mit dem zu nachgiebigen Umgang mit dem Hitler-Regime nach wie vor beherrschend(58), obwohl der verlorene

[58] Einige Zitate von wichtigen Persönlichkeiten der Reagan-Administration verdeutlichen diesen Sachverhalt in anschaulicher Weise. So äußerte sich z.B. der Verteidigungsminister Caspar Weinberger folgendermaßen über seinen "großen Helden" Winston Churchill: "He warned that Europe must rearm against the threat from the Germans and he was right - and they barely did it in time. He was the only one warning it at that time - it was considered bad form and he made something of a nuisance of himself. Now I am trying to emphasize the fact that I see some rather deadly parallels. The threat is from the Soviets, and we must rearm." (Martin Schram, "Caspar One-Note's Military March", Washington Post, 18. April 1982, S. B1.)

Richard Pipes, 1981-1983 der wichtigste Berater des Präsidenten für amerikanisch-sowjetische Beziehungen, wäre als Junge beinahe das Opfer eines deutschen Bombenangriffs auf Warschau geworden; diese Erfahrung wie die nachfolgende Flucht vor den Deutschen prägten auch sein Denken: "World War II had a profound effect on his thinking, he says. He learned to expect the unexpected, such as normal life turning upside down in a matter of hours, and he learned to take seriously threats, such as the Nazi pledge to kill all Jews, even assimilated Jews such as his family and his wife's. 'The only reason we have survived, both of us,' Pipes says, 'is because our families didn't lose their heads, but fought back for their lives and freedom. And that's the only way ever to manage your life. The nuclear threat does not change that.'" (Charles Fenyvesi, "The Man Not Worried by the Bomb", Washington Post, 11. April 1982, S. B1.)

Sven Kraemer schließlich, Mitarbeiter des Nationalen Sicherheitsrates zuständig für westeuropäische Sicherheitsfragen, "'knows what happens when fascists take control.' He and his mother were 'held as hostages' by the Nazis in Germany for six years. He says he favors the 'Churchillian approach' of preparedness because 'there are some dangerous types abroad.'" (Michael Getler, "For NSC Staff, It's Heady to Be at the Hub of Activity", Washington Post, 16. Mai 1983, S. A9.)

Krieg in Vietnam die Analogie zu "München 1938" zunächst diskreditiert hatte. Gemäß dieser Erfahrung darf man der "Salami-Taktik" eines totalitären Regimes nicht nachgeben, sondern muß sich gegen jeden Versuch einer Machtausdehnung mit Entschlossenheit wehren, selbst wenn dafür der Einsatz militärischer Mittel notwendig werden sollte. Die meisten Deutschen haben aus ihrer eigenen Vergangenheit eine andere Lehre gezogen. Für sie steht fest, daß man einen gefährlichen Gegner - und ganz besonders die Sowjetunion - nicht durch harte Konfrontation von diesem Kurs abbringen, sondern ihn allenfalls durch gute Beziehungen, ja Kooperation gleichsam entschärfen kann. Für viele Amerikaner ist diese Haltung nicht nur ein Beweis für historische Vergeßlichkeit, sondern auch Ausdruck einer Bereitschaft zum "appeasement". In manchen deutschen Augen spiegelt dagegen die amerikanische Einstellung die Arroganz, wenn nicht sogar Ignoranz einer von Europa weit entfernten Supermacht wider.

Diese unterschiedlich rezipierten Lehren aus der Vergangenheit belasteten die deutsch-amerikanischen Beziehungen in jüngster Zeit vor allem in zwei Fällen: bei den Reaktionen auf die Ereignisse in Polen und in Mittelamerika. In beiden Fällen trugen unterschiedliche Einschätzungen darüber, wie Demokratie und Menschenrechte in anderen Ländern durchgesetzt werden können, zusätzlich zu den transatlantischen Schwierigkeiten bei.

Das Zögern von Bundeskanzler Schmidt, nach der Erklärung des Kriegsrechts in Polen im Dezember 1981 und der nachfolgenden Unterdrückung der unabhängigen Gewerkschaftsbewegung "Solidarnosc" die Sowjetunion wegen dieser Maßnahmen zu verurteilen und sich amerikanischen Gegenmaßnahmen in Form von Wirtschaftssanktionen anzuschließen, führte zu beträchtlichen Auseinandersetzungen zwischen Washington und Bonn. Auf allen Seiten des politischen Spektrums in den USA wurden Stimmen laut, die in scharfen Tönen Bundeskanzler Schmidt wegen seiner angeblichen Zurückhaltung oder Nachgiebigkeit gegenüber der Sowjetunion und seiner mangelnden Hilfestellung für die unterdrückten Polen verurteilten(59). Schmidt, von den Ereignissen in Polen während eines offiziellen Besuchs in der DDR überrascht und dadurch in eine schwierige Situation gebracht, in der er sich nicht immer mit der vielleicht gebotenen Klarheit ausdrückte, verwies auf eine verurteilende Resolution des Bundestages und bestand im übrigen darauf, daß die von der Bundesrepublik in großem Umfang aufgebrachten privaten Hilfeleistungen den bedrängten Polen letztlich eine größere Hilfe bedeuteten als öffentliche Anprangerungen und wirtschaftliche Sanktionen.

Die Haltung entsprach dem traditionellen Vorgehen Bonns bei Menschenrechtsproblemen in Osteuropa. Die Bundesrepublik hat im Lauf der Zeit die Erfahrung gemacht, daß stille Diplomatie und diskret gezahlte Gelder am meisten Erfolg bringen, wenn es darum geht, in konkreten Fällen Hilfe zu leisten. Zwar erwies sich dieses Vorgehen gelegentlich als problematisch, da es einerseits nach innen einer gewissen Umgehung administrativer Kontrollpolitiken Vorschub leistete(60), andererseits in den betroffenen osteuropäischen

[59] Wie sehr der historische Hintergrund zu der deutlichen Verärgerung in den USA über die Haltung der Bundesregierung beitrug, zeigt folgendes Zitat aus einem Leitartikel der liberalen Zeitschrift The New Republic vom 17. February 1982 (S. 7):

"Defending his cautious policy of cooperation with the Soviet bloc during the current Polish crisis, German Chancellor Helmut Schmidt explained, 'We hesitate to raise our voices louder, for the guilt-ridden history of Germans and Poles compels us to restraint.' That is a strange lesson indeed to learn from history. For the Germans to keep silent while the Poles are being oppressed once again is hardly a laudable, or even a logical, way to atone for having oppressed Poles in the past. Moreover, the Germans undertook their oppression of Poland in 1939 after making a deal (the Hitler-Stalin pact) to share the task with the Russians. What kind of repentance is it for the Germans to make clear this time around that the Russians can do as they please in Poland without worrying about a German response?"

[60] Erstmals aufgedeckt wurde eine mögliche Unregelmäßigkeit in diesem Bereich durch die inzwischen gegen den ehemaligen Bundesminister für Innerdeutsche Beziehungen, Egon Franke, und einige seiner Mitarbeiter erhobene Anklage wegen ihres Umgangs mit Geldern, die für den Freikauf von politischen Gefangenen in der DDR bestimmt waren. Dieses Freikaufprogramm war Anfang der sechziger Jahre unter dem damaligen Minister Rainer Barzel begonnen worden und wird auch heute noch fortgesetzt.

Ländern die Versuchung wachsen ließ, die Bundesrepublik gleichsam zu erpressen(61). Dennoch hält die Bundesrepublik an diesem Vorgehen fest. Die USA dagegen, mit konkreten Problemfällen in gleicher Weise unmittelbar konfrontiert, drängen im allgemeinen auf öffentliche Kritik und direkte Maßnahmen gegen Menschenrechtsverletzungen, um auf diese Weise Besserung zu erreichen. Im Falle von Polen jedenfalls war man in den USA mit den privaten Hilfeleistungen und diskreten staatlichen Maßnahmen der Bundesrepublik unzufrieden. Einmal mehr wurde der Vorwurf laut, die Bundesrepublik kümmere sich zu ausschließlich um die Probleme der Deutschstämmigen in den Ländern Osteuropas und zu wenig um die Durchsetzung der Rechte aller Menschen in diesen Ländern. Die hier aufgekommenen Irritationen im deutsch-amerikanischen Verhältnis klangen nur langsam wieder ab.

Hinsichtlich der deutschen Reaktionen auf die amerikanische Politik gegenüber Mittelamerika beschränkten sich die Irritationen weitgehend auf die Administration in Washington. Die Bonner Regierung zögerte - selbst nachdem im Herbst 1982 die "Wende" vollzogen worden war - nach wie vor, amerikanische Maßnahmen gegen angeblich subversive Regime oder für vermeintlich demokratische Regierungen in Mittelamerika zu unterstützen. Obwohl - oder vielleicht auch gerade weil - die CDU über die ihr nahestehende Konrad-Adenauer-Stiftung seit Jahren in den Ländern Mittelamerikas politisch im sozialen Bereich aktiv ist, teilte auch die neue Regierung in Bonn nicht die Argumente des

[61] Als besonders erpresserisch hat sich Rumänien erwiesen. Es schränkte z.B. im Frühjahr 1982 die Auswanderung von Angehörigen der deutschen Minderheit drastisch ein, was in Bonn als Versuch gewertet wurde, "die Bundesrepublik zu vermehrtem wirtschaftlichen Entgegenkommen an das in schweren Nöten steckende Rumänien zu veranlassen." ("Bukarest läßt weniger Deutsche ausreisen", FAZ, 4. Mai 1982, S. 4.) Die Bundesregierung sah sich dadurch ein Jahr später gezwungen, ein (durch eine Indiskretion bekannt gewordenes) Abkommen zu verlängern, das direkte Zahlungen Bonns an Bukarest für die Ausreise von Deutschstämmigen vorsieht; die Kosten pro Auswanderer stiegen dabei von DM 5000 auf DM 8000. Siehe hierzu "Anschluß-Abkommen mit Rumänien kostet den Innenminister 132 Millionen Mark", FAZ, 3. Juni 1983, S. 2.

amerikanischen Präsidenten, daß allein die Sowjetunion für die Unruhen in Mittelamerika verantwortlich sei, die Sicherheit des Westens in dieser traditionell turbulenten Region damit auf dem Spiel stünde und in jedem Fall antikommunistische Regime, selbst wenn sie repressiv seien, daher vom Westen unterstützt werden müßten. In der Bundesrepublik betrachtete man eher interne gesellschaftliche Faktoren als Ursache für politische Auseinandersetzungen und zeigte sich im übrigen davon überzeugt, daß geheimdienstliche Maßnahmen gegen sozialistische Regime - wie etwa in Nicaragua - oder gar offene militärische Interventionen - wobei Grenada allerdings einen Sonderfall darstellte - die Sache der Demokratie in der Region letztlich wenig förderten. Diese Einschätzung wurde auch von weiten Teilen der amerikanischen Bevölkerung und ihren Vertretern im Kongreß geteilt(62). Schließlich kam für die Bundesregierung als zusätzliche Überlegung noch hinzu, daß man wegen der Vorgänge in Mittelamerika eine Konfrontation mit der Sowjetunion nicht angezeigt fand.

Das Zögern der Bundesregierung, in eine deutliche Verurteilung sowjetischer Unterdrückung von demokratischen Bewegungen und Menschenrechtsverletzung einzustimmen und amerikanische Anstrengungen zu unterstützen, Menschenrechte durchzusetzen und demokratische Bewegungen auch in anderen Regionen zu fördern, hat immer wieder zu mehr oder weniger offen ausgesprochenen Beschwerden geführt. Sie summierten sich zu dem Vorwurf, die Bundesrepublik sei dabei, eine

[62] Die amerikanische Öffentlichkeit hat sich, zumindest in Meinungsumfragen, beständig mehrheitlich gegen Geheimdienst- oder Militärmaßnahmen in Mittelamerika ausgesprochen, nicht zuletzt, weil auch sie nicht davon überzeugt ist, daß die Sicherheit Amerikas auf dem Spiel steht. (Siehe z.B. "Opinion Outlook", National Journal, 25. Februar 1984, S. 394, oder "Criticism of Foreign Policy Growing", Washington Post, 2o. Januar 1984, S. 1/8.) Wie sehr diese Stimmung den Kongreß beeinflußt, zeigte nicht nur dessen Weigerung, dem Präsidenten zusätzliche Mittel für geheimdienstliche Aktivitäten gegen Nicaragua zu bewilligen.

Position der Äquidistanz zwischen beiden Supermächten einzunehmen. Solche Beschwerden gewannen zusätzliche Nahrung durch die Weigerung der Bundesrepublik, auch in anderen Bereichen eine härtere Linie gegenüber der Sowjetunion einzunehmen - und natürlich auch durch die Forderungen der Grünen nach einer t a t s ä c h l i c h e n Politik der Äquidistanz. Der Vorwurf der zunehmenden Distanzierung von den USA trug zu dem Argument eines angeblich wachsenden Antiamerikanismus in der Bundesrepublik bei.

Diesen Vorwürfen fehlt jedoch im großen und ganzen eine realistische Grundlage, insbesondere auch dort, wo sie eine Annäherung der Bundesrepublik an die Sowjetunion implizieren. Zwar hat sich das Bild der Vereinigten Staaten aufgrund des gelegentlich rücksichtslosen Vorgehens der USA während der Amtszeit Präsident Reagans in der Tat verschlechtert. Aber dennoch weiß der weitaus größere Teil der bundesrepublikanischen Öffentlichkeit noch immer sehr wohl zwischen der Sowjetunion und den Vereinigten Staaten zu unterscheiden.

Kritik am internationalen Verhalten der Vereinigten Staaten spiegelt letztlich ein starkes Interesse an der Durchsetzung demokratischer Werte wider und keineswegs - wie gelegentlich behauptet - eine gewisse Gleichgültigkeit. Es ist bezeichnend, daß diejenigen, deren demokratischer Idealismus am stärksten ausgeprägt ist - nämlich die jüngeren Altersgruppen -, sich am kritischsten über die USA äußern. Diese Kritik mag mangels Berücksichtigung politischer Realitäten nicht immer angebracht sein. Auf keinen Fall aber weist sie auf eine Abkehr von Werten westlicher Demokratie hin. Eher scheint das Gegenteil der Fall zu sein: Gerade weil das Interesse an der Durchsetzung demokratischer Werte so stark ist, richtet sich die Kritik vorwiegend gegen jenes Land, das seine eigenen moralischen Qualitäten immer wieder so stark betont, in seiner Politik aber nicht immer entsprechend zu handeln scheint. Im übrigen ist man sich sehr wohl bewußt, daß amerikanische Politik - eben weil es sich um ein demokratisch verfaßtes Land handelt - durch Kritik von außen in der Tat beeinflußt werden kann. Kritik dieser Art verweist daher im allgemeinen weder auf Äquidistanz noch auf grundsätzlich antiamerikanische Einstellungen.

Es ist in manchen Fällen vielleicht nicht ungerechtfertigt, sich über die längerfristigen Auswirkungen eines möglicherweise fehlgeleiteten Idealismus bei der deutschen "Nachfolge-Generation" Sorgen zu machen. Ob diese Sorgen sich aber, wie Szabo argumentiert, auf "dieses 'emotionale Defizit' im deutsch-amerikanischen Verhältnis im Zusammenhang mit einer wachsenden Tendenz bei den jüngeren Deutschen, die USA und die UdSSR politisch und moralisch gleichzusetzen"(63), konzentrieren müssen, erscheint eher zweifelhaft. Noch weniger berechtigt dürfte die Sorge sein, daß solchermaßen "emotional-defizitär" ausgestattete Mitglieder der "Nachfolge-Generation" demnächst in politisch einflußreiche Stellungen aufsteigen und dann eine Reorientierung der Bundesrepublik bewirken könnten. Der Aufstieg in Führungspositionen dauert in der Bundesrepublik - im Gegensatz zu den USA - sehr viel länger und erlaubt daher viel Zeit für politische Anpassungsprozesse zum Ausgleich eventuell vorhandener Defizite. In den wenigen Fällen, in denen Mitglieder dieser Generation heute politische Führungspositionen einnehmen, erfüllen sie kaum das Stereotyp des vehement antiamerikanischen Jugendlichen.

Zweifel an den Qualitäten gegenwärtiger politischer Führung in den USA und an der Wirklichkeit amerikanischer Demokratie haben jedenfalls nicht zu politisch relevanten

[63] Stephen F. Szabo, "The New Generation in Germany: Protest and Postmaterialism", in Robert Gerald Livingston (Hg.), The Federal Republic of Germany in the 1980s. Foreign Policies and Domestic Changes (New York: German Information Center, 1983), S. 32.

Bemühungen geführt, die Bundesrepublik insgesamt vom Bündnispartner USA zu distanzieren oder gar näher an die Sowjetunion heranzuführen. Noch einmal: Die Bindung an den Westen steht außer Frage. Dies zeigt sich auch in der Entwicklung westdeutscher Einstellungen zum Neutralismus.

Neutralismus

Neutralistische Einstellungen von methodisch sauberer Aussagekraft oder gar politischer Relevanz lassen sich in der Bundesrepublik kaum nachweisen. Zwar deuten manche Umfrageergebnisse von beachtlicher langfristiger Stabilität auf eine verbreitete Neigung zum Neutralismus. Aber bei näherer Betrachtung erweist sich diese Neigung weitgehend als harmloses Wunschdenken. Zu diesem Ergebnis kam "Der Spiegel" auf der Grundlage einer großen, von EMNID durchgeführten Untersuchung im Herbst 1981:

> "Daß der Neutralitätswunsch sich bei etlichen Anhängern so leicht verflüchtigt, ist damit zu erklären, daß er als Antwort auf eine realitätsferne Frage geäußert wurde. Dieses Thema ist für die meisten ohne jede aktuelle Bedeutung, und deshalb machen sie sich die Antwort leicht"(64).

Neutralität im Sinne eines Rückzugs aus dem militärischen Bündnis der NATO findet seit Jahr und Tag kaum Befürworter(65). Man ist mehrheitlich davon überzeugt, daß die Bundesrepublik als neutraler Staat zu schwach wäre, um Frieden und Freiheit selbst zu sichern (Tabelle 28) und dem

[64] "Jeder vierte Pazifist gegen Friedensbewegung", Der Spiegel, 3o. November 1981, S. 101.

[65] Auf die Frage: "Was ist für unsere Sicherheit Ihrer Meinung nach besser: Wenn wir uns militärisch eng an die Verbündeten (Europa und USA) halten, oder wenn wir uns auf uns selbst verlassen?", befürworteten von 1974 bis 1981 lediglich zwischen 12% und 16% die Eigenständigkeit der Bundesrepublik. (EMNID-Umfragen, zitiert nach INFAS, Sicherheitspolitik und Öffentlichkeit. Bonn-Bad Godesberg, April 1982, S. 17.) Siehe hierzu auch Kenneth Adler und Douglas Wertman, "Is NATO in Trouble? A Survey of European Attitudes", Public Opinion, August/September 1981, S. 10.

Tabelle 28: "Darüber, wie die Beziehungen der Bundesrepublik zu anderen Staaten aussehen sollen, gibt es ja ganz unterschiedliche Ansichten, wie diese beiden hier. Welcher würden Sie eher zustimmen?

- Das Bündnis mit Amerika und den anderen befreundeten Staaten der westlichen Welt hat der Bundesrepublik seit mehr als 30 Jahren den Frieden und die Freiheit gesichert. Als neutraler Staat wären wir allein zu schwach, um uns bei einem Angriff verteidigen zu können.
- Die Freiheit der Bundesrepublik ist auch dann nicht bedroht, wenn sie neutral wird. Und für den Weltfrieden und für die Verständigung der Völker untereinander können wir mehr tun, wenn wir keinem der beiden Machtblöcke gehören."

	6/1982	9/1983	16-29	30-44	45-
für Bündnis	69%	58%	50%	57%	64%
für Neutralität	19	25	34	28	18
unentschieden	12	17	16	15	18

Quelle: "Angst vor Raketen", Stern, 20. Oktober 1983, S. 71 (IfD-Umfrage).

Tabelle 29: "Was wäre Ihrer Ansicht nach die bessere Außenpolitik: Sollten wir uns weiter fest mit den Amerikanern militärisch verbünden, oder sollten wir versuchen, ganz neutral zu sein (Zusatz 1961, 1969: ...wie zum Beispiel die Schweiz)?"

	9/1961	9/1965	5/1969	6/1973	2/1975	10/1978	7/1980	11/1981	7/1983
für Bündnis	40%	46%	44%	41%	49%	57%	54%	48%	49%
für Neutralität	42	37	38	42	36	27	27	33	34
unentschieden	18	17	18	17	15	16	19	19	17

Quelle: Noelle-Neumann, Jahrbuch 1983, S. 622.

Tabelle 30: "Was halten Sie persönlich für das Wichtigste: daß wir uns als Deutsche mit den Amerikanern gut stellen - daß wir uns mit den Russen gut stellen - oder daß wir uns zwischen beiden neutral verhalten?"

	1951	1952	1953	1955	1956	1957	1959	1960	1961	1964	1965	1967	1980	1981
für USA	39%	41%	46%	48%	31%	39%	41%	45%	55%	49%	50%	35%	52%	53%
für SU	1	1	1	3	2	2	2	2	1	2	3	6	4	2
neutral	48	44	42	45	62	55	54	48	34	42	42	55	43	36

Quelle: Dieter Just und Peter Caspar Mülhens, "Zur Wechselbeziehung von Politik und Demoskopie", Aus Politik und Zeitgeschichte, 8. August 1981, S. 65.

Druck der Sowjetunion zu widerstehen(66). Je weniger die Fragestellung auf das sicherheitspolitische Bündnis eingeht und je mehr sie allgemein auf die Haltung der Bundesrepublik zwischen den beiden Großmächten abzielt, desto stärker tritt der Wunsch nach Neutralität - nach einem Heraushalten aus den Auseinandersetzungen der beiden Supermächte - hervor. Das Beispiel der deutschen "Lieblingsländer" - Schweiz, Schweden und Österreich - dürfte dabei von ausschlaggebender Bedeutung sein (Tabellen 19, 29, 30). Die Wunschvorstellung einer neutralen Haltung der Bundesrepublik wird von jüngeren Altersgruppen am stärksten vertreten. Sie bringen hier wohl eher ihr Bedürfnis nach einem selbstbewußteren Eintreten für deutsche Interessen als einen realitätsbezogenen Wunsch nach strikter Neutralität zum Ausdruck(67). Im übrigen stehen die Bundesdeutschen mit ihren Sehnsüchten nach einer unbeteiligten Haltung im Ost-West-Konflikt nicht allein da. Auch in anderen westeuropäischen Ländern - ja selbst in den USA - treten beträchtliche Bevölkerungsteile solchermaßen für einen Neutralismus Westeuropas ein(68).

[66] In der Spiegel-Umfrage vom Herbst 1981 meinten 35%, "Für die Bundesrepublik wäre es am besten, wir würden ein neutraler Staat. Dann brauchten wir nicht so sehr unter den Spannungen der Großmächte zu leiden. Man sieht ja am Beispiel Österreichs, daß man mit der Neutralität gut zurechtkommt." 63% stimmten der Vorgabe zu: "Die Bundesrepublik braucht das politische und militärische Bündnis mit den USA und den anderen westlichen Staaten. Ein neutrales Deutschland wäre isoliert und nicht widerstandsfähig genug gegen den Druck der Sowjetunion" (Der Spiegel, 3o. November 1981, S. 98). Drei Jahre später hatte sich diese Einstellung nicht verändert: Noch immer befürworteten 35% eine neutrale Bundesrepublik, während 64% für das Bündnis mit den USA und anderen westlichen Staaten eintraten (Der Spiegel, 29. Oktober 1984, S. 43).

[67] Die in Tabelle 29 zitierten IfD-Umfragen zeigen, daß im Jahre 1965 der größte Unterschied zwischen verschiedenen Altersgruppen 7% betrug, wobei die jüngeren am stärksten für das Bündnis mit den USA eintraten. Bereits 1973 und in den späteren Umfragen gab es deutlich stärkere neutralistische Neigungen bei den jüngeren Altersgruppen. Immerhin war im Jahre 1980 das Eintreten für das Bündnis bei der jüngsten Altersgruppe so stark wie schon 1965 (48%). (Noelle-Neumann, The Germans, S. 418.)

[68] "Some have said that Western Europe would be safer if it moved toward neutralism in the East-West conflict. Others argue that such a move would be dangerous. Would you, yourself, favor or oppose a move toward neutralism in Western Europe?" (Januar 1983)

Die Meinungsumfragen zum Neutralismus deuten insgesamt an, daß es in der Bundesrepublik kein Bedürfnis gibt, das Bündnis mit dem Westen aufzukündigen. Wohl aber besteht eine Neigung, sich aus den Querelen der Großmächte, in die die Bundesrepublik gegen ihre Wünsche oder Interessen hineingezogen werden könnte, herauszuhalten. Typischerweise wird der Wunsch nach Neutralität jeweils in Zeiten internationaler Krisen am häufigsten geäußert. Angesichts der Tatsache, daß sich die Einschätzung amerikanischer Führungsqualitäten in den letzten Jahren so sehr verschlechterte, scheint es kaum verwunderlich, daß neutralistische Neigungen deutlicher zutage treten. Dennoch hat sich die Bundesrepublik nicht in den Neutralismus geflüchtet, sondern ihre Bindungen an das westliche Bündnis eher noch bekräftigt.

Die Nationale Frage

Für manche Beobachter der Verhältnisse in Deutschland stellt die ungelöste nationale Frage die größte Bedrohung für die Westbindung der Bundesrepublik dar. Entsprechende Befürchtungen gründen auf der - von deutschen Sprechern oft genug beschworenen - These, daß eine Nation wie die deutsche auf Dauer nicht geteilt bleiben kann. Darauf folgt die Annahme, daß die durch die fortdauernde Teilung hervorgerufenen nationalen Frustrationen sich eines Tages in einer solch überwältigenden Forderung nach nationaler Wiedervereinigung entladen werden, daß zum Erreichen dieses Zieles fast jeder Preis bezahlt werden würde. Nicht wenige dieser - vorwiegend ausländischen - Beobachter sahen in der neuen Ostpolitik der siebziger Jahre erste Anzeichen für eine solche Politik. Jüngste deutsch-deutsche Annäherungsbemühungen boten erneut Nahrung für entsprechende Spekula-

	BRD	NL	GB	F	USA
for neutralism	57%	53%	45%	43%	41%
against neutralism	43	32	42	41	45

Quelle: Schneider, "Elite and Public Opinion", S. 6.

tionen. Die Bundesrepublik scheint ganz offensichtlich mit dem Dilemma konfrontiert, daß man im Ausland deutsche Beteuerungen des Zieles der Wiedervereinigung ernster nimmt, als sie nach innen gemeint sind. Dort, wo man sie nicht in gleicher Weise ernst nimmt, gerät hingegen die Glaubwürdigkeit deutscher Politiker in ein schiefes Licht.

Die politische Auseinandersetzung um die richtige Wiedervereinigungspolitik wurde über lange Jahre hinweg mit äußerster Heftigkeit geführt. Dabei ergab sich im Lauf der Zeit eine beinahe ironisch zu nennende Kehrtwendung ursprünglicher Positionen. In den Anfangsjahren der Bundesrepublik war es die oppositionelle SPD, die Adenauers Politik der Westintegration heftig attackierte, weil sie - wie man in der SPD wohl richtig voraussah - die Teilung Deutschlands auf unabsehbare Zeit festzuschreiben drohte. Nachdem sich Adenauers Politik - mit Ausnahme des Zieles der Wiedervereinigung - jedoch als erfolgreich erwiesen hatte und die SPD vernichtende Wahlniederlagen hinnehmen mußte, paßte sich die SPD den durch diese Politik geschaffenen Realitäten an und unterstützte mit Beginn der sechziger Jahre die Westintegration. Sie griff jedoch die Nichtanerkennungspolitik der CDU-Regierungen, die auf einem Festhalten an rechtlichen Positionen bestanden, weiterhin an. Sie argumentierte, daß die dadurch mitbewirkte enge Beschränkung innerdeutscher Kontakte zu einem Entfremdungsprozeß zwischen Deutschen in Ost und West beitrage(69).

Nach dem Zustandekommen der sozialliberalen Koalition unter Bundeskanzler Brandt im Herbst 1969 machte es sich die

[69] Die Bevölkerung schien sich dieses Entfremdungsprozesses sehr wohl bewußt. Im Mai 1967 meinten 54%, daß sich "die Deutschen in der Ostzone und die Deutschen in der Bundesrepublik immer mehr entfremden und auseinanderleben"; lediglich 11% stimmten dieser Ansicht nicht zu. Im August 1971 teilten weit mehr als 60% die Ansicht, daß die Deutschen in Zukunft nicht "ein Volk, eine deutsche Nation bleiben werden", sondern sich "im Laufe der Geschichte auseinanderleben" werden. (Siehe Schweigler, Nationalbewußtsein, S. 144.)

neue Regierung zu ihrem Ziel, im Interesse des Zusammenhaltes der Nation diesen Entfremdungsprozeß aufzuhalten oder gar umzukehren. Der Preis hierfür war die Anerkennung der DDR als zweiter deutscher Staat(70) und damit eine de facto Aufgabe des Ziels der Wiedervereinigung in absehbarer Zeit(71). Die CDU leistete gegen diese neue Ostpolitik erbitterten Widerstand, eben weil sie befürchtete, daß durch die Aufgabe rechtlicher Positionen das Ziel der Wiedervereinigung in unerreichbare Ferne gerückt werde. Sie erreichte mit dem von der Bayerischen Staatsregierung angestrengten Verfahren vor dem Bundesverfassungsgericht in Sachen Grundlagenvertrag immerhin, daß die rechtliche Einheit der Nation unter dem Dach der Teilidentitätsthese höchstrichterlich noch einmal bestätigt und für alle Regierungsorgane als verbindlich erklärt wurde. Mit diesem Urteilsspruch gelang es ihr, den Schwung der sozialliberalen Ostpolitik zu bremsen. Die Frage nach dem richtigen Weg zur Wiedervereinigung blieb weiterhin umstritten.

Im Verlauf dieser intensiven politischen Auseinandersetzungen um die Frage, wie die Wiedervereinigung am ehesten zu erreichen sei, verlor dieses Ziel jedoch zunehmend an Bedeutung für die bundesdeutsche Öffentlichkeit. Sie richtete ihre Aufmerksamkeit auf andere Probleme, mit denen sich die Politik vorrangig befassen sollte(72). In engem

[70] Die Bereitschaft, die DDR als zweiten deutschen Staat und die Oder-Neiße-Linie als endgültige Grenze zwischen Deutschland und Polen anzuerkennen, nahm zwischen 1968 und 1972 sprunghaft zu. (Ausführliche Darstellung bei Schweigler, Nationalbewußtsein, S. 110-137.)

[71] Dies war nicht nur der Tenor mancher ausländischer Kommentare, sondern auch die vorherrschende Ansicht in der westdeutschen Öffentlichkeit: Im Herbst 1971 hielten 62% nach dem Abschluß der Verträge zwischen Bonn und Moskau die Wiedervereinigung nicht mehr für möglich. (Siehe Schweigler, Nationalbewußtsein, S. 128.)

[72] Auf die Frage: "Was halten Sie für die wichtigste Frage, mit der man sich heute in der Bundesrepublik allgemein beschäftigen sollte?", antworteten in den fünfziger und sechziger Jahren zwischen 35% und 45% "Wiedervereinigung"; seit Mitte der siebziger Jahre wird dieses Ziel konstant von weniger als 1% genannt. (Siehe Noelle-Neumann, Jahrbuch 1983, S. 334.)

Zusammenhang mit dieser Entwicklung stand der Umstand, daß man allmählich fast jede Hoffnung, die Wiedervereinigung könne eines Tages doch erreicht werden, fallen ließ(73). Forderungen nach einer aktiven Wiedervereinigungspolitik stießen deshalb in der Öffentlichkeit auf immer weniger Resonanz(74). Zwar hielt man - in unverbindlicher Form - am Wunsch nach Wiedervereinigung fest. Aber die deutlichen Unterschiede zwischen den Altersgruppen gerade bei dieser Frage lassen vermuten, daß sich dieser Wunsch allmählich abschwächen wird (Tabelle 31)(75).

Eine detaillierte Untersuchung der praktischen Erfolge der Ostpolitik von 1969 bis 1978 kam zu folgendem Ergebnis:

[73] Glauben Sie, daß sich Ost- und Westdeutschland noch einmal wiedervereinigen, oder glauben Sie es nicht?"

	3/1966	7/1966	11/1966	7/1970	7/1972	1/1976	7/1981	3/1984
Ja	28%	29%	18%	15%	15%	13%	13%	22%
Nein	44	47	62	65	69	65	62	53
Unentsch.	28	24	20	20	16	22	25	27

Quelle: Schweigler, Nationalbewußtsein, S. 138; Noelle-Neumann, Jahrbuch 1983, S. 209; IfD-Archiv.

In einer im Januar 1984 von der Forschungsgruppe Wahlen (Mannheim) für das "ZDF-Politbarometer" durchgeführten Umfrage hielten lediglich 1,7% den "Zusammenschluß der beiden deutschen Staaten zu einem einheitlichen Staat innerhalb der nächsten 30 Jahre" für "sicher". 17,2% hielten ihn "eventuell" für möglich, 51,7% für "wenig wahrscheinlich" und 29% für "unmöglich". Genau dieselben Ergebnisse hatten Umfragen im September 1979 und im November 1980 erbracht.

[74] Auf die Frage: "Wie sehen Sie die Lage zur Zeit: Hat es Zweck, wenn wir immer wieder fordern, Deutschland soll wiedervereinigt werden, oder muß man das einfach der Zeit überlassen?", traten in den fünfziger und sechziger Jahren etwa 70% für die ständigen Forderungen ein; im November 1983 waren es nur noch 33%, während 55% die Frage der Wiedervereinigung der Zeit überlassen wollten. (Siehe Elisabeth Noelle-Neumann, "Im Wartesaal der Geschichte", FAZ, 14. März 1984, S. 8.)
Im September/Oktober 1984 stimmten 40% der Ansicht zu: "Die deutsche Frage ist nicht mehr offen, man muß einsehen, daß es keine Wiedervereinigung mehr geben kann." 58% entschieden sich für die Alternative: "Die Wiedervereinigung Deutschlands muß das Ziel unserer Politik bleiben, auch wenn es noch so fern liegt." (Der Spiegel, 29. Oktober 1984, S. 43.)

[75] In einer 1981 im Auftrag des Bundesministeriums für innerdeutsche Beziehungen durchgeführten Umfrage unter Jugendlichen von 14 bis 21 Jahren meinten 59%, sie würden sich die Wiedervereinigung "eher wünschen"; "gleichgültig" war dieses Ziel 30%, 11% lehnten es ab. In einer Umfrage zwei Jahre zuvor ergaben sich für die Gesamtbevölkerung andere Ergebnisse: 78% - 15% - 4%. Siehe "Interesse von Jugendlichen in der Bundesrepublik Deutschland an der DDR und ihre Kenntnisse über die DDR", Informationen (Bundesminister für innerdeutsche Beziehungen), 20/1983, S. 15.

Tabelle 31: "Wünschen Sie, daß die Wiedervereinigung kommt, oder ist Ihnen das nicht so wichtig?"

	1/1976	7/1981	16-29	30-44	45-59	60-
Wünsche es sehr	60%	62%	44%	56%	73%	76%
Nicht so wichtig	36	32	50	37	20	18
Andere Antwort	4	6	6	7	7	6

Quelle: Noelle-Neumann, Jahrbuch 1983, S. 209.

Tabelle 32: "Stellen Sie sich bitte einmal vor, Sie machen Ferien irgendwo am Schwarzen Meer. Eines Tages lernen Sie dort einen anderen Deutschen kennen. Im Gespräch erfahren Sie, daß er aus der DDR kommt, in der DDR wohnt. Was denken Sie da wohl im ersten Moment, wenn Sie das erfahren?

	1970	1975	1979	1981	1983
Ich wäre neugierig, mich mit ihm zu unterhalten.	71%	71%	71%	72%	75%
Ich würde mich freuen.	61	57	48	54	61
Ich glaube, wir würden uns als Deutsche im Ausland gut verstehen	59	54	50	51	55
Und hätten Sie das Gefühl, daß es ein Landsmann ist. oder würde Sie mit ihm nicht mehr verbinden als mit einem Österreicher?"					
Landsmann	68	53		49	
Nicht mehr verbunden als mit Österreicher	20	29		30	

Quelle: Noelle-Neumann, Jahrbuch 1983, S. 201, 203; "Im Wartesaal der Geschichte."

> "Wenn man, wie die Bundesregierung, bestrebt ist, die Einheit der Nation zu erhalten, weil nur dann eine Verwirklichung der grundgesetzlichen Vorgabe (Wiedervereinigungsgebot) möglich werden kann, dann sind diese engen menschlichen Kontakte und Bindungen eben unabdingbare Voraussetzung hierfür. Unter diesem Aspekt hat sich die Vertragspolitik der sozialliberalen Bundesregierung tatsächlich im Sinne ihrer Zielformulierung positiv ausgewirkt. Ein endgültiger Erfolg hinsichtlich der Erhaltung der Einheit der Nation ist damit freilich noch nicht verbürgt"(76).

Die westdeutschen Meinungsforschungsinstitute scheinen der Frage nach dem Fortbestand eines Zusammengehörigkeitsgefühls der Deutschen nicht mit allzu großer Neugier nachgegangen zu sein. Die wenigen veröffentlichten Umfragen in diesem Bereich verweisen bestenfalls, wie Noelle-Neumann argumentiert, auf Stabilität und Stagnation: "Nichts deutet auf ein Abnehmen der Gefühle nationaler Verbundenheit"(77). Interpretiert man die Ergebnisse der für diese Frage angeblich aussagefähigsten Umfrage allerdings nicht gar zu großzügig, könnte man durchaus zu dem Ergebnis kommen, daß seit 1970 das Gefühl nationaler Zusammengehörigkeit - die Überzeugung etwa, daß Bürger der DDR "Landsleute" seien - vor allem bei Jugendlichen weiter geschwunden ist (Tabelle 32)(78).

Die Frage des nationalen Zusammengehörigkeitsgefühls ist eng verbunden mit der Frage nach den allgemeinen Einstellungen gegenüber der DDR und ihrer Bevölkerung. Die Gefahr bestand schon immer, daß mit der im Antikommunismus begründeten Ablehnung der DDR und ihres Regimes zugleich auch die emotionalen Beziehungen zu ihrer - letztlich ja unterdrückten - Bevölkerung gekappt werden könnten. Anzeichen für

[76] Margit Roth, <u>Zwei Staaten in Deutschland. Die sozialliberale Deutschlandpolitik und ihre Auswirkungen 1969-1978</u> (Opladen: Westdeutscher Verlag, 1981), S. 214-215.

[77] Noelle-Neumann, "Im Wartesaal der Geschichte".

[78] Auf die in Tabelle 35 wiedergegebene Frage, ob man einen zufällig getroffenen DDR-Bürger für einen Landsmann halte, antworteten im November 1983 68% der Altersgruppe über 60 "ja", aber nur 37% der Gruppe unter 30 Jahren. (Noelle-Neumann, "Im Wartesaal der Geschichte".)

eine solche Entwicklung gab es schon sehr früh(79). Inzwischen zeigt sich, daß enge emotionale Bindungen vor allem bei den Jugendlichen kaum mehr vorhanden sind(80), umgekehrt aber die Bevölkerung der DDR bei weitem nicht für so unsympathisch gehalten wird wie die DDR als Staat(81). Die Tendenz, die DDR als Ausland zu betrachten, scheint zuzunehmen. Diese Tendenz deutet sich nicht nur in direkten Fragestellungen an(82), sondern auch in der Art und Weise, wie die Bundesdeutschen sich selbst und ihre Nation bezeichnen und betrachten: Der Begriff "Deutschland" schrumpft allmählich auf Gebiet und Bevölkerung der Bundesrepublik (Tabellen 33, 34, 35), eine Entwicklung, an der nicht zuletzt der Sportberichterstattung mit ihrer Betonung der "Deutschen" gegen die "DDR" ein gewisses Maß an Verantwortung zukommen dürfte(83).

Die erkennbare Tendenz der Ausklammerung der DDR aus dem, was in der Bundesrepublik allgemein für "deutsch" gehalten wird - also der fortdauernde Entfremdungsprozeß zwischen

[79] Für entsprechende Hinweise siehe Schweigler, Nationalbewußtsein, S. 31.

[80] Bei der Jugenduntersuchung für das Innerdeutsche Ministerium im Jahre 1981 ergab sich auf die Frage: "Wenn Sie an die Menschen in der DDR denken, welche Aussage trifft da für Sie zu?", folgende Meinungsverteilung: 65% entschieden sich für die Vorgabe: "Die Bürger der DDR sind auch Deutsche, deren Leben mich interessiert, obwohl ich wenig persönliche Beziehungen zu ihnen habe." 17% empfanden die Menschen in der DDR als "Deutsche wie wir, denen ich mich eng verbunden fühle." Für 1o% waren DDR-Bürger "fremd", 7% waren sie "gleichgültig." Die Untersuchung ergab im übrigen, daß die Kenntnisse der Jugendlichen über die DDR als "mangelhaft" betrachtet werden mußten. ("Interesse von Jugendlichen", S. 13, 14.)

[81] In einer Umfrage von 1983 wurde die DDR von 46% als unsympathisch bezeichnet; die "Leute der DDR" hingegen hielten nur 7% für unsympathisch. (Noelle-Neumann, "Im Wartesaal der Geschichte".)

[82] In der Jugendumfrage von 1981 betrachteten 43% der Jugendlichen die DDR als Ausland, 56% nicht. Zwei Jahre zuvor hielten lediglich 25% der Gesamtbevölkerung die DDR für ein Ausland, 70% teilten die gegenteilige Ansicht. ("Interesse von Jugendlichen", S. 14, 15.)

[83] Die Tatsache, daß zumindest im sprachlichen Bereich der Alleinvertretungsanspruch der Bundesrepublik in Sachen Deutschland sich allmählich durchgesetzt hat (vor allem auch im Sprachgebrauch des Auslands), bedeutet beträchtliche Schwierigkeiten für die DDR, die dadurch wohl langfristig gezwungen werden könnte, für sich selbst eine neue Bezeichnung zu finden. Erste Ansätze zu einer Eliminierung des Begriffs "deutsch" aus ihrem eigenen Sprachgebrauch gab es bereits mit Beginn der Abgrenzungskampagne Anfang der siebziger Jahre, nur verfügt die DDR zur Zeit noch nicht über eine glaubhafte Alternative. Siehe hierzu Gebhard Schweigler, "Zum Nationalbewußtsein in der DDR", Politik und Kultur, 1/1977, S. 61-68.

Tabelle 33: "Einmal angenommen, im Fernsehen kommt ein Beitrag mit dem Titel: 'Die deutsche Nation heute' (Fragestdllung in Parallelumfragen: 'Die deutsche Nation gestern', 'Die deutsche Nation morgen'). Könnten Sie nach dieser Liste sagen, was ist mit der deutschen Nation in diesem Fall gemeint?" (November 1981)

	"gestern"	"heute"	"morgen"
Die Bundesrepublik	6%	43%	38%
Bundesrepublik und DDR zusammen	20	32	30
Bundesrepublik, DDR und ehemals deutsche Gebiete	52	12	12
Alle deutschsprachigen Gebiete	14	7	11
Unmöglich zu sagen	8	6	9

Quelle: Noelle-Neumann, Jahrbuch 1983, S. 197.

Tabelle 34: "Wenn von Deutschland die Rede ist, was ist das für Sie? Die Bundesrepublik Deutschland, die Bundesrepublik Deutschland und die DDR, das ehemalige Deutsche Reich oder haben sie keine bestimmten Vorstellungen?"

		9/1979	1/1984
Deutschland ist für mich:	Bundesrepublik	57%	57%
	Bundesrepublik und DDR	27	27
	Ehemaliges Deutsches Reich	11	8
	Keine bestimmte Vorstellung	5	8

Quelle: Forschungsgruppe Wahlen, "ZDF-Politbarometer", Januar 1984.

Tabelle 35: "Hier ist eine Karte von Deutschland. Sie sehen hier links unser Gebiet und rechts den anderen Teil Deutschlands. Wenn Sie von unserem Gebiet mit ihren Bekannten sprechen - wie nennen Sie das? Wenn Sie vom anderen Teil Deutschlands sprechen - wie nennen Sie es, wie sagen Sie dazu?"

		3/1966	5/1980	1/1982
"unser Gebiet":	Deutschland	12%	34%	34%
	Bundesrepublik	36	26	27
	Westdeutschland	29	12	12
	BRD	-	13	11
	Bundesrepublik Deutschland	3	4	6
"anderer Teil":	DDR	11%	37%	66%
	Ostzone	48	33	13
	Ostdeutschland	12	13	8
	Drüben, von drüben	5	4	6
	Sowjetisch besetzte Zone	4	2	1

Quelle: Noelle-Neumann, Jahrbuch 1983, S. 211.

beiden Teilen Deutschlands -, hat bisher noch nicht zu entsprechenden politischen Anpassungen geführt, sieht man einmal davon ab, daß die Ostpolitik der siebziger Jahre ohne vorangegangene Einstellungsveränderungen in diesem Bereich sicherlich nicht möglich gewesen wäre(84). Die letzte Konsequenz aus dieser Entwicklung, nämlich die formelle Aufgabe des Zieles der Wiedervereinigung durch eine Änderung des Grundgesetzes, wird von der überwältigenden Mehrheit der Bevölkerung abgelehnt(85). Auch der weniger symbolträchtige Schritt einer formellen Anerkennung der DDR-Staatsbürgerschaft findet keine Zustimmung(86). Noch ist man nicht bereit, die Einheit der Nation aufzugeben. Umgekehrt läßt sich aber sicherlich keinerlei Bereitschaft dafür erkennen, das Ziel der Wiedervereinigung mit einer solch großen nationalen Leidenschaft zu verfolgen, daß man

[84] Erste Ansätze für weiterreichende Veränderungen zumindest im symbolischen Bereich gab es mit Überlegungen, den 17. Juni als nationalen Feiertag ab- und dafür den 23. Mai als Verfassungstag anzuschaffen; in ähnlicher Richtung zielten auch Bemühungen, den Eid der Bundeswehrsoldaten von einer Verpflichtung auf die Verteidigung des "deutschen Volkes" zu einer Verpflichtung auf die Verteidigung der Bundesrepublik Deutschland zu ändern. Für solche Maßnahmen fehlte jedoch der innenpolitische Konsens.

[85] "Hier steht ein Satz aus dem Grundgesetz - wenn Sie ihn bitte einmal lesen: 'Das gesamte deutsche Volk bleibt aufgefordert, in freier Selbstbestimmung die Einheit und Freiheit Deutschlands zu vollenden.' - Was meinen Sie: Soll dieser Satz auch weiterhin im Grundgesetz stehen, oder finden Sie, er sollte gestrichen werden?"

	1973	1976	1978	1979	1982	1983
Weiterhin im Grundgesetz	73%	72%	75%	76%	77%	79%
Soll gestrichen werden	11	12	11	10	9	7
Unentschieden	16	16	14	14	14	14

Quelle: Noelle-Neumann, Jahrbuch 1983, S. 212; "Im Wartesaal der Geschichte."

[86] Für die Anerkennung einer eigenen DDR-Staatsbürgerschaft sprachen sich im März 1981 lediglich 25% der Bevölkerung aus; gegen eine Anerkennung waren ca. 50%. (Noelle-Neumann, Jahrbuch 1983, S. 212.)

dafür sogar die Bindungen an den Westen aufgeben würde. Das war in der Vergangenheit nicht der Fall und steht auch in Zukunft nicht bevor. Im Augenblick dürfte Noelle-Neumanns Zustandsbeschreibung zutreffen: "Sehr lange im Wartesaal der Geschichte ausharren, das scheint gegenwärtig die treffendste Beschreibung der Stimmungs- und Erwartungslage der Bevölkerung der Bundesrepublik"(87). Bleibt nur die Frage, ob inzwischen der Zug der Geschichte nicht schon abgefahren ist.

In jüngster Zeit gab es eine Flut von Spekulationen, daß die Deutschen die Zurückhaltung gegenüber ihrer nationalen Frage aufgeben könnten und ein neuer Nationalismus im Kommen sei. Diese Flut begann mit dem - auf beiden extremen Seiten des politischen Spektrums vorgebrachten(88) - Argument, daß nur ein wiedervereinigtes, aber neutrales Deutschland einen Ausweg aus gegenwärtigen Sicherheitsdilemmata erlauben und langfristig den Frieden in Europa sichern würde. Im Zuge der durch Raketenstationierung und Friedensbewegung in Gang gebrachten Diskussion stieß dieses Argument - je nachdem wie stark das Element der Neutralität betont wurde - durchaus auf eine gewisse Resonanz in der Bevölkerung, wenn auch bei weitem nicht so stark, wie vielfach vermutet, und auch nicht vorwiegend bei den Jugendlichen (Tabellen 36, 37, 38, 39). Weitere Nahrung erhielten solche Spekulationen durch die von den Regierungen in Bonn wie Ostberlin betonte "Verantwortungsgemeinschaft" der beiden deutschen Staaten für den Frieden in Europa. Bundeskanzler Kohls Auftreten in Moskau im Juli 1983, wo er den Willen der Deutschen zur Wiedervereinigung bekräftigte, gab den "neuen Nationalis-

[87] Noelle-Neumann, "Im Wartesaal der Geschichte".

[88] Zu der merkwürdigen Übereinstimmung von Argumenten der Rechten und der Linken siehe die vorzüglichen Analysen von Wilfried von Bredow, "Friedensbewegung und Deutschlandpolitik", Aus Politik und Zeitgeschichte, 19. November 1983; Herrmann Rudolph, "Die deutsche Frage - neu gestellt? Zur Kritik des neuen Patriotismus vor dem Hintergrund von Jakob Kaisers Brücke-Konzept", Deutschland-Archiv, März 1984; und Eckhard Jesse, "Die deutsche Frage rediviva. Eine Auseinandersetzung mit der neueren Literatur", Deutschland-Archiv, April 1984.

Tabelle 36: "Was meinen Sie zu folgendem Vorschlag zur deutschen Wiedervereinigung: Bedingung für die Wiedervereinigung sind dabei folgende Forderungen:

- Die DDR tritt aus dem Warschauer Pakt aus, die Bundesrepublik aus der NATO.
- Es muß garantiert sein, daß das wiedervereinigte Deutschland neutral und bündnisfrei ist.
- Das wiedervereinigte Deutschland kann sein Gesellschaftssystem in freien und geheimen Wahlen selbst bestimmen.

Würden Sie eine Wiedervereinigung Deutschlands unter diesen Bedingungen begrüßen oder unter diesen Bedingungen nicht?

	9/1978	5/1979	6/1980	5/1981	11/1981
Unter diesen Bedingungen begrüßen	38%	49%	47%	54%	53%
Nicht begrüßen	34	26	27	24	20
Unentschieden	28	25	26	22	27

Quelle: Noelle-Neumann, Jahrbuch 1983, S. 208.

Tabelle 37: "Darüber wie ein wiedervereinigtes Deutschland aussehen soll, kann man ja unterschiedlicher Meinung sein. Wir haben hier einige Möglichkeiten aufgeschrieben und möchten nun wissen, welcher Sie am ehesten zuneigen?"

	9/1979	1/1984
Ein wiedervereinigtes Deutschland muß auf alle Fälle so sein wie die Bundesrepublik Deutschland heute ist und dem Westen angehören	63%	62%
Ein wiedervereinigtes Deutschland sollte eine Mischung aus beiden deutschen Staaten sein. Es sollte neutral sein, also weder dem Westen noch dem Osten angehören	34	37
Ein wiedervereinigtes Deutschland kann von mir aus sein wie die DDR und dem Osten angehören	2	1

Quelle: Forschungsgruppe Wahlen, "ZDF-Politbarometer", Januar 1984.

Tabelle 38: "Hier sind zwei Ansichten. Welche sagt eher das, was auch Sie denken?"

	11/1981
Zu einer Wiedervereinigung Deutschlands können wir nur noch kommen, wenn wir neutral sind. Das ist mir wichtiger als eine Garantie der Westmächte für unsere Sicherheit.	23%
In der Frage der Wiedervereinigung bringt uns die Neutralität kaum weiter. Dagegen können wir uns auf den Schutz unserer Freiheit und Sicherheit durch die Westmächte in jedem Fall verlassen."	54
Unentschieden	23

Quelle: Noelle-Neumann, Jahrbuch 1983, S. 209.

Tabelle 39: "Kürzlich sagte jemand: Der Friede in der Welt wäre bestimmt sicherer, wenn es nur ein einziges Deutschland geben würde. Würden Sie sagen, der hat recht oder nicht recht?"

Juli 1982	Ges.	16-29	30-44	45-59	60-
Hat recht	26%	16%	23%	31%	35%
Hat nicht recht	49	55	54	46	38
Weiß nicht	25	29	23	23	27

Quelle: Noelle-Neumann, Jahrbuch 1983, S. 216.

mus"-Spekulationen weiteren Auftrieb. Und die Intensivierung der deutsch-deutschen Beziehungen im Frühjahr 1984, die vielen die Auswanderung aus der DDR erlaubte, sorgte für zusätzliche Nahrung.

All diese Argumente und Aktivitäten spiegelten jedoch nicht so sehr Veränderungen in den Einstellungen der Öffentlichkeit gegenüber der nationalen Frage oder gar eine grundsätzlich neue Deutschlandpolitik wider, sondern stellten vielmehr Hintergrundgeräusche und -bewegungen für das Drama der Durchführung des Nachrüstungsbeschlusses dar. Für manche in der Friedensbewegung, die einem "neuen Nationalismus" das Wort redeten, verband sich damit die Hoffnung, Unterstützung für ganz andere Ziele - etwa die Neutralisierung Deutschlands - gewinnen zu können(89). Aber ohne Zweifel sicherte sich die Friedensbewegung ihren Zulauf nicht wegen vereinzelter Rufe nach einem wiedervereinigten - aber neutralisierten - Deutschland. Der harte Kern der Friedensbewegung - vor allem aber auch "Die Grünen" - steht im Grunde jeglichem gesamtdeutsch-nationalen Anspruch sehr distanziert gegenüber.

Die Führung der DDR, die die Aktivitäten der Friedensbewegung in der Bundesrepublik über die DKP mehr oder weniger

[89] "Aber unbestreitbar ist, daß in den meisten dieser Planspiele mit Blockfreiheit, Neutralismus und deutscher Identitätsgewinnung die deutsche Frage zum Vehikel für alle möglichen anderen Ambitionen und Bedürfnisse wird. Das gilt für die Linke, die - soweit sie 'realpolitisch' denkt - der Lösung der deutschen Frage zumeist die Erwartung einer dann, im blockfreien Raum, eher möglichen sozialistischen Transformation auflädt; sofern sie sich in erster Linie zivilisationskritisch versteht, hat die deutsche Frage für sie wohl vor allem die Bedeutung eines neuen Themas, das Emotionen, Intensität sowie Diskussions- und Provokationsstoff zu bieten verspricht. Im Falle der Rechten mag sich die Beschäftigung mit dem Nationalen von selbst verstehen. Aber ihre neuere Aufbereitung ist doch deutlich geprägt von der Hoffnung, mit diesem Thema endlich den Ausbruch aus ihrer Nachkriegs-Ghetto-Existenz zu schaffen und das Entree zum Markt der öffentlichen Auseinandersetzung zu gewinnen."
So Hermann Rudolph, "Die deutsche Frage - neu gestellt?", S. 292.

direkt unterstützt, vertrat zeitweise wohl auch die Hoffnung, mit Appellen an gesamtdeutsche Gemeinsamkeiten, die auf dem Spiel stünden, die Nachrüstung der NATO verhindern zu können(90). Auch aus Moskau waren gelegentlich entsprechende Töne zu vernehmen(91). Solche Verlockungen und Drohungen erinnerten stark an ähnliche Kampagnen zur Verhinderung des Beitritts der Bundesrepublik zur NATO in den fünfziger Jahren. Offensichtlich hat man in Moskau und Ostberlin aus dem damaligen Fehlschlag wenig gelernt.

Die neue Bundesregierung unter Kanzler Kohl, mit diesen innen- und außenpolitischen Versuchungen konfrontiert, befürchtete zunächst, die - in ihren Augen unvermeidbare - "Renaissance patriotischer und nationaler Kategorien" könne in der Tat in neutralistische Bahnen führen. Sie beschloß daher, das Wiedervereinigungsthema selbst zu belegen und mit der Forderung nach der Durchsetzung von Freiheit und Menschenrechten für die Bewohner der DDR zu verknüpfen(92). Während es ursprünglich Überlegungen zumindest bei Teilen der CDU/CSU gegeben hatte, in Sachen Ost- und Deutschlandpolitik einen härteren Ton anzuschlagen - indem man etwa die Anerkennung der Oder-Neiße-Linie in Frage stellte, nicht mehr von "zwei Staaten in Deutschland" redete oder mehr Gegenleistungen von der DDR fordern wollte -, sah sich die christdemokratisch-liberale Koalitition aufgrund dieser Überlegungen gezwungen, die Ost- und Deutsch-

[90] SED-Vorsitzender Erich Honecker drohte, es vertrage sich schlecht miteinander, "über menschliche Erleichterungen zu reden und zugleich gegen uns neue Atomraketen zu richten, einen hochexplosiven Raketenzaun quer durch die Mitte Europas zu ziehen." (Zitiert nach Informationen des Bundesministeriums für innerdeutsche Beziehungen, 18/1983, S. 8.)

[91] Auf dem Höhepunkt der Nachrüstungsdebatte berichteten bundesdeutsche Journalisten aus Moskau, "ihnen sei von sowjetischen Offiziellen sogar erklärt worden, die UdSSR wäre einer deutschen Wiedervereinigung in Form einer Konföderation beider deutscher Staaten nicht abgeneigt, falls sich die Bundesrepublik von den USA distanziere." "Moskau: Verstoß gegen die Ostverträge", SZ, 12. Oktober 1983, S. 1.

[92] Siehe die ausführliche Erläuterung der Überlegungen Kohls und seiner Mitarbeiter in "Kohls Beharren auf dem Wiedervereinigungs-Ziel ist nur ein neues Stück einer alten Linie", FAZ, 14. Juli 1983, S. 5.

landpolitik der Vorgänger-Regierung fortzuführen. Die deutsch-deutschen Beziehungen sollten von der drohenden Erstarrung durch Erkaltung der Ost-West-Beziehungen isoliert werden. Die Nachrüstung durfte das im deutsch-deutschen Verhältnis an Verbesserungen Erreichte nicht gefährden, weil sonst umgekehrt die Gefahr bestand, daß ein Einfrieren der Beziehungen mit der DDR die Bindungen an das westliche Bündnis aufs Spiel setzte. Dies war zumindest die Einschätzung der Bundesregierung.

Aufgrund dieser Überlegungen kam es zu den spektakulären Entwicklungen der deutsch-deutschen Beziehungen zwischen Frühjahr 1983 und Frühjahr 1984. Am meisten Aufsehen erregte zunächst der von der Bundesrepublik garantierte Milliardenkredit westdeutscher Banken an die DDR; eingefädelt von Franz Josef Strauß, zuvor einer der heftigsten Opponenten gegen die Ostpolitik der sozialliberalen Koalition. Strauß hatte in der Folgezeit einige Schwierigkeiten, seiner Partei diesen überraschenden Schritt zu erklären. Dieser Kredit war bewußt vor der Reise Kohls nach Moskau vereinbart worden, um eventuellen sowjetischen Drohungen, wegen der Nachrüstung Druck auf die deutsch-deutschen Beziehungen auszuüben, zuvorzukommen(93). Aber auch gegenüber der eigenen Öffentlichkeit sollte diese Maßnahme Signalwirkung haben(94).

[93] Siehe "Bonn Timed Revelation Of East German Loan To Influence Soviets", Wall Street Journal, 19. August 1983, S. 1.

[94] Heinrich Windelen, Bundesminister für innerdeutsche Beziehungen, erläuterte in einem vielbeachteten Vortrag in Washington am 7. Februar 1984 die Überlegungen seiner Regierung zum Milliardenkredit: "Die Situation der neuen Bundesregierung war nicht einfach. Sie hatte von Anfang an in der Stationierungsfrage klar ihre Prioritäten zu erkennen gegeben: Würde man sie vor die Wahl stellen zwischen innerdeutschen Beziehungen und der Sicherheit der Bundesrepublik Deutschland im westlichen Bündnis, so würde sie zugunsten der letzteren entscheiden. Es läßt sich leicht vorstellen, wie die Nachrüstungsgegner dies hätten ausbeuten können. Überdies wußten wir, daß die Bevölkerung der DDR, von der östlichen Angstkampagne beeindruckt, ebenfalls um die innerdeutschen Beziehungen fürchtete. In dieser Lage war der Kreditwunsch der DDR durchaus hilfreich. Durch die Garantie konnte die neue Bundesregierung signalisieren, daß sie bei konsequenter Wahrung der Sicherheits- und Bündnisinteressen der Bundesrepublik Deutschland durchaus bereit sei, mit der DDR zu kooperieren. Nach allem, was wir wissen, ist das Signal auch so verstanden worden, zumal in der Kreditannahme

Später konnte die Bundesregierung darauf verweisen, daß die DDR durch eine begrenzte Zurücknahme der Mindestumtauschverpflichtung sowie durch einen teilweisen Abbau der Selbstschußanlagen - allerdings gleichzeitiger Verbesserung der Absperrungen weit hinter der eigentlichen Grenze - die von manchen Kritikern geforderten Gegenleistungen erbracht habe. Im Frühjahr 1984 kam es schließlich zu einem wahren "Pilgerstrom" offizieller westdeutscher Besucher in die DDR und zu der Ausreisewelle aus der DDR. Kohls Kontinuität in der Deutschlandpolitik schien in eine neue Qualität der Beziehungen zu münden.

Doch dann "normalisierten" sich die deutsch-deutschen Beziehungen wieder. Die Nachrüstung hatte eingesetzt. Die von der Sowjetunion und der DDR geführte Verhinderungskampagne war damit offensichtlich ohne Erfolg geblieben. Die DDR-Führung sah sich nunmehr - auch von seiten der Sowjetunion - gezwungen, die Öffnung zur Bundesrepublik wieder einzuschränken. Sie beendete die Flut von Ausreisegenehmigungen so abrupt, wie sie sie eingeleitet hatte. Als Erfolg konnte sie dabei allenfalls verbuchen, daß eine beträchtliche Zahl unzufriedener Elemente, vor allem auch aus dem kirchlichen Bereich, die DDR verlassen hatte, damit ein gewisser innenpolitischer Druck vermindert worden war und im übrigen Schilderungen der Schwierigkeiten der Auswanderer in der Bundesrepublik möglicherweise eine gewisse abschreckende Wirkung zeitigten. Mit langwierigen Auseinandersetzungen um Ausreisemöglichkeiten für DDR-Bürger, die in der Ständigen Vertretung der Bundesrepublik in Ostberlin oder in der Botschaft in Prag Unterschlupf gefunden hatten, kehrte der Alltag in den innerdeutschen Beziehungen wieder ein. Die

auf dem Höhepunkt der Anti-Nachrüstungskampagne ja auch ein Eingeständnis der DDR lag, daß die Welt nach dem November nicht zu Ende gehen würde, was sich ja dann auch bestätigt hat."

Heinrich Windelen, "Grundfragen der deutschen Wiedervereinigung. Die Deutschlandpolitik der Bundesregierung Kohl", Deutschland-Archiv, März 1984, S. 228.

Bundesregierung gewährte der DDR im Sommer 1984 zwar einen weiteren Milliardenkredit, zeigte sich aber nicht bereit, auf Forderungen der DDR nach größerer Anerkennung ihrer Eigenstaatlichkeit, etwa durch den Austausch von Botschaftern oder eine Anerkennung der DDR-Staatsbürgerschaft, einzugehen. Unter diesen Umständen wurde schließlich auch der mehrmals verschobene Besuch des Staatsratsvorsitzenden Honecker in der Bundesrepublik erneut vertagt. Das mühsame deutsch-deutsche Geschäft - hier Streben nach menschlichen Erleichterungen, dort Forderungen nach größerer Anerkennung - war trotz dieser kurzen Entspannungsphase nicht sehr viel weiter gediehen. Es wird auch in Zukunft mühsam bleiben.

Trotz der Aufregung um Nachrüstung und deutsch-deutsches Verhältnis, um Neutralismus und "neuen Nationalismus" hat sich in bezug auf die nationale Frage nichts geändert. Die Wiedervereinigung ist kein Stück näher gerückt, das Verlangen danach wohl kaum gewachsen. Das Ziel bleibt vage, eine Wunschvorstellung ohne konkrete politische Bedeutung. All jene Spekulationen, die wegen des angeblich starken Verlangens der Deutschen nach Wiedervereinigung grundlegende Veränderungen der politischen Landschaft Europas voraussagen, beruhen auf sehr schwachen Fundamenten.

Die bisher beschriebenen Entwicklungen - das Eintreten für demokratische Werte, die Bindungen an den Westen, die Akzeptanz der Bundesrepublik und ihrer Verfassung, die Anerkennung des Status quo in Europa und die geschwundenen Hoffnungen auf und Forderungen nach Wiedervereinigung - scheinen darauf hinzuweisen, daß die westdeutsche Bevölkerung im Begriff ist, ihr gesamtdeutsches Nationalbewußtsein zu verlieren und stattdessen ein westdeutsches Nationalbewußtsein zu entwickeln(95).

[95] Für eine detaillierte Darstellung dieser Entwicklung siehe Schweigler, Nationalbewußtsein. Ausführlicher ist die englische Fassung (mit einem Vorwort von Karl W. Deutsch): National Consciousness in Divided Germany (London/Beverly Hills: SAGE Publications, 1975). Siehe auch "Whatever Happened to Germany?", in Ekkehart Krippendorff und Volker Rittberger (Hg.), The Foreign Policy of West Germany. Formation and Contents (London/Beverly Hills: SAGE Publications, 1980), S. 101-121.

Diese Entwicklung beinhaltet allerdings vorerst noch einige Schwierigkeiten, die zu Verwirrungen und Unsicherheiten führen. Dies trifft z.B. zu für den - bereits nachgewiesenen - zunehmenden Gebrauch des Begriffs "deutsch" und "Deutschland" allein für die Bundesrepublik. Das Etikett für die neue Identität heißt "deutsch", schließt aber nicht all das, was früher einmal deutsch genannt wurde, mit ein. Folglich kommt es zu Sprachverwirrungen, denn es ist nicht immer leicht - und für Außenstehende schon gar nicht - festzustellen, ob sich im alltäglichen Sprachgebrauch der Begriff "deutsch" allein auf die Bundesrepublik oder aber auf ganz Deutschland bezieht. Daraus resultieren häufig Fehlinterpretationen.

Besonders problematisch wirkt sich diese Sprachverwirrung im Zusammenhang mit einer weiteren Entwicklung aus. Die Herausbildung einer neuen nationalen Identität, die naturgemäß vor allem bei den jüngeren Generationen ausgeprägter ist, impliziert Entwicklung von Einstellungen, die man nationalistisch nennen könnte, sich aber jedenfalls nur auf die Bundesrepublik beziehen. Die selbstbewußtere Haltung, die in letzter Zeit gerade bei den jüngeren Generationen festzustellen ist - etwa in deren Forderungen nach größerer westdeutscher Kontrolle über wichtige außenpolitische Entscheidungen -, spiegelt nicht etwa die Wiedergeburt eines alten deutschen Nationalismus wider, sondern läßt vielmehr die Herausbildung eines bundesrepublikanischen Nationalbewußtseins erkennen. In diesem, aber auch in anderem Sinne scheint die Bundesrepublik auf dem Wege zu sein, ein normaler europäischer Nationalstaat zu werden: in seiner inneren Verfassung ein Land wie andere Länder in Europa.

Diese Schlußfolgerung stieß und stößt jedoch kaum auf einhellige Zustimmung(96). Nicht wenige Beobachter bundes-

[96] Für eine ausführliche kritische Auseinandersetzung mit der umfangreichen Literatur zur deutschen Frage siehe Jürgen C. Hess, "Die Bundesrepublik auf dem Wege zur Nation?", Neue Politische Literatur, Herbst 1981, S. 292-324.

und gesamtdeutscher Entwicklungen bestehen darauf, daß ein gesamtdeutsches Nationalbewußtsein nach wie vor existiert (97) und daß die Bundesrepublik weit davon entfernt ist, ein normaler Nationalstaat zu sein. Viele betonen, daß selbst wenn die Bevölkerung der Bundesrepublik das Ziel der nationalen Einheit aufgegeben habe, dies nicht für die Bevölkerung der DDR zuträfe, so daß die nationale Frage allein aus diesem Grund noch nicht als beantwortet gelten könne(98). Ein eigenes Nationalstaatsbewußtsein in der Bundesrepublik ist für manche - auch Experten der Meinungsforschung - nicht zu erkennen(99). Und viele teilen die An-

[97] Beachtenswert ist hierzu allerdings die Feststellung von Jesse in "Die deutsche Frage rediviva" (S. 414): "Arbeiten zur deutschen Nation leiden vielfach darunter, daß einige ihrer Verfasser sowohl die normative und empirische Ebene nicht ausreichend auseinanderhalten als auch Kernfragen ausweichen.... Das, etwas salopp formuliert, 'Gemüse'-Thema der deutschen Identität wird in den Publikationen sehr unterschiedlich abgehandelt. Es herrscht kein Konsens über den Begriff der Identität. Wesentlich fragwürdiger ist aber die unzureichende empirische Grundlage zahlreicher Studien. Zum Teil liegt das in der Natur der Sache begründet, lassen sich doch Umfragen in der DDR, die Anspruch auf Korrektheit erheben, nicht durchführen. Das Defizit zeigt sich dann bei der Beantwortung der ohnehin komplexen Frage, was denn heute 'deutsch' ist."

[98] Zur methodisch schwierigen Frage der Bestimmung des Nationalbewußtseines in der DDR siehe neben Schweigler, Nationalbewußtsein, vor allem Hermann Rudolph, "Wie sieht das Selbstverständnis der DDR-Gesellschaft aus?", in Weidenfeld (Hg.), Die Identität der Deutschen, S. 193-209. Rudolph stellt fest, es könne kein Zweifel daran sein, "daß sich in der DDR-Gesellschaft ein Grundstock von Verhaltensweisen, Überzeugungen und Werten herausgebildet hat, der nur sie kennzeichnet und von der Gesellschaft in der Bundesrepublik Deutschland unterscheidet." Er bescheinigt der Bevölkerung der DDR ein eigenes Staatsbewußtsein, bezweifelt allerdings, "ob tatsächlich von einer Identität der DDR-Gesellschaft die Rede sein kann", und kommt am Schluß zu der Feststellung: "Und nicht zuletzt ist es der Umstand, daß die Bundesrepublik Deutschland als Bundesrepublik an Identität gewonnen hat, der mit innerer Konsequenz dazu führte, daß auch das Selbstbewußtsein der DDR-Gesellschaft deutlichere Konturen zeigte."

[99] Elisabeth Noelle-Neumann hat Verfechter dieser These wiederholt scharf angegriffen, so z.B. in "Sind Sie stolz, Deutscher zu sein?", Rheinischer Merkur/Christ und Welt, 26. März und 2. April 1982 (auch abgedruckt in Jahrbuch 1983, S. 198-207), und in "Im Wartesaal der Geschichte." Daten, die ihre eigenen Thesen zu widerlegen scheinen, relativiert Noelle-Neumann mit dem Hinweis, es handele sich dabei lediglich um Auswirkungen von Medienkampagnen und mangelnder Erziehung (was allerdings die Fragen aufwirft, wo solche Kampagnen herkommen und warum sie solche Auswirkungen haben können).

sicht, daß zwar die nationale Frage im Augenblick ruhe, aber sie äußern die Hoffnung - oder die Befürchtung -, daß sie unter anderen Voraussetzungen der nationalen oder, noch mehr, der internationalen Politik wieder virulent werden könnte.

Die in den letzten Jahren zu beobachtende "Renaissance der deutschen Frage" spielte sich, wie Jesse richtig feststellt, "weitgehend zwischen den Buchdeckeln ab"(100). Sofern es sich dabei nicht um Propagandaliteratur der einen oder anderen Richtung handelt, läßt sich in diesen Schriften zur deutschen Frage im Vergleich zur Literatur vergangener Jahre ein Wandel in der Betonung feststellen. Im Vordergrund steht nicht mehr, wie es das Grundgesetz ja eigentlich verlangt, die Wiederherstellung der staatlichen Einheit Deutschlands als Lösung der deutschen Frage. Während die Vertreter extremer Positionen(101) - so etwa die Autoren des Sammelbandes mit dem reißerischen Titel "Die deutsche Einheit kommt bestimmt" - nach Ansicht einiger Kritiker letztlich einem "Nationalismus ohne Nation" das Wort reden(102), ziehen sich die gemäßigten Vertreter eines gegesamtdeutschen Nationalbewußtseins mehr und mehr auf eine Position zurück, die Günter Gaus, der erste Ständige Vertreter der Bundesrepublik in der DDR, mit der Formel von der "entstaatlichten Nation" beschrieben hat(103). Ihre Empfehlung läuft darauf hinaus, das Bedürfnis nach nationaler Identität nicht länger auf den Nationalstaat Bismarckscher

[100] Jesse, "Die deutsche Frage rediviva", S. 413.

[101] Wolfgang Venohr (Hg.), Die deutsche Einheit kommt bestimmt (Bergisch Gladbach: Lübbe, 1982), die wohl bekannteste Veröffentlichung des "neuen Nationalismus".

[102] "Was in dieser Wiederbelebung nationalen Denkens droht, was in ihr zumindest angelegt ist, ist, auf einen Nenner gebracht, ein 'Nationalismus ohne Nation': eine Wiederbelebung des Nationalen, die mit der realen Situation der Nation so gut wie nichts zu tun hat." (Rudolph, "Die deutsche Frage - neu gestellt?", S. 293.)

[103] Günter Gaus, Wo Deutschland liegt - eine Ortsbestimmung (Hamburg: Hoffmann und Campe, 1983). Gaus bestätigt in diesem Erfahrungsbericht über seine Zeit in Ostberlin die Entwicklung eines eigenen DDR-Bewußtseins.

Prägung zu konzentrieren, sondern stattdessen Deutschland als Kulturnation zum Objekt nationaler Identifikation zu machen(104). Diese Empfehlung läßt allerdings außer acht, daß entweder eine Kulturnation Deutschland für den größten Teil der Bevölkerung als Identifikationsobjekt nicht ausreicht oder aber ein starkes Bewußtsein kultureller Einheit letztlich wieder zu Forderungen nach staatlicher Vereinigung führt - wie nicht zuletzt die durch "Blut und Eisen" geprägte deutsche Geschichte hinlänglich beweist.

Eine wohl zunehmende Zahl von Beobachtern vertritt die Ansicht, daß die Bürger der Bundesrepublik zwar bis heute noch keine eigene Identität entwickelt haben, es aber an der Zeit sei, diese Frage zu enttabuisieren(105). Im Interesse der Erhaltung von Frieden und Freiheit sei es notwendig, daß die Bürger der Bundesrepublik so etwas wie ein eigenes Nationalbewußtsein entwickeln. Oder wie es Manfred Hättich formuliert hat: "Die Bundesrepublik Deutschland ist ein Staat mit allen notwendigen Attributen. Sie ist für ihren gedeihlichen Fortbestand darauf angewiesen, daß die Bürger sich mit ihr identifizieren"(106).

[104] Siehe hierzu besonders eindringlich Wolfgang J. Mommsen, "Wandlungen der nationalen Identität", in Weidenfeld (Hg.), Die Identität der Deutschen, S. 170-192.

[105] Heß kommt in seiner umfangreichen Rezension zu dem Schluß: "Bundesrepublikanischer Nationalismus ist ebenso zu vermeiden wie gesamtdeutscher. Westdeutsches Nationalbewußtsein hingegen kann kein Tabu mehr sein." ("Die Bundesrepublik Deutschland auf dem Wege zur Nation?", S. 321.

[106] Hättichs Erläuterung dieses Punktes verdient,ausführlicher zitiert zu werden: "Was unsere spezifisch deutsche Lage angeht, so sollten wir uns durchaus nüchtern mit der Einsicht konfrontieren, daß wir in der Möglichkeit stehen, die derzeitigen politischen Strukturen als für uns endgültig zu bejahen oder zumindest hinzunehmen. Es ist uns möglich, davon auszugehen, daß die Bundesrepublik Deutschland unser Staat ist, daß das Gebiet der DDR zwar einmal zu einem größeren deutschen Staatsgebiet gehörte, nun aber ebensowenig dazu gehört wie Österreich oder das Elsaß. Und man wird auch kaum leugnen können, daß eine solche Einstellung, wenn sie ausdrücklich politisch eindeutig artikuliert wird, so etwas wie eine friedens-, zumindest ruhestiftende Funktion in der Mitte Europas hätte. Man kann die Identifizierung mit der Bundesrepublik Nationalbewußtsein nennen oder nicht, es wäre damit jedenfalls einerseits nicht bestritten, daß ein Staat so etwas wie ein Gemeinschaftsbewußtsein benötigt, es wäre andererseits aber auch erkannt, daß die Bezugsgröße eines solchen Bewußtseins variabel ist und sich im Laufe der

35 Jahre nach Gründung der Bundesrepublik und Beginn der Westintegration scheint sich allmählich ein Konsens zu festigen, der das Erhalten und Erreichen demokratischer Werte für alle Europäer über enge nationale Interessen, wie es das Ziel der staatlichen Wiedervereinigung möglicherweise darstellen könnte, setzt. "Es muß nicht in erster Linie die Wiederherstellung des einheitlichen Nationalstaates sein, wenn Freiheit und Menschenwürde aller Deutschen anders besser gesichert werden können"(107). 15 Jahre nach Einleitung der so heftig umstrittenen neuen Ostpolitik verdeutlicht dieser Satz von Bundesminister Windelen, daß die Deutschland- und Ostpolitik zur politischen Selbstverständlichkeit geworden ist(108). Damit zeichnet sich die Wahrscheinlichkeit ab, daß der Grundwiderspruch im westdeutschen Selbstverständnis - der früher zitierte Geburtsfehler der Bundesrepublik - schließlich doch abgebaut wird, indem die nationalen Identifizierungsbedürfnisse einerseits auf die Bundesrepublik konzentriert, andererseits aber durch das Ziel besserer Lebensbedingungen für die Bürger der DDR ersetzt werden(109).

Geschichte verändern kann, was ja auch immer wieder geschehen ist. Nationalbewußtsein im tradierten Sinne des Nationalstaates ist jedenfalls keine Naturnotwendigkeit." Manfred Hättich, "Nationalbewußtsein im geteilten Deutschland", in: Weidenfeld (Hg.), Die Identität der Deutschen, S. 285, 293.

[107] Windelen, "Grundfragen der deutschen Wiedervereinigung", S. 231.

[108] Zu Beginn der neuen Ostpolitik prägte Willy Brandt die Formel: "Nation ist, wenn man sich wiedersieht." Nicht anders formulierte es zuletzt Helmut Kohl: "Wer ja zur Einheit der Nation sagt, muß auf die Menschen in der DDR, unsere Landsleute, zugehen, muß zu ihnen gehen." (Bericht der Bundesregierung zur Lage der Nation im geteilten Deutschland, 15. März 1984, zitiert nach Bulletin, 16. März 1984, S. 263.

[109] In den für das Bundesministerium für innerdeutsche Beziehungen durchgeführten Umfragen unter der Gesamtbevölkerung (1979) und Jugendlichen von 14 bis 21 Jahren (1981), nannten von denen, die sich die Wiedervereinigung wünschten, 61% der Jugendlichen und 41% der Gesamtbevölkerung humanitäre Erwägungen; politische Gründe (Beseitigung des Spannungsherdes in Europa) wurden von 58% der Jugendlichen, aber nur 17% der Erwachsenen angeführt. "Nationale" Gründe spielten für 44% der Jugendlichen und 43% der Erwachsenen eine Rolle. ("Interesse von Jugendlichen", S. 15.)

Inzwischen ist es zum Allgemeingut politischer Rhetorik in der Bundesrepublik geworden, von der Wiedervereinigung Deutschlands nur noch im Zusammenhang mit der Einigung Europas zu sprechen(110). Durch die Überwindung der Teilung Europas soll ein Zustand geschaffen werden, in dem die Teilung Deutschlands für die Deutschen selbst kein Problem mehr wäre. Dieser Zustand wird gemeinhin als eine europäische Friedensordnung beschrieben, in der nationale Grenzen kaum mehr bestehen, alte Antagonismen aufgehoben, gegenseitige Abhängigkeiten anerkannt und militärische Bündnisse unnötig gemacht würden. Die Hoffnungen, die sich mit diesem Ziel verbinden, hat Richard von Weizsäcker eloquent zum Ausdruck gebracht:

> "Unsere Phantasie reicht zwar nicht aus, uns die Machtkonstellationen auszumalen, die eine neue europäische Architektur ohne alte, überlebte Staatengebilde hervorbringt und die die Grenze überwindet, die durch die Mitte verläuft. Die Teilung ist also, geschichtlich gesehen, mehr als eine Momentaufnahme. Aber wer sie zum Dauerzustand erklärt, hat die geschichtliche Wahrheit wahrscheinlich nicht auf seiner Seite. Die Mitte des Kontinents taugt auf die Dauer für ein Großreich ebenso wenig wie für eine Grenze. Der Einfluß von außen und die Ziele, die von außen bei uns verfolgt werden, führen ebenso wie unsere eigenen Vorstellungen zu immer neuen Entwicklungen.
>
> Das Wahrscheinlichste für die Mitte ist der Wandel, ist die Veränderung. Die bisherigen Antworten, die uns das 20. Jahrhundert auf die Gestalt Zentraleuropas gegeben hat, sind nicht die endgültigen und

[110] Wie verwirrend dabei allerdings mit dem Begriff Europa umgegangen werden kann, zeigen nicht zuletzt die Ausführungen von Bundeskanzler Kohl im Bericht zur Lage der Nation 1984. So erklärte er: "Uns ist bewußt..., daß der nationale Gedanke der Deutschen und die europäische Idee einander bedingen. Für uns sind Europapolitik und Deutschlandpolitik wie zwei Seiten einer Medaille....Zur Einigung Europas gibt es keine Alternative - schon gar nicht für uns Deutsche... Europa muß sich politisch einigen, sonst geht auch die Perspektive der Deutschen verloren, ihre Einheit in einer europäischen Friedensordnung zu verwirklichen." Warum die Einigung Westeuropas, auf die Kohl sich hier ausschließlich bezog, den Prozeß der gesamteuropäischen Einigung (in dessen Rahmen wohl nur eine das deutsche Problem lösende Friedensordnung vorstellbar ist) fördern sollte, wurde vom Bundeskanzler nicht näher erläutert.

> nicht die letzten. Historisch gesehen, werden sie nicht von Bestand sein"(111).

Die kritische Frage allerdings ist, wie dieser historische Wandel - diese europäische Friedensordnung - erreicht werden soll. Nicht alle, die sich hierzu äußern, geben sich mit ihren Antworten so zurückhaltend wie der frühere Regierende Bürgermeister von Berlin und heutige Bundespräsident. Damit wird das Feld letztlich unrepräsentativen Stimmen überlassen, deren Vorstellungen aber anderswo ernst genommen werden und so dazu beitragen, Vorurteile und Verdächtigungen hinsichtlich westdeutscher Ziele und Motivationen wachzuhalten(112). Übersehen wird dann häufig die einfache Tatsache, daß die große Mehrheit der Bürger der Bundesrepublik nicht bereit ist, eine außenpolitische Konzeption zu unterstützen, die weitreichende Abweichungen von der gegenwärtigen Politik beinhalten könnte. Der nationale Konsens läßt sich deshalb nur in vagen Formulierungen zum Ausdruck bringen, wie sie Außenminister Genscher in einem Beitrag zu Foreign Affairs gebrauchte:

> "Im Vordergrund der europäischen Entspannungspolitik und insbesondere auch der deutschen Ostpolitik steht das Ziel, im geteilten Europa einen modus vivendi herzustellen und zu bewahren, der den auf absehbare Zeit unlösbaren Grundkonflikt zwischen Ost und West ausklammert und über den Graben der gegensätzlichen Wertvorstellungen und langfristigen Ziele Brücken des Dialogs und der Zusammenarbeit schlägt. Auf diese Weise soll auf kurze Frist die Teilung Europas gemildert werden und auf lange Frist ein evolutionärer Prozeß in Osteuropa und in der Sowjetunion selbst begünstigt werden, der zu größerer Freiheit für die Menschen

[111] Richard Von Weizsäcker, Die deutsche Geschichte geht weiter (Berlin: Siedler, 1983), S. 284f.

[112] Eine beispielhafte Wirkung in diesem Sinne hatte zu Beginn der siebziger Jahre der Artikel von Walter F. Hahn, "West Germany's Ostpolitik: The Grand Design of Egon Bahr", Orbis, Winter 1973, S. 859-880. Zehn Jahre später war es Klaus Blömer, der mit einem Artikel über "Freedom for Europe, East and West", Foreign Policy, Frühjahr 1983, S. 23-38, für einiges Aufsehen sorgte. Auch Peter Benders Buch über Das Ende des ideologischen Zeitalters stieß bei ausländischen Beobachtern auf große Aufmerksamkeit.

> im Osten und zu einer wirklichen europäischen Friedensordnung führen soll"(113).

Vom Ziel der Wiedervereinigung Deutschlands hat sich der außenpolitische Konsens in der Bundesrepublik zu dem Wunsch verlagert, die Zustände im Herzen Europas, die zur Zeit gewiß nicht normal zu nennen sind, über einen langen Zeitraum hinweg zu normalisieren. Die Ostpolitik der siebziger Jahre, deren Kontinuität heute nicht mehr in Frage steht, tauschte, wenn man so will, die Abkehr vom unmittelbaren Ziel der Wiedervereinigung für Maßnahmen, durch die die Grenze zwischen Ost und West geöffnet und so langfristig in ihrem Charakter verändert werden sollte. Natürlich waren die Maßnahmen, deren Verwirklichung sich stellenweise als schwierig herausgestellt hat, dafür gedacht, den Deutschen in Ost und West zu helfen. Aber sie waren keineswegs nur auf sie beschränkt. Das Interesse der westdeutschen Öffentlichkeit an einer Normalisierung der Verhältnisse in Europa reicht weiter und tiefer.

Der Ostpolitik der siebziger Jahre lagen drei Motivationen zugrunde: Soweit wie möglich ein nationales Zusammengehörigkeitsgefühl zu erhalten, Sühne zu leisten für die Fehler der Vergangenheit auch gegenüber den Ländern Osteuropas und die Beziehungen mit diesen Ländern zu normalisieren. Diese Beweggründe haben ihre Gültigkeit noch nicht verloren. Es mag sein, wie gelegentlich argumentiert wird, daß eine "normalere" Bundesrepublik ein natürliches Interesse an einer Politik der Normalisierung haben muß, die umgekehrt desto einfacher durchzuführen sein dürfte, je mehr sich die Bundesrepublik zu einem normalen Nationalstaat europäischer Prägung entwickelt. Aber selbst wenn die Bundesrepublik heute noch nicht ein normaler Nationalstaat sein sollte,

[113] Hans-Dietrich Genscher, "Toward an Overall Western Strategy for Peace, Freedom and Progress", Foreign Affairs, Herbst 1982, S. 43; deutsche Fassung zitiert nach: Eine westliche Gesamtstrategie für Frieden, Freiheit und Fortschritt, in: Außenpolitik, No. 4/1984, S. 316.

weil die nationale Frage von ihr selbst noch nicht als endgültig gelöst betrachtet wird, so steht ihr Eintreten für eine Politik der Normalisierung dennoch außer Frage. Dieses Interesse ist bereits so stark, daß Schwierigkeiten auf dem Weg zur Normalisierung das Festhalten an diesem Ziel nur bestärken, nicht aber, wie vielleicht zu befürchten wäre, es schwächen, indem statt der Normalisierung erneut das Ziel der Wiedervereinigung - in Umkehrung des ursprünglichen Tausches - betont werden würde. Die von den Westdeutschen gegebene Antwort auf die deutsche Frage scheint - nach innen wie nach außen - "Normalisierung" zu lauten. Die daraus praktisch resultierende Politik aber heißt "Entspannung".

Entspannung

Das Festhalten der Bundesrepublik an einer Politik der Entspannung war in den vergangenen Jahren innen- wie außenpolitisch zum Teil heftig umstritten, wobei sich die Kritiker im In- und Ausland gegenseitig mit Argumenten versorgten. Angegriffen wurden vor allem die angeblich gefährlichen Illusionen, mit denen die Politik der Verständigung gegenüber der Sowjetunion ursprünglich eingeleitet worden sei. Später habe die Bundesrepublik - so war vor allem aus Teilen der Reagan-Administration zu hören - mit einer gewissen "Nostalgie" die Entspannungspolitik dennoch fortgeführt. Die von der Bundesrepublik aus diesem Grunde nicht nachvollzogene Politik der Bestrafung und Verurteilung der Sowjetunion - vor allem nach den Ereignissen in Polen - hätte daher endgültig eine passende Definition für das Wort "Détente" geliefert: Es sei das französische Wort für deutsches Wohlverhalten gegenüber der Sowjetunion(114). Die

[114] "The Germans, too, have been exposed by their reaction to the state of war. Their collective calm about the destruction of Solidarity - which the German Socialists would 'deplore' but not 'condemn' - is owed to that mixture of fear and prosperity they call detente. Jaruzelski has finally given detente its precise definition. It is the French word for German goodwill toward Russia." Leon Wieseltier, "Liberals Against Liberty", The New Republic, 1o. Februar 1982, S. 18.

Bundesrepublik, so war vielfach zu hören, sei als Ergebnis ihres Strebens nach Entspannung "finnlandisiert" oder, noch schlimmer, "selbst-finnlandisiert". Nachdem sie es im Verlauf der Entspannungspolitik versäumt habe, ihre militärische Stärke angesichts der sowjetischen Bedrohung auf einem entsprechend hohen Stand zu bringen, und da sie ohnehin nur an wirtschaftlichen Vorteilen durch den Handel mit der Sowjetunion interessiert sei, habe sie begonnen - so lautete der Tenor der Anklagen -, sich der sowjetischen Bedrohung zu beugen und aus der geschlossenen Front des Westens gegen eine weitere Ausdehnung sowjetischen Einflusses auszuscheren.

Eine detaillierte Bewertung der von der Bundesrepublik verfolgten Entspannungspolitik kann hier nicht vorgenommen werden. Daß es der Sowjetunion nicht gelang, die Bundesrepublik aus dem westlichen Bündnis herauszulösen und zu einer antiamerikanischen, neutralistischen oder gar pro-sowjetischen Haltung zu drängen, ist bereits hinlänglich dargestellt worden. Derartige Anschuldigungen erfolgten ohne Bezug zur Wirklichkeit. Die Rückkehr der CDU/CSU an die Schalthebel der Macht bewies, daß die Bundesrepublik sich selbst keineswegs "finnlandisiert" hatte, falls es überhaupt eines solchen Beweises bedurfte, denn dies unterstellt die sehr fragwürdige These, daß die SPD eine Politik der "Finnlandisierung" betrieben habe oder in Zukunft verfolgen wollte(115). Die von der neuen Regierung verfolgte Kontinuität auch in bezug auf die Entspannungspolitik zeigt, daß das öffentliche Interesse daran viel zu tief verankert ist, als daß ein Kurswechsel ohne weiteres möglich wäre. Die Öffentlichkeit verlangt nach einer konstruktiven Politik gegenüber der Sowjetunion und den Ländern Osteuropas. Dies liegt im nationalen Interesse der Bundesrepublik. Dabei ist die Haltung der Öffentlichkeit jedoch nicht so un-

[115] Zur Selbstdarstellung der Positionen der CDU/CSU kurz vor dem Regierungswechsel siehe die Aufsätze von Franz-Josef Strauß und Richard von Weizsäcker in Shub (Hg.), Germany: Keystone to European Security.

realistisch oder von Illusionen geprägt, daß sie eine Politik stützen würde, die an Appeasement grenzen könnte.

Die Einstellungen der Öffentlichkeit sind, wie eine Reihe von Meinungsumfragen deutlich zeigt, gekennzeichnet von einer merkwürdig widersprüchlichen Mischung von Interesse an Entspannung und Mißtrauen gegenüber der Sowjetunion und ihren politischen Zielen. Für eine Fortsetzung der Entspannungspolitik sprach sich auch nach - oder gerade wegen - der Ereignisse in Afghanistan und Polen die überwältigende Mehrheit der Bundesbürger aus, und zwar durch alle Parteien hindurch(116). Die westdeutsche Öffentlichkeit wandte sich mehrheitlich gegen eine Übernahme der härteren Eindämmungspolitik der Reagan-Administration durch die Bundesregierung - ohne damit ein Bedürfnis nach einer Lockerung der Beziehungen mit den USA auszudrücken(117). Es entspricht diesem Verlangen nach Fortsetzung der Entspannungspolitik, daß eine - relativ knappe - Mehrheit im Lauf der Zeit zu der Überzeugung kam, daß man auf Dauer mit der Sowjetunion friedlich auskommen könne und daß die Sowjetunion den guten Willen zur Verständigung mit dem Westen habe (Tabellen 40, 41). Schließlich paßte es auch in

[116] "Sollte die Bundesregierung in Zukunft die Entspannungspolitik gegenüber dem Osten wie bisher fortsetzen, oder glauben Sie, es hat keinen Sinn, die Entspannungspolitik fortzusetzen?"

	1/1980	5/1981	SPD	CDU/CSU	FDP
Fortsetzen	74%	68%	79%	55%	84%
Hat keinen Sinn	17	17	8	25	10
Unentschieden	9	15	13	20	6

Quelle: Noelle-Neumann, Jahrbuch 1983, S. 637.

Im Herbst 1983 hielten 87% die "Fortsetzung der Entspannungspolitik mit der Sowjetunion und den osteuropäischen Staaten" für ein "geeignetes Instrument zur langfristigen Sicherung von Frieden und Freiheit in der Bundesrepublik;" lediglich 5% hielten es für "ungeeignet." (SINUS, "Sicherheitspolitik", S. 26.)

[117] Siehe Tabellen 23-25.

Tabelle 40: "Glauben Sie, daß die westlichen Länder und Rußland auf die Dauer friedlich miteinander auskommen können, oder glauben Sie das nicht?"

	12/1954	7/1956	11/1956	4/1959	6/1962	7/1976	9/1979	2/1980
Ja, können	2o%	46%	36%	46%	36%	49%	56%	51%
Nein	66	40	54	38	51	33	27	38
Keine Meinung	14	14	1o	16	13	18	17	11

Quelle: Noelle-Neumann, Jahrbuch 1983, S. 637; The Germans, S. 416.

Tabelle 41: "Glauben Sie, daß die Russen heute im Grunde den guten Willen zur Verständigung mit dem Westen haben, oder glauben Sie das nicht?"

	5/1959	4/1965	4/1966	4/1970	6/1971	7/1974	2/1977	1/1980	7/1981	1/1983
Ja	17%	23%	26%	33%	35%	29%	27%	16%	36%	45%
Nein	57	56	54	46	51	55	60	70	48	37
K.M.	26	21	20	21	14	16	13	14	16	18

Quelle: Noelle-Neumann, Jahrbuch 1983, S. 624.

Tabelle 42: "Wird unser Verhältnis zur Sowjetunion sich im Laufe der nächsten Zeit Ihrer Meinung nach eher verbessern, bleibt es unverändert oder wird es eher schlechter werden?"

	1970	1971	1972	1973	1974	1975	1976	1977	1978	1979	1980	1981	1982	1983	1984
Verbessern	39%	46%	56%	45%	26%	30%	17%	22%	22%	25%	17%	14%	18%	21%	19%
Unverändert	43	49	31	37	52	50	52	56	68	66	69	68	68	65	68
Verschlechtern	4	3	4	5	9	7	13	9	8	7	13	17	13	12	13
Keine Antwort	14	3	9	13	12	13	17	12	3	2	2	1	1	1	-

Quelle: EMNID, Meinungsbildung 1984, S. 38.

dieses Bild, wenn eine Mehrheit meint, die Ostpolitik habe sich bisher gelohnt(118).

Aus einer anderen Perspektive betrachtet, sieht das Bild westdeutscher Einstellungen zur Ostpolitik jedoch anders aus. Hier zeigt sich, daß die Öffentlichkeit seit Jahren die Möglichkeiten einer Verbesserung der Beziehungen zur Sowjetunion illusionslos beurteilt (Tabelle 42). Weite Teile der Bevölkerung mißtrauen der sowjetischen Verständigungsbereitschaft(119) und zeigen sich davon überzeugt, daß die Ostpolitik vor allem der Sowjetunion genutzt habe (Tabelle 43). Eine Verbesserung der Sicherheitslage der Bundesrepublik aufgrund der mit den Ländern Osteuropas abgeschlossenen Verträge kann nur eine Minderheit erkennen (Tabelle 44). Nach wie vor ist die Überzeugung weit verbreitet, daß es letztlich das Ziel der sowjetischen Politik ist, den Machtbereich der Sowjetunion zu erweitern (Tabelle 45)(120).

[118] "Finden Sie, daß sich die Ostpolitik, also die Verständigung mit den sozialistischen Staaten Osteuropas, bisher gelohnt oder nicht gelohnt hat?"

	5/1973	1/1980
Hat sich gelohnt	49%	51%
Hat sich nicht gelohnt	29	28
Unentschieden	22	21

Quelle: Noelle-Neumann, Jahrbuch 1983, S. 637.

[119] "Manche sagen, Moskau mißbrauche unsere Verständigungsbereitschaft, um seine Macht weiter auszudehen. Andere sagen, die Sowjetunion meine es ernst mit der Entspannungspolitik. Welcher Ansicht würden Sie zustimmen?"

	11/1977	10/1981	8/1982	8/1983	8/1984
Mißbraucht uns	61%	58%	55%	51%	54%
Meint es ernst	19	40	41	46	43

Quelle: 1977: Noelle-Neumann, The Germans, S. 429; 1981: EMNID, Der Spiegel, 30. November 1981, S. 101; 1982, 1983: EMNID, Meinungsbild 1984, S. 52.

[120] In den Jahren 1965 bis 1977 schwankte die Zahl derer, die die Sowjetunion nach wie vor für gefährlich hielten, zwischen 52% und 59%. (Noelle-Neumann, The Germans, S. 429f.)

Tabelle 43: "Wer hat, glauben Sie, von einer Verbesserung der deutsch-sowjetischen Beziehungen alles in allem den größeren Vorteil - die Sowjetunion oder die Bundesrepublik?"

	5/1973	11/1977	1/1980
Die Sowjetunion	45%	44%	55%
Die Bundesrepublik	9	6	6
Beide gleich	31	33	25
Unmöglich zu sagen	15	17	14

Quelle: Noelle-Neumann, Jahrbuch 1983, S. 625.

Tabelle 44: "Würden Sie sagen, daß durch den Abschluß der Ostverträge die Bundesrepublik weniger einen Angriff aus dem Osten fürchten muß oder würden Sie sagen, daß sich in dieser Beziehung durch die Ostverträge nichts geändert hat?"

	1974	1975	1976	1977	1978	1979	1980	1981	1982	1983	1984
Angriff weniger fürchten	31%	25%	22%	32%	35%	40%	36%	32%	36%	37%	33%
Nichts geändert	53	57	58	52	62	57	62	67	61	63	60

Quelle: EMNID, Meinungsbild 1984, S. 39.

Tabelle 45: "Hier unterhalten sich zwei darüber, was die Sowjetunion mit ihrer Politik eigentlich will. Könnten Sie das bitte einmal lesen. Welcher sagt eher, was auch Sie denken?

	1/1982
Die Sowjetunion will im Grunde nichts anderes, als den Einfluß behalten, den sie jetzt hat. Ihr kommt es in erster Linie auf die Sicherung ihrer Machtposition an.	25%
Da bin ich aber anderer Meinung. Die Sowjetunion tut nach wie vor alles, um ihren Einfluß in der Welt auszudehnen.. Sie will vor allem ihren Machtbereich erweitern.	60
Unentschieden	15

Quelle: Noelle-Neumann, Jahrbuch 1983, S. 625.

Insgesamt spiegelt das Bild der öffentlichen Meinung hinsichtlich der Entspannung einen Konflikt zwischen allgemein hohen Erwartungen auf der einen und doch sehr nüchternen Einschätzungen der bisherigen Erfolge der Entspannungspolitik auf der anderen Seite wider. In gewisser Weise verdeutlicht dieses Bild den Mangel - oder Verlust - an Perspektive für eine erfolgversprechende Politik gegenüber den östlichen Nachbarn der Bundesrepublik. Man weiß jedoch sehr wohl, was man will: eine Verminderung der Spannungen, eine Verbesserung der Sicherheitslage und eine Normalisierung der Beziehungen.

Aber die Ostpolitik konnte und kann diese Wünsche nicht erfüllen. Wo sich ein positiver Wandel im Herrschaftsbereich der Sowjetunion abzuzeichnen begann - ein Wandel, der sehr wohl durch die Entspannungspolitik ausgelöst worden sein mag -, unterdrückte ihn die Sowjetunion mit aller notwendigen Härte(121). Bei der westdeutschen Öffentlichkeit - ebenso wie in anderen Ländern des Westens - bewirkte dies ein Gefühl der Frustration und Hilflosigkeit. Wie lassen sich Veränderungen im osteuropäischen Herrschaftsgefüge und damit auch Veränderungen in den Beziehungen zwischen Ost und West erzielen, wenn die Sowjetunion in keiner Weise bereit ist, diese zu dulden?

Eine relativ strikte Menschenrechtspolitik etwa, wie sie von Präsident Carter zeitweise verfolgt wurde, lehnte die Öffentlichkeit weitgehend ab. Diese Politik drohte nicht nur, die ohnehin schon gespannten Beziehungen zwischen Ost und West weiter zu belasten, sondern schien auch den unmittelbar gefährdeten Menschen bei der Durchsetzung ihrer Rechte wenig Hilfe zu bringen. Die öffentliche Meinung in

[121] Einen Sonderfall stellen möglicherweise die Entwicklungen in Ungarn dar, wo mit Duldung der Sowjetunion (die am experimentellen Charakter der Veränderungen interessiert sein könnte) neue Wege bei der Lösung wirtschaftlicher Probleme beschritten werden. Die Bundesrepublik verfolgt diese Entwicklungen mit großem - wenn auch nicht sehr lautem - Interesse und versucht sie zu fördern.

der Bundesrepublik stand im großen und ganzen hinter der Politik der Bundesregierung, die - zum Teil gegen die Kritik der Oppcsion - auf die Entwicklung guter Beziehungen und stiller Bemühungen der Diplomatie setzte(122).

Auch die Anwendung eines anderen Instruments potentieller Druckausübung auf die Sowjetunion, nämlich wirtschaftliche Sanktionen, stößt auf beträchtliche Skepsis. War die Öffentlichkeit unmittelbar nach dem Einmarsch der Sowjetunion in Afghanistan hinsichtlich der Angemessenheit von Wirtschaftssanktionen noch gespalten(123), so hatte sich ihre Haltung nach den Ereignissen in Polen - vielleicht aufgrund der schlechten Erfahrungen mit Sanktionen im Fall von Afghanistan - in eine eindeutige Richtung entwickelt: Jetzt sprach sich die Mehrheit gegen Sanktionen aus, weil dadurch die Entspannung gefährdet würde und ein sowjetisches Nachgeben ohnehin nicht erzielt werden könnte(124). Die dieser Haltung entsprechende Politik der Bundesregierung, von viel

[122] Die Frage der Menschenrechte ist kein Problem von übergroßer Bedeutung für die Öffentlichkeit. Im Jahrbuch 1983 des Instituts für Demoskopie Allensbach taucht sie nur an zwei Stellen auf, und zwar einmal nach persönlich besonders wichtigen politischen Forderungen (hier rangiert das Einhalten der Menschenrechte in der DDR an 5. Stelle der außenpolitischen Forderungen) und zum anderen nach "politischen Aufgaben, mit denen man sich weltweit befaßt"; der "Schutz der Menschenrechte in allen Ländern" findet sich hier ebenfalls an 5. Stelle. (S. 335, 597.)

[123] "Wegen Afghanistan hat Amerika den Handel mit der Sowjetunion stark eingeschränkt. Die einen meinen nun, wir sollten unseren Handel mit der Sowjetunion auch einschränken, um gegen den Einmarsch in Afghanistan zu protestieren. Die anderen sind dagegen, weil sie fürchten, daß wir uns mit solchen Maßnahmen nur selbst schaden. Was meinen Sie, sollten wir den Handel mit der Sowjetunion einschränken oder nicht einschränken?"

	1/1980
Handel einschränken	46%
Nicht einschränken	40

Quelle: Noelle-Neumann, Jahrbuch 1983, S. 654.

[124] Der Ansicht, "scharfer wirtschaftlicher und politischer Druck auf die Sowjetunion und Polen könnten die Entspannung oder gar den Weltfrieden gefährden", stimmten im Januar 1982 55% zu (27% lehnten ab.) Nur 32% äußerten die Überzeugung, "daß durch wirtschaftlichen und politischen Druck das Kriegsrecht und die Unterdrückung in Polen gemildert werden können"; 55% meinten, man erreiche dadurch nichts. (Noelle-Neumann, Jahrbuch 1983, S. 659).

Kritik aus den USA begleitet, die eine Politik der Sanktionen verfolgten, fand weitgehende Unterstützung(125).

Die in der Bundesrepublik vertretene Überzeugung, daß Sanktionen nicht wirksam sind, und mehr noch die daraus folgende Politik, keine Sanktionen zu verhängen(126), haben gelegentlich den Verdacht aufkommen lassen, die Bundesrepublik verfolge ihre Entspannungspolitik lediglich mit dem Ziel, die Früchte des Handels mit dem Osten zu genießen. Damit verknüpft ist der Vorwurf, sie vernachlässige die Gefahren von Handelsbeziehungen mit der Sowjetunion, denn diese könne dadurch auch militärisch gestärkt werden. Die deutsch-amerikanischen Beziehungen waren lange Zeit durch Auseinandersetzungen über diese Frage belastet. Bonn hat wiederholt betont, daß es sich der Probleme des Ost-West-Handels - vor allem im Bereich sensitiver Technologien - wohl bewußt ist. Aber man erhofft sich von langfristig angelegten und berechenbar durchgeführten Wirtschaftsbeziehungen vorteilhafte Auswirkungen auf innere und äußere Entwicklungen im Herrschaftsbereich der Sowjetunion. Nicht zuletzt aus diesem Grund wird die Bundesrepublik von sich aus an guten Handelsbeziehungen ein besonderes Interesse behalten(127).

[125] Im Januar 1982 vertraten 63% die Ansicht, die Bundesregierung habe sich richtig verhalten, als sie sich an den von den USA verhängten Sanktionen nicht beteiligte. (Noelle-Neumann, Jahrbuch 1983, S. 660.)

[126] Zum Problem von Sanktionen siehe Friedemann Müller et al., Wirtschaftssanktionen im Ost-West-Verhältnis. Rahmenbedingungen und Modalitäten (Baden-Baden: Nomos, 1983). Diese Studie der Stiftung Wissenschaft und Politik kommt u.a. zu dem Ergebnis, daß direkte Sanktionen kaum Wirkung zeigen, das allgemeine politische Klima hingegen sehr wohl auch die Handelsbeziehungen beeinflußt, so daß man in manchen Fällen von einem Prozeß "automatischer Sanktionen" sprechen kann.

[127] Bundeskanzler Kohl erläuterte die Haltung der neuen Bundesregierung in seiner Regierungserklärung vom 4. Mai 1983 folgendermaßen: "Das Angebot der Bundesregierung zur Zusammenarbeit mit der Sowjetunion und den übrigen osteuropäischen Staaten schließt gegenseitig vorteilhafte und ausgewogene Wirtschaftsbeziehungen ein. Wir sind uns mit allen unseren Bündnispartnern einig, daß solche Beziehungen ein wichtiger Faktor des Ost-West-Dialogs sind. Entscheidende Voraussetzung bleibt aber - meine Damen und Herren, ich will dies deutlich sagen - , daß unser Handeln in vollem Einklang mit unseren Sicherheitsinteressen steht." Programm der Erneuerung. Freiheit, Mitmenschlichkeit, Verantwortung (Bonn: Presse- und Informationsamt der Bundesregierung, 1983), S. 75.

Vielfach wird die Befürchtung geäußert, die Bundesrepublik könne zu abhängig von der Sowjetunion werden - eine Befürchtung, die Bonn mit dem Hinweis auf das relativ geringe Handelsvolumen von knapp 2,5% des gesamten Außenhandels der Bundesrepublik zu entkräften sucht. Handel zwischen Ost- und Westeuropa wird als "normal" betrachtet(128). Nach wie vor herrscht in der Bundesrepublik Übereinstimmung darüber, daß aus historischer Perspektive Ost- und Westeuropa ein Ganzes bilden und daß es das Ziel des Normalisierungsprozesses sein soll, historische Beziehungsparameter wiederherzustellen. Oder wie es Bundeskanzler Kohl in einer Regierungserklärung formulierte:

> "Auf Grund unserer Lage und unserer Geschichte sind wir Deutschen verpflichtet, nach West und Ost gute Beziehungen zu pflegen. Für uns Deutsche gibt es zahlreiche Bindungen mit dem Osten. Wir haben ein tiefes Verständnis von der kulturellen Einheit Europas in all seiner Vielfalt und Verschiedenartigkeit. Wir betrachten unsere Nachbarvölker in Mittel- und Osteuropa - nicht nur in diesem kulturellen Sinne - als Teile Europas"(129).

Der letzte - und möglicherweise wichtigste - Grund für das tief empfundene Bedürfnis nach einer Politik der Entspannung mit der Sowjetunion betrifft die sicherheitspolitische Lage der Bundesrepublik. Seitdem die NATO im Dezember 1967 den Harmel-Bericht zur Grundlage ihrer Politik gegenüber der Sowjetunion gemacht hat, gehört es zum selbstverständlichen Bestandteil politischer Argumentation in der Bundesrepublik, auf unauflöslichen Zusammenhang zwischen Entspannung und Verteidigung als Grundlagen einer westlichen Sicherheitspolitik zu verweisen(130). Die Ost-

[128] Um Helmut Schmidt zu zitieren: "My own town of Hamburg has traded with Novgorod for at least 600 years... If we traded only with democracies we could ruin our economies very quickly." "Schmidt Says He Is Not Convinced That U.S. Is Serious in Euromissile Talks", IHT, 23. Mai 1983, S. 1.

[129] Programm der Erneuerung, S. 72.

[130] Die zentrale Passage des nach dem Berichterstatter (und damaligen belgischen Außenminister) genannten Harmel-Berichtes lautet: "Militärische Sicherheit und eine Politik der Entspannung stellen keinen Widerspruch, sondern eine gegenseitige Ergänzung dar. Die

politik der siebziger Jahre gründete auf den Schlußfolgerungen des Harmel-Berichtes. Fünfzehn Jahre später und unter einer anderen Regierung behalten diese nach vor ihre Gültigkeit. In den Worten von Bundeskanzler Kohl:

> "Die Bundesrepublik Deutschland wird im Rahmen ihrer Friedenspolitik ihren Kurs der Verständigung, der Vertrauenbildung und der Zusammenarbeit auch mit den Staaten des Warschauer Paktes beharrlich und ohne jede Illusion über die bestehenden Gegensätze weiterverfolgen.
>
> Die Grundlage sind die geschlossenen Verträge, nach deren Buchstaben und Geist wir unsere Politik mit dem Osten gestalten wollen. Unser Ziel bleibt eine gesamteuropäische Friedensordnung.
>
> Diese mit unseren Verbündeten eng abgestimmte Politik ist ein Angebot zum Dialog, zum Ausgleich und zur Zusammenarbeit. Sie entspricht den Prinzipien, die im Harmel-Bericht der Allianz schon 1967 festgeschrieben wurden, die wir alle immer akzeptiert haben und die für uns und unsere Freunde nach wie vor Grundlage tragfähiger Beziehungen zum Osten sind: Festigkeit und Verständnisbereitschaft"(131).

Das starke Interesse an einer Politik der Entspannung, das nicht zuletzt in der Kontinuität westdeutscher Außenpolitik von Brandt über Schmidt bis Kohl zum Ausdruck kommt, hat verschiedene Bundesregierungen hin und wieder versuchen lassen, zwischen Washington und Moskau eine Dolmetscher- oder gar Vermittlerrolle zu spielen. Diese Rolle wird von Bonn nicht unbedingt geschätzt. Bundeskanzler und Außenminister haben daher immer bestritten, sie zu suchen

kollektive Verteidigung ist ein stabilisierender Faktor in der Weltpolitik. Sie bildet die notwendigen Voraussetzungen für eine wirksame, auf größere Entspannung gerichtete Politik. Der Weg zu Frieden und Stabilität in Europa beruht vor allem auf dem Einsatz der Allianz im Interesse der Entspannung."
Anhang zum "Kommuniqué über die Ministertagung des Nordatlantikrats vom 13. bis zum 14. Dezember 1967 in Brüssel", Europa-Archiv, 3/1968, S. D. 76.

131 Programm der Erneuerung, S. 74. Die SPD kritisierte die Tatsache, daß Kohl in seiner Regierungserklärung den Begriff "Entspannung" kein einziges Mal gebrauchte; Vertreter der Regierung erklärten, dies sei ein reiner Zufall gewesen - die Ausführungen des Kanzlers sprächen für sich selbst.

oder auszuüben. In der politischen Praxis jedoch sah sich Bonn immer dann in eine solche Rolle gedrängt, wenn das Interesse an einer Fortsetzung der Entspannungspolitik durch wachsende Spannungen zwischen den beiden Supermächten in Gefahr zu geraten drohte. Auf amerikanischer Seite führte dies zu gelegentlichen Vorwürfen, die Bundesrepublik schwebe gleichsam zwischen Ost und West(132). Daß auch dieser Vorwurf unbegründet ist, braucht nicht näher nachgewiesen zu werden. Die Bundesrepublik ist und bleibt fest im westlichen Bündnis verankert. Ihr Bedürfnis nach Entspannung stellt keine Gefährdung ihrer westlichen Identität dar.

[132] "Mr. Haig was reported to have told Mr. Schmidt that Washington was uncertain whether Bonn saw itself these days as part of the NATO alliance or as a 'floating entity between East and West'." ("Haig, on Eve of NATO Talks, Says He Wants Unity on Soviet Sanctions", New York Times, 11. Januar 1982.) Der frühere Außenminister Henry Kissinger beschwerte sich zur gleichen Zeit: "It cannot go on ... that Europeans claim to 'interpret' America and the Soviet Union to each other as if there were no moral or political difference between the two." ("Something Is Deeply Wrong in the Atlantic Alliance", Washington Post, 21. Dezember 1981, S. A21.)

IV. SICHERHEITSPOLITISCHE GRUNDLAGEN: BÜNDNIS, RÜSTUNG UND ANGST

Die bestimmende sicherheitspolitische Grundlage der Bundesrepublik ist ihre Mitgliedschaft im Atlantischen Bündnis. Die beiden damit verbundenen Ziele, mit westdeutscher Hilfe die sowjetische Bedrohung Westeuropas einzudämmen und gleichzeitig ein potentiell gefährliches Wiedererstarken deutscher Macht zu verhindern, wurden erreicht. Die Bundesrepublik hat die ihr auferlegten Einschränkungen ihrer Handlungsfreiheit akzeptiert, sogar internalisiert: Im Verlauf dieses Internalisierungsprozesses hat sie sich zugleich fest an den Westen gebunden. Und eine weitere Ausdehnung sowjetischer Macht auf dem europäischen Kontinent fand nicht statt. Das starke Interesse der Bundesrepublik an der Entspannung führte in jüngster Zeit jedoch bei manchen Beobachtern zu Befürchtungen, diese Politik könnte der Sowjetunion neue Einflußmöglichkeiten bieten. Kritiker der Entspannungspolitik argumentierten, sie habe es der Sowjetunion ermöglicht, ihr militärisches Machtpotential weiter auszubauen und - gestützt auf dieses Potential - ihren Einfluß global auszudehnen.

Westeuropa kann, so befürchten manche, den Folgen dieser angeblichen Fehlleistungen der Entspannungspolitik nicht entrinnen: mehr und mehr falle jetzt der lange Schatten sowjetischer Militärmacht über den europäischen Kontinent. Dabei sei die Bundesrepublik von den politischen Auswirkungen des Ausbaus sowjetischer Militärmacht am meisten betroffen, nicht nur, weil sie am stärksten an der Entspannungspolitik festzuhalten versuche, sondern auch, weil sie letztlich den Einsatz darstelle, um den der Kalte Krieg geführt wurde - und werde(1). Solche Befürchtungen wurden

[1] "The fundamental issue is the continuing struggle over the future of Europe: whether Western Europe will continue to seek its security through close dependence on the United States, or will gradually move toward a more autonomous position... The struggle for Europe has always had two dimensions: first, the incessant demand that the divi-

nicht nur im Ausland, vor allem in den USA und Frankreich vertreten. Sie waren auch Bestandteil innenpolitischer Auseinandersetzungen um die Entspannungspolitik. Ein repräsentatives Beispiel hierfür ist folgendes Zitat aus einem Beitrag von Lothar Ruehl, der vor seiner Zeit als Staatssekretär im Verteidigungsministerium geschrieben wurde:

> "'Nur nicht provozieren' - diese Maxime ist in Westeuropa zum Inbegriff der politischen Weisheit geworden, wenn es um die Beziehungen zur Sowjetunion geht. Sowjetische militärische Macht als Instrument einer Politik der Vorherrschaft, des Zwangs und der Überredung hat bei den Völkern des Westens einen tiefen Eindruck gemacht. Dieser psychologische Einfluß hat in Westeuropa eine Neigung zu verstärkter Anpassung an sowjetische Interessen hervorgerufen und darüber hinaus für die anstehenden politischen Entscheidungen ein geistiges Klima geschaffen, das einer Selbstbehinderung gleichkommt"(2).

Natürlich teilen nicht alle Beobachter diese pessimistische Einschätzung der Auswirkungen sowjetischer Militärmacht. Robert Legvold etwa, ein bekannter Sowjetexperte, hält diesen Befürchtungen folgende Überlegung entgegen:

> "Aufgrund der Denkgewohnheiten der meisten westlichen Analytiker bleibt dieser Teil der Analyse jedoch eher vage und impressionistisch. Selbst die scharfsinnigsten Beobachter geben sich gewöhnlich mit höchst unpräzisen Formeln zufrieden. Wie soll man - so fragen sie - den angeblichen Eifer Westeuropas erklären, mit der Sowjetunion Handelsgespräche unter für die sowjetische Seite günstigen Voraussetzungen zu führen? Wie erklärt sich die Wahrscheinlichkeit dafür, daß der Westen bei den Rüstungskontrollgesprächen Konzessionen machen wird, wie die fehlende Bereitschaft mancher west-

sion of the continent be formally recognized; but, second, the crude manipulation of that recognition to make West European policy subject to a Soviet veto. This has been persistently applied in Germany." So William G. Hyland, "The Struggle for Europe: An American View", Andrew J. Pierre (Hg.), Nuclear Weapons in Europe, Band 1 einer Reihe über Europe-America (New York: Council on Foreign Relations, 1984), S. 15, 30.

2 Lothar Ruehl, "Die militärische Macht der Sowjetunion als Bedingung westeuropäischer Strukturentwicklung", in: Uwe Nerlich (Hg.), Sowjetische Macht und westliche Verhandlungspolitik im Wandel militärischer Kräfteverhältnisse (Baden-Baden: Nomos, 1982), S. 306. Dieser sowie ein weiterer Band (Die Einhegung sowjetischer Macht) enthalten ausführliche Darstellungen der Entwicklung sowjetischer Militärmacht.

europäischen Staaten, an NATO-Manövern teilzunehmen, die in ihren Augen die Sowjetunion provozieren könnten, oder wie die angebliche Tendenz der Skandinavier und anderer Länder, bei den Ost-West-Beziehungen mit zweierlei Maß zu messen? Eine solche 'Fügsamkeit', meint einer der fähigsten westlichen Militärwissenschaftler, 'wäre völlig unerklärlich, wenn es nicht die gewaltige Militärmacht /der Sowjetunion/ gäbe'. Dies mag so sein, liegt indessen, wie bei vielen anderen ähnlichen Beispielen, keineswegs auf der Hand. Daß in dieser Hinsicht nicht mehr als beiläufige Vermutungen oder Behauptungen ausgesprochen werden, steht jedenfalls in scharfem Gegensatz zu dem hochentwickelten, wenn auch abstrakten Interesse der meisten westlichen Analytiker an der ausdrücklichen und kalkulierten tatsächlichen oder angedrohten Anwendung von Gewalt.

...

Natürlich ist es nicht leicht nachzuprüfen, wie systematisch die sowjetische Führung militärische Macht in ihre Europapolitik einbaut. Man kann unzählige Kriterien anwenden und nur wenige Schlußfolgerungen nachprüfen. Im Grunde läßt sich das Problem jedoch auf eine Grundfrage reduzieren: Forciert die sowjetische Führung absichtlich bestimmte militärische Programme mit dem festen Ziel, alle Gegenoperationen der NATO oder vielleicht sogar insbesondere diejenigen auszuschalten, die eindeutig defensiven Charakter haben? Mit anderen Worten: ist es ein ausgemachtes sowjetisches Ziel, Westeuropa verteidigungslos zu machen, so daß es dann und während dies alles geschieht, eine leichtere Beute für die politischen Ambitionen der Sowjetunion würde?

Wer eine klare und systematische politische Absicht hinter den sowjetischen militärischen Vorbereitungen sieht, würde diese Frage wahrscheinlich mit 'ja' beantworten. Die Frage ist indessen mit 'nein' zu beantworten"(3).

Das militärische Kräfteverhältnis zwischen Ost und West soll im folgenden nicht näher untersucht werden. Das Hauptaugenmerk gilt vielmehr den Einstellungen der Öffentlich-

[3] Robert Legvold, "Der politische Nutzen militärischer Macht in sowjetischer Perspektive", in Nerlich (Hg.), Sowjetische Macht, S. 192, 228. Der Hinweis im Text ist auf Laurence Martin, "The Role of Military Force in the Nuclear Age", in Laurence Martin (Hg.), Strategic Thought in the Nuclear Age (Baltimore: Johns Hopkins University Press, 1979), S. 12.

keit gegenüber den wichtigsten sicherheitspolitischen Fragen, mit denen die Bundesrepublik konfrontiert wird: ihrer Mitgliedschaft im westlichen Bündnis, der Strategie, die vom Bündnis verfolgt wird, der Verteidigungsbereitschaft der Bevölkerung und den Ängsten und Befürchtungen, die durch die besondere Sicherheitslage der Bundesrepublik hervorgerufen werden und umgekehrt diese beeinflussen. Mit anderen Worten geht es darum, nachzuprüfen, inwieweit "sowjetische militärische Macht als Instrument einer Politik der Vorherrschaft, des Zwangs und der Überredung... einen tiefen Eindruck" auf die Öffentlichkeit in der Bundesrepublik gemacht hat.

Bündnisprobleme

Seitdem die Bundesrepublik 1955 der NATO beitrat, hat sie sich als einer der solidesten Befürworter der Grundprinzipien der westlichen Allianz erwiesen(4): kollektive Verteidigung gegen die Bedrohung durch die Sowjetunion, Stationierung verbündeter Truppen in der Bundesrepublik und ein signifikanter deutscher Beitrag zur gemeinsamen Verteidigung in Form eines Truppenkontingents unter dem Oberbefehl der NATO (siehe Tabellen 1-4). Eine neutralistische Haltung oder engere Beziehungen zur Sowjetunion auf Kosten der Bündnisverpflichtungen stellten zu keiner Zeit allgemein akzeptierte Alternativen dar.

[4] Robert Tucker argumentiert allerdings, Europa verletze in gravierender Weise ein im "sozialen Kontrakt" des Bündnisses impliziertes Grundprinzip: "It was that Western Europe's human and material resources, on behalf of which we had extended our protective mantle, would not be placed at the disposal of the Soviet Union through the voluntary actions of those to whom we had promised our protection. This right, and Europe's duty - indeed, its chief duty - to respect this right, should be so apparent as scarcely to need mention, let alone special emphasis. It would have made no sense for the United States to give Western Europe a nuclear guarantee against Soviet aggression if a major purpose in giving this guarantee might nevertheless be vitiated through the voluntary actions of those protected." Robert W. Tucker, "The Atlantic Alliance and Its Critics", in Tucker (Hg.), Atlantic Alliance, S. 176.

Die Mitgliedschaft der Bundesrepublik in der NATO ist seit Jahren - und zuletzt auch in der Phase heißer Auseinandersetzungen um die Nachrüstung - völlig unumstritten (Tabelle 46)(5). Soweit man sich über diese Frage überhaupt Gedanken macht, ist die Überzeugung weit verbreitet, daß die Mitgliedschaft den Westdeutschen mehr Vorteile als Nachteile bietet (Tabelle 47). Der Hauptvorteil des Bündnisses wird wohl darin gesehen, daß im Falle eines sowjetischen Angriffs die anderen Mitglieder, vor allem aber die Vereinigten Staaten, der Bundesrepublik zu Hilfe kommen würden, wodurch die Sowjetunion von einem Angriff abgehalten werden soll. Der größte Teil der Bevölkerung ist sich sicher, daß die USA in der Tat der Bundesrepublik militärisch zur Seite stehen würden(6). Die Öffentlichkeit ist weiterhin davon überzeugt, daß die Anwesenheit amerikanischer Truppen auf diese Weise den Frieden sichern hilft (Tabelle 48). Ohne die Beteiligung amerikanischer Truppen an den gemeinsamen Verteidigungsanstrengungen der NATO wäre Westeuropa nach Ansicht des weitaus größten Teils der Bevölkerung jedenfalls nicht in der Lage, sich gegen einen Angriff der Sowjetunion zur Wehr zu setzen (Tabelle 49). Umgekehrt ist aber eine recht große Zahl auch überzeugt, daß die Anwesenheit amerikanischer Truppen nicht nur der Bundesrepublik, sondern auch den USA einen Nutzen bringt (Tabelle 50).

Der eigene militärische Beitrag der Bundesrepublik zur NATO war zunächst heftig umstritten. Immer noch gezeichnet von den tatsächlichen und psychischen Wunden des Krieges,

[5] Eine seltene Übereinstimmung von Meinungsumfrageergebnissen zeigt ein Vergleich der Zahlen für diejenigen, die aus der NATO austreten wollen, in Tabelle 46 und einer ähnlichen Umfrage in Noelle-Neumann, Jahrbuch 1983, S. 635: 1971 5%, 1979 2%, 1981 6%.

[6] Im Jahre 1958 zeigten sich 61% überzeugt, die USA würden bei der Verteidigung der Bundesrepublik zu Hilfe kommen; 19% meinten, die USA würden "wegen uns" keinen Krieg riskieren wollen. 25 Jahre später, im Sommer 1983, war diese Überzeugung unverändert: 62% gegen 19%. (Elisabeth Noelle-Neumann, "Drei Viertel gegen die Raketenstationierung?", FAZ, 16. September 1983, S. 11.)

Tabelle 46: "Über die Frage des Bündnisses wird in der Bundesrepublik öfters debattiert. Was meinen Sie dazu: Sollten wir der NATO auch weiterhin in unveränderter Form angehören, sollten wir anstreben, einer mehr aufgelockerten oder aber einer mehr gefestigten NATO anzugehören, halten Sie es für besser, aus der NATO auszuscheiden, oder was meinen Sie sonst?"

	1968	1969	1970	1971	1972	1973	1974	1975	1976	1977	1978	1979	1980	1981	1982	1983	1984
Unverändert	63%	63%	36%	75%	68%	70%	65%	64%	61%	71%	80%	81%	81%	78%	76%	79%	75%
Gefestigt	16	16	30	10	9	7	12	13	12	9	9	8	10	8	8	4	7
Aufgelockert	3	4	11	4	5	4	2	4	3	3	4	3	4	6	7	5	8
Ausscheiden	3	3	3	5	2	3	2	2	2	2	2	2	1	5	6	8	5

Quelle: EMNID, Meinungsbild 1984, S. 21.

Tabelle 47: "Bringt die NATO für uns Westdeutsche alles in allem mehr Vorteile oder mehr Nachteile - was meinen Sie?"

	9/1956	4/1959	9/1971	9/1979	5/1981	12/1981
Mehr Vorteile	29%	43%	47%	48%	55%	50%
Mehr Nachteile	11	6	9	7	14	11
Weiß nicht	60	51	44	45	31	39

Quelle: Noelle-Neumann, Jahrbuch 1983, S. 635; The Germans, S. 435.

Tabelle 48: "Wird dadurch, daß wir in der Bundesrepublik amerikanische Soldaten haben, die Sicherung des Friedens eher verbessert, oder wird der Frieden durch die Anwesenheit amerikanischer Soldaten eher gefährdet?

	1970	1971	1972	1973	1974	1975	1976	1977	1978	1979	1980	1981	1982	1983	1984
Eher verbessert	48%	79%	57%	59%	61%	64%	61%	68%	87%	84%	84%	82%	81%	78%	80%
Eher gefährdet	7	12	7	8	6	6	7	6	7	9	11	13	15	13	17
Keine Antwort	45	9	37	33	33	30	32	16	6	7	6	6	4	3	3

Quelle: EMNID, Meinungsbild 1984, S. 40.

zeigte sich die westdeutsche Bevölkerung tief gespalten, als die Entscheidung zur Wiederbewaffnung getroffen werden mußte(7). Die Intensität der öffentlichen Auseinandersetzung um diese Entscheidung übertraf alles, was seitdem an sicherheitspolitischen Kontroversen über die politische Bühne ging. Dennoch war Adenauer in der Lage, die Entscheidung für die Wiederbewaffnung durchzusetzen. Die Zustimmung der Öffentlichkeit zur Aufstellung der Bundeswehr nahm in der Folgezeit rasch zu(8). Die Notwendigkeit, eigene Streitkräfte zu haben, ist heute unumstritten(9) und der Konsens hinsichtlich der Frage, ob die Bundeswehr den Frieden sicherer mache, überwältigend (Tabelle 51).

Der Beitrag der Bundesrepublik zur NATO ist seit ihrem Beitritt ständig gewachsen. Ihr Anteil an den Gesamtausgaben der NATO lag 1960 knapp unter 5%, stieg in den nächsten zehn Jahren auf 6% und sprang dann bis 1975 auf fast 11%; bis 1980 hatte er sich bei 10,5% eingependelt. Der westdeutsche Anteil an den Ausgaben aller europäischen NATO-Länder betrug zu diesem Zeitpunkt knapp 21%(10). Welchen

[7] Im November 1954 sprachen sich 45% gegen und lediglich 37% für eigene Streitkräfte der Bundesrepublik aus. Im Mai 1955, als die Entscheidung vollzogen wurde, hätten nach eigenen Angaben 45% gegen und 40% für die Aufstellung der Bundeswehr gestimmt, wenn dazu eine Volksabstimmung stattgefunden hätte. (Noelle-Neumann, The Germans 1947-1966, S. 437f.)

[8] Zwischen Oktober 1956 und August 1961 wuchs die Zahl derer, die die Bundeswehr beibehalten wollten, von 38% auf 60%, während die Zahl derer, die sie wieder auflösen wollten, von 43% auf 24% zurückging. (Noelle-Neumann, The Germans 1947-1966, S. 439.)

[9] In INFAS-Umfragen der Jahre 1975 bis 1979 meinten um die 20% der Befragten, die Bundeswehr sei "sehr wichtig"; zwischen 52% und 60% hielten sie für "wichtig". In einer anders formulierten IfD-Umfrage vom März 1983 sprachen sich 56% für eine starke Bundeswehr aus, "um zu verhindern, daß die Bundesrepublik Deutschland in einen Krieg verwickelt wird." (INFAS, Sicherheitspolitik und Öffentlichkeit, S. 60, und Gerd Langguth, "Bundeswehr, NATO, Freundschaft mit den USA: In der jungen Generation nicht mehr gefragt?", Politische Studien, November/Dezember 1983, S. 630.)

[10] Siehe hierzu die vorzügliche Übersicht von James R. Golden, NATO Burden-Sharing. Risks and Opportunities, Nr. 96 der Washington Papers des Center for Strategic and International Studies, Georgetown University, Washington, D.C. (New York: Praeger, 1983), S. 67.

Tabelle 49: "Glauben Sie, daß die Bundesrepublik nach Abzug der Amerikaner stark genug ist, um uns, in Verbindung mit den europäischen Truppen der NATO, wirksam gegen einen überraschenden Angriff zu schützen - oder würden uns die Truppen des Ostblocks Ihrer Meinung nach überrollen?"

	1970	1971	1972	1973	1974	1975	1976	1977	1978	1979	1980	1981	1982	1983	1984
Stark genug	15%	38%	25%	24%	20%	20%	18%	20%	24%	29%	25%	28%	33%	29%	33%
Nicht stark genug	66	56	53	48	57	58	58	61	71	66	70	70	65	69	66
Keine Antwort	19	6	23	28	23	22	24	19	4	5	5	2	2	2	1

Quelle: EMNID, Meinungsbild 1984, S. 46.

Tabelle 50: "Wem nützt die Anwesenheit amerikanischer Truppen in der Bundesrepublik am meisten: vor allem den Amerikanern , vor allem uns, allen beiden, niemandem?"

	1970	1971	1972	1973	1974	1975	1976	1977	1978	1979	1980	1981	1982	1983	1984
Den Amerikanern	14%	16%	16%	13%	14%	15%	13%	15%	10%	11%	10%	15%	15%	20%	18%
Uns	24	28	18	24	25	18	17	19	23	22	29	26	23	22	26
Allen beiden	50	50	52	45	46	54	54	55	61	61	56	54	55	52	51
Niemandem	4	4	7	7	5	4	4	3	4	4	3	5	6	3	4
Keine Antwort	9	2	7	10	10	10	12	7	2	2	2	-	1	3	-

Quelle: EMNID, Meinungsbild 1984, S. 45.

Tabelle 51: "Glauben Sie, daß durch die Existenz der Bundeswehr eine wirksame Verständigungspolitik mit dem Osten gestört und damit eher eine Gefahr für den Frieden gegeben ist, oder glauben Sie, daß die Existenz der Bundeswehr den Frieden sicherer macht?"

	1974	1975	1976	1977	1978	1979	1980	1981	1982	1983	1984
Bundeswehr Gefahr für den Frieden	3%	4%	5%	6%	7%	6%	7%	10%	12%	11%	11%
Bundeswehr macht Frieden sicherer	69	72	70	74	89	90	90	88	85	86	87

Quelle: EMNID, Meinungsbild 1984, S. 49.

Maßstab auch immer man anlegt, der westdeutsche Verteidigungsbeitrag wuchs während der Phase aktiver Entspannungspolitik beständig um etwa 3% pro Jahr. Dieser Zuwachs lag über dem anderer NATO-Länder, sicherlich auch über dem der Vereinigten Staaten, deren Verteidigungsausgaben zwischen den Jahren 1968 und 1975 - allerdings bedingt durch das Ende des Krieges in Vietnam - drastisch zurückgingen. Bonn konnte deshalb in den vergangenen Jahren zu Recht darauf hinweisen, daß die Bundesrepublik in den siebziger Jahren ihre Verantwortung für die gemeinsame Verteidigung sehr wohl wahrgenommen hatte und sie keineswegs, wie ihr verschiedentlich vorgeworfen wurde, durch die Entspannungspolitik zu einem falschen Gefühl der Sicherheit verführt worden war.

In den letzten Jahren ist die Bundesrepublik jedoch wegen ihrer nunmehr nachlassenden Verteidigungsanstrengungen erneut der Kritik ausgesetzt gewesen. Seit 1979 verringerte sich der jährliche Zuwachs der Verteidigungsausgaben, zunächst auf 2% 1981 und dann bis 1983 auf 0%; der von der neuen Regierung - deren Mitglieder diesen Rückgang in den Zuwächsen der Verteidigungsausgaben kritisiert hatten, als sie sich noch in der Opposition befanden -, eingebrachte Haushalt für 1984 sah ebenfalls keine reale Steigerung vor. Diese Entwicklung entsprach nicht den gegenüber der NATO eingegangenen Verpflichtungen. Bonn plädierte für Nachsicht, da die schlechte wirtschaftliche Entwicklung keine andere Wahl ließe, als angesichts eines gefährlich anwachsenden Haushaltsdefizits Haushaltskürzungen vorzunehmen, von denen der Verteidigungsbereich nicht ausgeschlossen werden könne. Die Öffentlichkeit befand sich in weitgehender Übereinstimmung mit dieser Haushaltspolitik(11).

Die nicht mehr so stark wachsenden Verteidigungsanstrengungen führten zu beträchtlichen Irritationen im Verhältnis zu den Vereinigten Staaten, die gerade zu dieser Zeit unter Präsident Reagan zu einem großen Aufrüstungsprogramm ansetzten, um - so das Argument - den von der Sowjetunion gewonnenen Vorsprung wieder wettzumachen. In der Folgezeit kam es zu scharfen Auseinandersetzungen mit Argumenten, die manchmal richtig, oft aber auch falsch waren. Auf amerikanischer Seite wurden, vor allem im Kongreß, Stimmen laut, die einer Reduzierung der amerikanischen Präsenz in der Bundesrepunlik das Wort redeten, weil - wie behauptet wurde - die Deutschen ja selbst nicht mehr daran interessiert seien, sich zu verteidigen, und im übrigen dabei seien, sich den Russen kampflos auszuliefern -, etwa durch das Gas-Röhren-Geschäft. Von deutscher Seite wurde auf die Haushaltsschwierigkeiten verwiesen, wobei man argumentierte, daß eine stabile Wirtschaft Vorbedingung für eine stabile Gesellschaft und damit auch für eine stabile Politik sei und einen wichtige Fundierung der Sicherheitspolitik darstelle. Die Bundesregierung betonte außerdem, daß die Bundesrepublik in statistisch nur schwierig berechenbarer Weise zu den gemeinsamen Verteidigungsanstrengungen beitrage, z.B. durch die allgemeine Wehrpflicht, mit deren Hilfe umfangreiche Reserveeinheiten aufgestellt werden könnten, oder auch durch die Wirtschaftshilfe - insbesondere an den

11 "Gibt Ihrer Meinung nach die Bundesrepublik viel zu viel, zuviel, gerade richtig, zu wenig oder viel zu wenig Geld für die Verteidigung aus?"

	1967	1969	1971	1973	1975	1977	1979	1980	1981	1982	1983	1984
(Viel) zuviel	41%	31%	38%	35%	38%	27%	27%	22%	34%	34%	35%	39%
Richtig	37	36	46	39	42	50	59	58	52	54	52	50
(Viel) zu wenig	8	16	12	10	10	12	10	17	14	10	12	9

Quelle: EMNID, Meinungsbild 1984, S. 27.

NATO-Partner Türkei(12). Auch die kostenlose Bereitstellung von Grund und Boden für die Streitkräfte der Verbündeten spielte in dieser Argumentation eine wichtige Rolle.

Die unmittelbaren Auseinandersetzungen um eine gerechtere Lastenverteilung innerhalb des Bündnisses klangen, nach einer Beruhigung der Stimmung im Kongreß, allmählich wieder ab. Dennoch blieb eine Reihe von schwierigen Problemen auf der politischen Tagesordnung(13). So liegt z.B. seit November 1980 eine Forderung der USA vor, amerikanische Truppen in neue Bereitstellungsräume näher an der Grenze zu verlegen. Dies käme deutschen Wünschen nach einer effektiveren Vorneverteidigung entgegen, würde aber kostspielige Bodenbeschaffungs- und Neubauprogramme voraussetzen und damit auch zu besseren Unterkünften für die amerikanischen Truppen führen, die zum größten Teil in ehemaligen Wehrmachtskasernen untergebracht sind, während sich die Bundeswehr vieler moderner Einrichtungen erfreut. Die Bundesregierung hat es angesichts ihrer Haushaltsschwierigkeiten bisher abgelehnt, diesem Vorhaben ihre Zustimmung zu geben.

Die Bundesrepublik sieht sich ohnehin mit weiteren kostspieligen Problemen konfrontiert. Die allseits angestrebte Stärkung der konventionellen Verteidigung, die technisch hochentwickelte und daher entsprechend teure Waffensysteme erfordert, übersteigt die Haushaltsmöglichkeiten der

[12] Der frühere Bundeskanzler Schmidt argumentiert seit einiger Zeit, daß die Wirtschafts- und Entwicklungshilfe des Westens als "drittes Bein" westlicher Sicherheitspolitik verstanden werden solle, da die instabilen Verhältnisse in der dritten Welt eine Bedrohung des Friedens (und eine Einladung an die Sowjets, ihren Einfluß auszudehnen) darstellten, diese Probleme aber nur mit politischen und wirtschaftlichen, nicht mit militärischen Mitteln gelöst werden könnten. Zu dieser "Dreifach-Strategie" der NATO siehe u.a. "SPD-Fraktion fordert Verhandlungskompromiß in Genf", SZ, 3. Juni 1983, S. 6.

[13] Siehe hierzu Helga Haftendorn, "Die Zukunft der amerikanischen militärischen Präsenz in Europa", Europa-Archiv, 25. Oktober 1983, S. 639-648.

Bundesrepublik beträchtlich(14). Dieses Problem wird zusätzlich verstärkt durch den "Pillenknick"-bedingten bevorstehenden Mangel an Jugendlichen, die zum Wehrdienst eingezogen werden können. Sämtliche Lösungsmöglichkeiten zur Behebung dieses Problems - Verlängerung des Wehrdienstes (inzwischen beschlossen), Aufnahme von Frauen in die Bundeswehr, Rekrutierung jugendlicher Ausländer oder Anhebung des Anteils der Freiwilligen - sind mit erheblichen Mehrausgaben sowie mit politischen Problemen verbunden(15). Die Bundeswehr wird deshalb allergrößte Schwierigkeiten haben, ihren Personalbestand von heute knapp 500 000 aktiven Soldaten auch in den neunziger Jahren zu halten. Für die Finanzierung aufwendiger neuer Waffensysteme - vor allem auch, wenn sie wegen ihres hohen technologischen Entwicklungsstandes vorwiegend in den USA gekauft werden müßten(16) -, bleibt ihr daher wenig Spielraum.

Die Schwierigkeiten der Regierung Kohl, die Verteidigungsausgaben zu erhöhen, lassen erkennen, daß eine Wachstums-

[14] Im Frühjahr 1984 kam es innerhalb der NATO zu erheblichen Differenzen über ein Programm zur Verbesserung der konventionellen Infrastruktur. Der NATO-Oberbefehlshaber forderte hierfür Ausgaben in Höhe von DM 41 Mrd, der amerikanische Verteidigungsminister in Höhe von DM 28 Mrd für die Zeit bis 1990. Bundesverteidigungsminister Wörner plädierte anfangs für knapp 15 Mrd DM an Ausgaben, erhöhte dann aber sein Angebot auf 16,8 Mrd (wovon die Bundesrepublik nach einem festgelegten Schlüssel DM 4,5 Mrd hätte aufbringen müssen). Siehe "Wörner bietet höheren NATO-Beitrag an" und "Keine Einigung über NATO-Infrastruktur", SZ, 17. Mai 1984, S. 2, und 18. Mai 1984, S. 5; "Bonn will NATO mehr Geld geben", F(rankfurter) R(undschau), 20. September 1984, S. 1; "Vor einer deutsch-amerikanischen Einigung über das NATO-Infrastrukturprogramm?", FAZ, 20. September 1984, S. 2.

[15] Siehe hierzu den konzisen Überblick von Alexander Szandar, "Wörner und die Horrorkurve", SZ, 7. Januar 1984, S. 8, der Wörners Finanzklemme folgendermaßen beschreibt: "Ist die Konjunktur schlecht, lassen die notwendigen Sozialausgaben eine Ausweitung des Wehretats nicht zu. Ist die Konjunktur gut, braucht er das zusätzlich verfügbare Geld, um attraktiven Sold und Prämien für den Wettbewerb mit der Industrie zu finanzieren."

[16] Die europäischen Bündnispartner der NATO vermuten hinter amerikanischen Forderungen nach hochtechnologisierten Waffensystemen Bemühungen der USA, auch weiterhin im Waffengeschäft führend zu bleiben; sieben Achtel des gesamten NATO-Rüstungsmaterials wurden 1984 in den USA produziert. Die europäischen Bündnispartner streben daher eine effizientere europäische Waffenproduktion und verstärkte amerikanische Waffeneinkäufe in Europa an. (Siehe "Europäer wollen größeren Anteil an der NATO-Rüstung", SZ, 16. Mai 1983, S. 2.)

verminderung des Verteidigungsetats nicht unbedingt eine Auswirkung des politischen Einflusses sowjetischer Militärmacht darstellt. Zunächst einmal ist der Umfang der Verteidigungsausgaben das Ergebnis haushaltspolitischer Abwägungen und nicht Indikator für den Erfolg äußerer Einschüchterungsbemühungen oder - wie umgekehrt auch gerne behauptet wird - Resultat eines eingeschläferten Sicherheitsbewußtseins. Sollten die Vereinigten Staaten weiterhin von der Bundesrepublik erwarten, daß sie dem amerikanischen Beispiel folgt und unter anderem Sozialprogramme kürzt, um die Verteidigungsausgaben erhöhen zu können, würden Kontroversen um eine faire Verteilung der Lasten des Bündnisses unvermeidbar bleiben(17).

Abschreckung und Verteidigung

Einer der Gründe für das Zögern der Bundesrepublik, ihre Verteidigungsausgaben für den konventionellen Bereich beträchtlich zu erhöhen, ist in der für die westdeutsche Sicherheitspolitik grundlegenden Überzeugung zu suchen, daß die Verhinderung jeglichen Krieges durch Abschreckung Vorrang vor Vorbereitungen auf die mögliche Führung eines konventionellen Krieges haben muß. Dieser Grund wird nicht immer offen angesprochen(18), bestimmt aber letztlich das

[17] Wieweit die Perzeptionen der amerikanischen und westdeutschen Öffentlichkeiten in der Frage des "burden sharing" auseinanderliegen, zeigte eine internationale Umfrage, die im Oktober 1982 vom Atlantic Institute in Paris in Zusammenarbeit mit der International Herald Tribune durchführt wurde. Gefragt, ob die USA einen gerechten Anteil der Verteidigungslasten des Bündnisses trügen, meinten 66% der Amerikaner, er sei zu hoch, während 61% der Westdeutschen glaubten, er sei gerade richtig. Auf den westeuropäischen Anteil angesprochen, behaupteten 68% der Amerikaner, er sei zu gering, während 59% der Westdeutschen überzeugt waren, er sei genau richtig. (IHT, 25. Oktober 1982, S. 1.)

[18] Der frühere Generalinspekteur der Bundeswehr, Ulrich de Maizière, führte diesen Punkt seiner amerikanischen Leserschaft allerdings in aller Deutlichkeit vor Augen: "Germans see in deterrence the most effective means for the prevention of war and thus the central substance of the common strategy. All measures that can serve and enhance deterrence must accordingly receive priority not only in political but also in military planning... Priority should be given not so much to the question how Germany can best be defended, but rather to the question how the deterrence can best be enhanced and thereby peace in freedom be sustained." "How Can Germany Best Be Defended?", in Shub (Hg.), Germany, S. 8, 11.

sicherheitspolitische Denken in der Bundesrepublik(19).

Die entscheidende Frage ist natürlich, wie das Ziel der Abschreckung besser erreicht werden kann: durch die Drohung mit dem Einsatz nuklearer Waffen oder durch ausreichende Vorbereitungen auf eine konventionelle Verteidigung(20). Diese Frage bildete schon immer den Kernpunkt der Auseinandersetzungen innerhalb des Bündnisses um eine angemessene Strategie. Es ist die Frage, in der nicht nur die Experten, sondern auch die Öffentlichkeit tief gespalten sind. Dieser Umstand muß nicht unbedingt, wie manche Beobachter meinen, ein letztlich gefährliches Legitimationsdefizit westdeutscher Sicherheitspolitik bedeuten(21); es kann einfach darauf hinweisen, daß in dieser Frage schlüssige Antworten nicht möglich sind und die Öffentlichkeit deshalb bereit ist - und sei es auf dem Wege der Verdrängung -, mit Unsicherheiten und Widersprüchlichkeiten in der Sicherheitspolitik zu leben.

[19] Zu den sicherheitspolitischen Vorstellungen der Experten in der Bundesrepublik siehe Wolf-Dieter Eberwein, "Sicherheit aus deutscher Sicht: Macht und Abhängigkeit", in Wolf-Dieter Eberwein und Catherine M. Kelleher (Hg.), Sicherheit zu welchem Preis? Die Zukunft der westlichen Allianz (München: Olzog, 1983), S. 103-126; sowie vom gleichen Autor "Sicherheitspolitik in der Krise", DGFK-Informationen, Dezember 1983, S. 44-48.

[20] Für eine kritische Übersicht über jüngste Auseinandersetzungen mit diesem alten Thema siehe Samuel P. Hungtington, "Conventional Deterrence and Conventional Retaliation in Europe", International Security, Winter 1983/1984, S. 32-56. Huntington kommt hier zu dem Ergebnis, daß eine Abschreckung mit konventionellen Mitteln nur möglich ist, wenn die Fähigkeiten für einen konventionellen Gegenschlag - also offensive Kapazitäten - vorhanden sind.

[21] Siehe hierzu Rolf Richter, "Legitimitätsdefizite der Bundeswehr? Eine Interpretation empirischer Umfrageergebnisse", in Wolfgang R. Vogt (Hg.), Sicherheitspolitik und Streitkräfte in der Legitimitätskrise. Analysen zum Prozeß der Delegitimierung des Militärischen im Kernwaffenzeitalter (Baden-Baden: Nomos, 1983), S. 167-204.

Wenn, wie es gängiger westdeutscher sicherheitspolitischer Argumentation entspricht, eine konventionelle Verteidigung allein nicht wünschenswert ist, weil auch ein konventioneller Krieg auf deutschem Boden das Land verwüsten würde, oder wenn sie angesichts geographischer Faktoren und damit verbundener sowjetischer Überlegenheit von zweifelhafter Wirksamkeit ist, wie ein beträchtlicher Teil der Öffentlichkeit meint (siehe Tabellen 52 und 53), dann muß sich die Abschreckung - von deren Möglichkeit man weitgehend überzeugt ist (Tabelle 54) - auf die Drohung mit dem Einsatz nuklearer Waffen stützen(22). Da der Bundesrepublik der Zugang zu Nuklearwaffen verwehrt ist und sie im übrigen auch kein Bedürfnis danach verspürt, die nuklearen Streitkräfte Frankreichs und Großbritanniens aber keine glaubhafte Alternative darstellen, bleibt der Bundesrepublik keine andere Wahl, als sich auf die nuklearen Garantien der Vereinigten Staaten zu verlassen. Die Lasten einer wirksamen Abschreckungsstrategie werden damit auf doppelte Weise den USA aufgebürdet. Erstens sehen sie sich, um ihre Garantie glaubhaft machen zu können, verpflichtet, im Falle eines Angriffs notfalls Nuklearwaffen einzusetzen, entsprechend ausgerüstete Truppen in Europa zu unterhalten - Truppen, die bei einem Angriff sofort in die Kampftätigkeiten verwickelt werden würden. Zweitens aber müssen die Vereinigten Staaten bereit sein, im Falle der Anwendung von nuklearen Waffen die eigene Zerstörung durch sowjetische Ge-

[22] Das erste Verteidigungsweißbuch der Regierung Kohl führte hierzu folgendes aus: "Ein Krieg zwischen NATO und Warschauer Pakt könnte nur durch eine bewußte politische Entscheidung der sowjetischen Führung ausgelöst werden. Bei Abwägung zwischen Erfolgsaussichten und Schadensrisiko wäre eine Erfolgsaussicht für die Sowjetunion nur unter der Vorstellung eines ausschließlich konventionellen Krieges denkbar. Die auf beiden Seiten vorhandenen Nuklearwaffen sowie die Verknüpfung von konventioneller und nuklearer Abschreckung auf seiten des Westens lassen eine solche Möglichkeit auch aus sowjetischer Sicht als wenig wahrscheinlich erscheinen. Durch die nukleare Abschreckung hat die Frage nach der Möglichheit und der Wahrscheinlichkeit eines Krieges eine andere politische und militärstrategische Dimension erhalten." Bundesminister der Verteidigung, Weißbuch 1983. Zur Sicherheit der Bundesrepublik Deutschland, S. 115.

Tabelle 52: "Angenommen, die Russen und die Volksarmee der DDR greifen uns an: Glauben Sie, daß die NATO einschließlich der Bundeswehr stark genug ist, um uns dagegen wirksam zu schützen, oder würden uns die Russen Ihrer Meinung nach überrollen?"

	1962	1967	1968	1969	1970	1971	1972	1973	1974	1975	1976	1977	1978	1979	1980	1981	1982	1983	1984
Stark	31%	36%	34%	36%	26%	49%	37%	39%	38%	34%	33%	40%	48%	51%	51%	49%	55%	49%	52%
Schwach	29	42	44	46	51	45	42	35	37	44	41	39	47	44	44	48	43	47	46
K. Antw.	40	22	22	19	23	6	22	26	25	22	26	21	5	4	5	3	1	3	2

Quelle: EMNID, Meinungsbild 1984, S. 13.

Tabelle 53: "Angenommen, die Russen würden einen Krieg anfangen - glauben Sie, daß wir heute mit der NATO zusammen genug Truppen haben und genug gerüstet sind, um einen russischen Angriff abzuwehren und die Russen nicht hereinzulassen, oder könnten wir uns im Ernstfall gegen die Russen nicht verteidigen?"

	9/1971	4/1976	9/1979	2/1980	5/1981	12/1982
Könnten uns nicht verteidigen	37%	29%	31%	35%	41%	32%
Genug gerüstet	27	26	27	33	25	34
Weiß nicht	36	45	42	32	34	34

Quelle: Noelle-Neumann, Jahrbuch 1983, S. 628.

Tabelle 54: "Wenn jemand sagt, ein Angriff aus dem Osten kann am besten durch Abschreckung verhindert werden, wenn der Westen selbst ausreichend gerüstet ist: Würden Sie dem zustimmen oder nicht zustimmen?"

	2/1976	1/1978	9/1979	7/1981	1/1982	11/1982
Zustimmen	58%	58%	55%	53%	47%	55%
Nicht zustimmen	23	22	21	22	26	25
Kein konkretes Urteil	19	20	24	25	27	21

Quelle: Noelle-Neumann, Jahrbuch 1983, S. 630.

genangriff in Kauf zu nehmen, eine Gefahr, die erst mit der Herstellung eines Gleichgewichts der strategischen Nuklearstreitkräfte gegen Mitte der sechziger Jahre auftrat. Charles de Gaulle bezweifelte diese Bereitschaft der USA und setzte deshalb auf den Aufbau eigener Nuklearstreitkräfte. Henry Kissinger bestätigte 1979 in einer vielbeachteten Rede die einstigen Zweifel des französischen Präsidenten(23).

Angesichts solcher Zweifel scheint es verständlich, daß die Vereinigten Staaten - um ihre eigene Last zu vermindern, aber auch, um die Abschreckung wieder, zumindest aus ihrer Sicht, glaubhaft zu machen - ein starkes Interesse an einer Verstärkung konventioneller Verteidigungsanstrengungen haben. Die Bundesrepublik kann sich jedoch eine Verteidigung, die allein auf konventionellen Kräften aufgebaut ist, nicht leisten. Die abschreckende Wirkung wäre aller Wahrscheinlichkeit nach geringer, der militärische Druck der Sowjetunion mit der Drohung selbst eines konventionellen Krieges daher stärker. Finanziell und politisch würde eine ausschließlich konventionelle Verteidigungsstrategie die Kräfte der Bundesrepublik überfordern, denn sie würde Maßnahmen voraussetzen - wie etwa Vorbereitungen für eine offensive Kriegführung oder voll ausgebaute Verteidigungsanlagen an der Grenze -, deren Durchführung zur Zeit noch weit außerhalb jeglichen sicherheitspolitischen Konsenses liegt(24).

[23] Henry A. Kissinger, "The Future of NATO", in: Kenneth A. Myers (Hg.), NATO, The Next Thirty Years: The Changing Political, Economic and Military Setting (Boulder, Col.: Westview, 1980), S. 7f.

[24] So unterliegen z.B. Vorbereitungen für eine offensive Kriegführung selbst konventioneller Art möglicherweise dem Verbot des Grundgesetzes, das allein Maßnahmen zur Verteidigung erlaubt; mit der Doktrin der Vorneverteidigung (d.h. der Verteidigung direkt an der Grenze) hat die Bundesrepublik dieser Einschränkung Rechnung getragen. Der Ausbau von Verteidigungsanlagen an der innerdeutschen Grenze verbietet sich allein deshalb, weil die Bundesrepublik diese Grenze nicht auch noch buchstäblich verzementieren möchte. (Huntington hält diesem Argument entgegen, daß Vorbereitungen zur militärischen Befreiung der DDR solchen Verteidigungsanlagen ihre grenzerhaltende Symbolik nehmen würden. Siehe "Conventional Deterrence", S. 53.)

Die gegensätzlichen Interessen der USA und der Bundesrepublik hinsichtlich Verteidigung und Abschreckung brachen bereits in den frühen sechziger Jahren auf. Damals verständigte man sich in einem langwierigen Abstimmungsprozeß auf einen Kompromiß, der 1967 von der NATO als offizielle Strategie angenommen wurde. Dieser Kompromiß heißt "flexible response": flexible Reaktion. Im Gegensatz zur ursprünglichen Doktrin der "massiven Vergeltung", will man sich gegen einen konventionellen Angriff nun zuerst mit konventionellen Mitteln zur Wehr setzen; erst wenn sich herausstellen sollte, daß ein Angriff konventionell nicht mehr aufgehalten werden kann, kann der - zunächst sehr vorsichtig dosierte - Einsatz nuklearer Waffen erfolgen. Diese Strategie beruht auf der Erwartung, daß die Sowjetunion durch den angedrohten Einsatz nuklearer Waffen überhaupt von einem Angriff oder nach einem begonnenen Angriff von einer weiteren Eskalation der Kampfhandlungen abgeschreckt wird, da sie eine Ausweitung zu einem Nuklearkrieg befürchten muß. Umgekehrt aber herrscht bei manchen Beobachtern die Befürchtung vor, daß angesichts nicht mehr vorhandener "Eskalationsdominanz" des Westens - d.h. der Fähigkeit, jeden Schritt auf der Eskalationsleiter selbst bestimmen zu können - die Vereinigten Staaten nunmehr selbst abgeschreckt sein könnten, nukleare Waffen zum Einsatz zu bringen. Ist aber eine solche Selbstabschreckung vorhanden, kann es keine wirksame Abschreckung des Gegners mehr geben. Aufgrund dieser Überlegungen ist es in den letzten Jahren zu neuen Auseinandersetzungen über die richtige Strategie der NATO gekommen. Prominente amerikanische Stimmen plädieren dafür, die NATO solle einen einseitigen Verzicht auf den Ersteinsatz nuklearer Waffen aussprechen, was allerdings eine Aufrüstung im konventionellen Bereich impliziert(25). Ähnlich prominente deutsche Sprecher be-

[25] Siehe u.a. McGeorge Bundy, George F. Kennan, Robert S. McNamara und Gerard Smith, "Nuclear Weapons and the Atlantic Alliance", Foreign Affairs, Frühjahr 1982, S. 753-768.

stehen auf einer Beibehaltung der Option des Ersteinsatzes(26). Zwischen den Regierungen der beiden Länder herrscht in dieser Frage hingegen weitgehende Übereinstimmung. Die nukleare Schwelle in Europa soll angehoben werden, indem Fähigkeiten für konventionelle Luftangriffe auf nachfolgende Kampfeinheiten im Raum des Gegners bereitgestellt werden. Dadurch kann die Zahl der in Europa zur Verfügung stehenden Nuklearwaffen der USA weiter reduziert werden - auf 4 600 bis 1 988. Ein entsprechender Beschluß wurde von der NATO im Herbst 1984 gefaßt. Aber die Doktrin der flexiblen Reaktion wird dadurch nicht aufgegeben. Für diesen nunmehr fast zwanzig Jahre alten Kompromiß gibt es nach wie vor keine glaubhafte Alternative(27).

Die Flut an Argumenten für oder gegen ein neues sicherheitspolitisches Konzept für die Bundesrepublik war zeitweise so angeschwollen und ihr Inhalt zugleich so komplex, kontrovers und widersprüchlich, daß die Öffentlichkeit zu einem großen Teil nur mit Verwunderung und Verwirrung, wohl aber auch mit Aufregung reagieren konnte. Im allgemeinen pflegt die westdeutsche Öffentlichkeit einen "Vogel-Strauß-Kom-

[26] Siehe u.a. Karl Kaiser, George Leber, Alois Mertes und Franz-Josef Schulze, "Nuclear Weapons and the Preservation of Peace: A German Response", Foreign Affairs, Sommer 1982, S. 1157-1170.

[27] Hinsichtlich der beiden Alternativen zur Strategie der flexiblen Reaktion führte das Weißbuch 1983 folgendes aus: "Der Schritt zurück zu den Vorstellungen der Massiven Vergeltung kann weder den Vereinigten Staaten zugemutet werden noch schafft er unter den Bedingungen nuklear-strategischer Parität zwischen den USA und der Sowjetunion glaubwürdige nukleare Abschreckung in Europa, weil die Vereinigten Staaten bei einem Angriff auf Europa, der nicht mit konventionellen Mitteln abgefangen werden könnte, von vornherein in Kauf nehmen müßten, selbst vernichtet zu werden. Eine ausschließlich konventionelle Verteidigung Europas hingegen würde die Verbindung zum strategischen Potential der Vereinigten Staaten lösen und damit das stärkste Instrument der Abschreckung, das dem Aggressor mit unakzeptablem Schaden droht, aus der Hand geben. Eine Strategie, deren Ziel es ist, einen Krieg durch Abschreckung zu verhindern, kann in Anbetracht der realen Bedrohung weder auf Nuklearwaffen verzichten noch auf die Drohung, diese Waffen im äußersten Notfall auch einzusetzen." (S. 150) Diese Perspektive wird, wie Eberwein ausführt, von der sicherheitspolitischen Elite der Bundesrepublik weitgehend geteilt ("Sicherheit aus deutscher Sicht", S. 119). Für eine zusammenfassende Darstellung der NATO-Strategie und ihrer Implikationen siehe K.-Peter Stratmann, NATO-Strategie in der Krise? Militärische Optionen von NATO und Warschauer Pakt in Mitteleuropa (Baden-Baden: Nomos, 1981).

plex": Konfrontiert mit den Dilemmata konventioneller Verteidigung und nuklearer Abschreckung, deren Konsequenzen im Falle eines Scheiterns in der Tat kaum mehr faßbar sind, zieht sie es vor, über diese Probleme nicht mehr nachzudenken. Die große Zahl an "weiß-nicht"-Antworten in entsprechenden Umfragen ist nur ein Indikator hierfür. Gelegentlich jedoch sieht sich die Öffentlichkeit diesen Problemen besonders heftig ausgesetzt, und sei es nur durch die Aktivitäten einer nachfolgenden Generation, die erst noch lernen muß, daß die Dilemmata der nuklearen Abschreckung keine einfachen Antworten erlauben, oder durch die so herausgeforderten Reaktionen der Regierung, die versuchen muß, das Undenkbare dennoch politisch plausibel zu machen(28).

Eine solche Entwicklung war in den vergangenen Jahren eingetreten, nachdem der Doppelbeschluß der NATO - eine bestimmte Anzahl von Mittelstreckenraketen in Europa aufzustellen, es sei denn, die Sowjtunion stimmte beiderseitigen Einschränkungen auf dem Verhandlungswege zu -, zu intensiven politischen Auseinandersetzungen geführt hatte. Die öffentliche Diskussion ging bald über die Frage hinaus, ob es einer solchen Nachrüstung überhaupt bedürfe, sei es, um das militärische Gleichgewicht in Europa wieder herzustellen, sei es, um die Sowjetunion zu sinnvollen Rüstungskontrollvereinbarungen zu bewegen, oder sei es auch, um den Nachweis zu führen, daß die NATO angesichts sowjetischer Gegenmaßnahmen in der Lage ist, einmal getroffene Entscheidungen auch durchzuführen. Darüber waren auch ernstzunehmende Experten geteilter Meinung. Die öffentliche Kontro-

[28] Ähnlich argumentiert auch Richter, "Legitimitätsdefizite der Bundeswehr?", S. 181.

verse konzentrierte sich bald auf die Frage nach der moralischen Qualität der nuklearen Abschreckung. Die Kirchen, aber auch manche Laien(29), veröffentlichten zu dieser Frage umfangreiche Dokumente, in denen einer Strategie der Abschreckung nur bedingt und allenfalls für die nächsten Jahre zugestimmt wurde. Eine wachsende Friedensbewegung, teilweise unterstützt von der SPD, die neue sicherheitspolitische Konzepte entwickelte(30), bewies mit ihren großen, aber friedlichen Demonstrationen, daß viele Bürger der Bundesrepublik, für "den Frieden" und gegen die Nachrüstung mobilisierbar waren. Das Eintreten der bundesdeutschen Öffentlichkeit für die Aufrechterhaltung einer Strategie der Abschreckung geriet dadurch in Zweifel. Die Grundlagen der westlichen Allianz schienen in Gefahr. Eine detailliertere Analyse der Entwicklungen der öffentlichen Meinung zeigt allerdings, daß die Einstellungen zu diesen Fragen sich in der Öffentlichkeit im Verlauf der Zeit nur wenig verändert haben; lediglich ihre Intensität mag zeitweise stärker geworden sein.

Die bisher hinreichend dokumentierte solide Zustimmung der Öffentlichkeit zur Mitgliedschaft in der NATO, zur Anwesenheit amerikanischer Truppen in der Bundesrepublik und zur Bundeswehr weist zunächst darauf hin, daß man mit den Grundbedingungen bundesrepublikanischer Sicherheitspolitik weit-

[29] Einer der Bestseller der Friedensdiskussion war das Buch des Fernsehjournalisten Franz Alt, Frieden ist möglich - Die Politik der Bergpredigt (München: Piper, 1983). Das Institut für Demoskopie Allensbach fühlte sich wohl durch diesen Erfolg angeregt, im April 1983 die Frage zu stellen, ob man sich im politischen Leben so verhalten solle, wie es in der Bergpredigt steht, "also keinen Widerstand leisten und die andere Wange hinhalten"; nur 6% traten für ein solches Prinzip ein, während 74% meinten, man sollte sich in der Politik nicht so verhalten. (Noelle-Neumann, Jahrbuch 1983, S. 645.)

[30] Das von der SPD auf dem Parteitag im Mai 1984 verabschiedete neue sicherheitspolitische Konzept sieht als langfristiges Ziel die Überwindung der nuklearen Abschreckungspolitik ohne Ausbau der konventionellen Kapazitäten vor. (Zu den Auseinandersetzungen hierzu siehe "Die SPD läßt die Strategie der atomaren Abschreckung nicht gelten", FAZ, 21. Mai 1984, S. 2.)

gehend einverstanden ist. Wäre dies nach all diesen Auseinandersetzungen nicht mehr der Fall, müßten sich auch diese Grundeinstellungen drastisch verändert haben. Möglicherweise läßt sich auch aus der zunächst widersprüchlich erscheinenden Haltung, daß man die NATO insgesamt nur begrenzt für in der Lage hält, einen sowjetischen Angriff abzuwehren (Tabellen 52, 53), umgekehrt aber meint, die Bundeswehr selbst sei für ihre Aufgaben genügend stark bewaffnet (Tabelle 1), und schließlich sogar bereit ist, für die als notwendig erachtete Präsenz amerikanischer Truppen, die ja mit Nuklearwaffen ausgerüstet sind(31), finanzielle Leistungen zu erbringen (Tabellen 55, 56), eine gewisse Zustimmung zum Konzept der flexiblen Reaktion mit der Androhung des Einsatzes nuklearer Waffen im äußersten Notfall ablesen. Stellt man die Frage nach der atomaren Abschreckung jedoch direkt, zeigt sich, daß die Öffentlichkeit tief gespalten ist (Tabelle 57). Das Konzept der flexiblen Reaktion stößt - direkt gefragt - nur auf geringe Zustimmung(32).

In dieser Haltung spiegelt sich das grundsätzliche Dilemma der nuklearen Abschreckung - das man glaubhaft eine be-

[31] Auf die Frage. welche Auswirkungen die Anwesenheit amerikanischer Nuklearwaffen in Westeuropa hätten, äußerten im Februar 1982 41%, sie würden größere Sicherheit gewährleisten, während 27% befürchteten, sie würden die Möglichkeit eines sowjetischen Angriffs verstärken; 32% sahen keine Auswirkungen bzw. wollten keine Antwort geben. Mit dieser positiven Einstellung gegenüber der Stationierung amerikanischer Nuklearwaffen lagen die Bundesdeutschen weit vor den Engländern, den Franzosen und den Belgiern. (Umfragen von EMNID für Gallup/Newsweek, 15. März 1982, zitiert nach Russett/Deluca, "Theater Nuclear Forces", S. 192.

[32] Im Juli 1981 unterstützten hinsichtlich der Frage, unter welchen Umständen Nuklearwaffen der NATO zum Einsatz gebracht werden sollten, lediglich 17% die Formulierung: "um sich zu verteidigen, wenn ein konventioneller sowjetischer Angriff die Streitkräfte der NATO zu überrollen droht." 37% sprachen sich für den Einsatz nuklearer Waffen als Reaktion auf einen sowjetischen Angriff mit Nuklearwaffen aus, 29% lehnten jeglichen Gebrauch von Nuklearwaffen unter allen Umständen ab. Auch in dieser Umfrage zeigten sich die Westdeutschen aufgeschlossener gegenüber dem Gebrauch von Atomwaffen als andere Europäer. (Zitiert nach Russett/Deluca, "Theater Nuclear Forces", S. 194.)

Tabelle 55: "Wären Sie alles in allem für einen Abzug bzw. Teilabzug der Amerikaner aus der Bundesrepublik oder sind Sie dagegen, daß die Amerikaner abziehen?"

	1970	1971	1972	1973	1974	1975	1976	1977	1978	1979	1980	1981	1982	1983	1984
Für (Teil)Abzug	22%	29%	25%	23%	14%	18%	15%	13%	14%	18%	15%	19%	19%	25%	27%
Gegen Abzug	60	70	54	54	63	58	58	65	83	77	82	80	79	73	73
Keine Antwort	18	1	21	23	23	24	27	22	3	4	3	1	2	2	-

Quelle: EMNID, Meinungsbild 1984, S. 43.

Tabelle 56: Gefragt von denjenigen, die gegen einen Abzug amerikanischer Truppen sind: "Angenommen, der Abzug der Amerikaner wird doch erörtert. Sollten wir dann einen gewissen oder einen großen finanziellen Beitrag dafür anbieten, daß wir unverändert amerikanische Truppen im Land behalten können, oder sind Sie gegen einen solchen Beitrag?"

	1970	1971	1972	1973	1974	1975	1976	1977	1978	1979	1980	1981	1982	1983	1984
Großen Beitrag	9%	10%	8%	13%	12%	9%	13%	9%	11%	11%	13%	8%	10%	10%	12%
Gewissen Beitrag	50	68	64	62	64	62	59	61	61	59	59	59	55	57	50
Keinen Beitrag	21	22	22	18	15	23	20	24	26	29	28	31	34	31	37
Keine Antwort	20	0	6	7	8	6	8	6	2	1	1	2	1	2	1

Quelle: EMNID, Meinungsbild 1984, S. 44.

Tabelle 57: Nukleare Abschreckung

August / September 1983	trifft zu	nicht zu	weder noch
"Es ist vor allem der atomaren Abschreckung zu verdanken, daß wir in Westeuropa in den letzten 30 Jahren von der Sowjetunion nicht angegriffen wurden."	43%	37	19
"Auch in absehbarer Zukunft kann die Sicherheit der Bundesrepublik und Westeuropas vor einem Angriff der Sowjetunion nur durch die atomare Abschreckung erhalten bleiben."	34%	42	25
"Der Verzicht der NATO auf atomare Abschreckung in Europa würde die Gefahr eines k o n v e n t i o n e l l e n Krieges vergrößern."	32%	34	34

Quelle: SINUS, Sicherheitspolitik, S. 35.

stimmte Maßnahme androhen muß, die man, wenn sie tatsächlich notwendig werden sollte, auf keinen Fall vollziehen möchte - deutlich wider. Der weitaus größte Teil der Bevölkerung ist grundsätzlich dafür, daß sich die Bundesrepublik gegen einen Angriff verteidigt und eine Unterwerfung unter die sowjetische Herrschaft nicht hinnimmt(33). Zwar ist die persönliche Verteidigungsbereitschaft nicht so deutlich ausgeprägt (Tabelle 58), aber sie entspricht im großen und ganzen der allgemeinen Zustimmung zur Verteidigung mit militärischen Mitteln. Die Verteidigungsbereitschaft beginnt zu schwinden, wenn in der Frage darauf verwiesen wird, daß sich die Auseinandersetzungen auf deutschem Boden konzentrieren würden; und sie ist kaum mehr vorhanden, wenn der potentielle Einsatz nuklearer Waffen unterstellt wird (Tabelle 59). Die Verteidigung demokratischer Freiheit auf Kosten der Gefahr eines Atomkrieges findet jedenfalls seit Jahren nur eine geringe Zahl von Befürwortern (Tabelle 60).

Der Einsatz nuklearer Waffen wird von der Öffentlichkeit seit jeher abgelehnt(34). Stellt diese Ablehnung zugleich

[33] Im Februar 1982 antworteten in der EMNID/Newsweek-Umfrage 74% zustimmend auf die Frage, ob man zur Verteidigung des Landes kämpfen solle; 19% meinten, es sei besser, sich angesichts der Schrecken moderner Kriege der Sowjetunion zu unterwerfen. (Zitiert nach Russett/Deluca, "Theater Nuclear Forces", S. 189.) Das Bundesverteidigungsministerium ließ im September 1983 EMNID die interessante Frage stellen: "Sie haben sicher schon Aufkleber der Friedensbewegung gesehen, auf denen steht: 'Stell Dir vor, es ist Krieg, und keiner geht hin.' Einmal angenommen, daß die Bundesrepublik tatsächlich angegriffen würde: Was hielten Sie dann von dieser Aufforderung?" Für eine Verteidigung plädierten 79%, nur 18% stimmten für diese Aufforderung der Friedensbewegung. (EMNID, Einstellungen zur Sicherheitspolitik. Bielefeld, September 1983, S. 37.)

[34] "The West European populace, however, has long-standing doubts on the wisdom of using or of threatening to use nuclear weapons in Europe. Indeed, these doubts have mounted over the years. Repeated surveys in all major European countries found extreme skepticism toward fighting a nuclear war even two and three decades ago. Except for the first two surveys in Britain, in virtually no case was there a net approval (percentage approving minus percentage disapproving) for a first use of nuclear weapons even if NATO forces were being overrun. The longer NATO has relied on a 'first use' posture, the more negative attitudes have become." (Russett/Deluca, "Theater Nuclear Forces", S. 194.)

Tabelle 58: "Wie würden Sie sich bei einem bewaffneten Angriff auf die Bundesrepublik verhalten? Würden Sie mit der Waffe kämpfen, würden Sie, wenn Sie nicht ausgebildet sind, irgendwie kämpfen und sich wehren oder würden Sie beides ablehnen?"

	1969	1971	1972	1973	1974	1975	1976	1977	1978	1979	1980	1981	1982	1983	1984
Mit Waffe kämpfen	37%	41%	32%	34%	14%	14%	15%	17%	18%	20%	21%	23%	19%	18%	19%
Sich wehren	25	30	23	27	29	28	30	32	37	37	39	39	45	43	42
Lehnen beides ab	26	26	32	30	37	36	30	34	43	41	37	37	35	38	37

Quelle: EMNID, Meinungsbild 1984, S. 24.

Tabelle 59: "Sind Sie der Ansicht, daß sich die Bundesrepublik einem militärischen Angriff auf ihr Gebiet mit Waffengewalt widersetzen sollte?" (I)
Sind Sie in jedem Fall für eine Verteidigung der Bundesrepublik Deutschland gegen eine militärischen Angriff, auch wenn der Krieg vor allem auf dem Gebiet der Bundesrepublik ausgetragen würde?" (II)
"Der NATO stehen für den Kriegsfall unter anderem auch Atomwaffen zur Verfügung. Sind Sie für eine militärische Verteidigung der Bundesrepublik, wenn dazu auch Atomwaffen auf dem Gebiet der Bundesrepublik eingesetzt werden müßten?" (III)

	I: ja	nein	weiß nicht	II: ja	nein	weiß nicht	III: ja	nein	weiß nicht
12/1977	58%	22	20	57%	38	5	19%	61	20
10/1979	57%	20	23	50%	29	21	15%	65	20
2/1980	64%	19	17	53%	31	16	15%	71	14

Quelle: Mathias Schönborn, "Perceptions on National Security of the U.S. and the Federal Republic of Germany: Stability and Change in Public Opinion", in Joseph I. Coffey und Alan T. Dieter (Hg.), Allied Perceptions of Threat (München: Sozilwissenschaftliches Institut der Bundeswehr, 1983), S. 438.

Tabelle 60: "Niemand weiß, wie es gehen wird, aber was meinen Sie: Wenn wir eines Tages vor der Wahl stehen, entweder Europa sowjetisch werden zu lassen oder uns mit allen Mitteln dagegen zu verteidigen - was ist dann wichtiger: die demokratische Freiheit zu verteidigen, auch wenn es dabei zu einem Atomkrieg kommt - oder vor allem den Krieg zu vermeiden, auch wenn man unter einer kommunistischen Regierung leben wird?"

	5/1955	7/1960	4/1976	3/1979	9/1979	5/1981	7/1981	9/1982
Vor allem Krieg vermeiden	36%	38%	52%	52%	44%	48%	41%	46%
Demokratie verteidigen	33	30	28	23	31	27	35	24
Unmöglich zu sagen	31	32	20	25	25	25	23	30

Quelle: Noelle-Neumann, Jahrbuch 1983, S. 646.

eine Ablehnung der Doktrin der flexiblen Reaktion und damit ein ernstzunehmendes Legitimitätsproblem für das ganze Bündnis dar? Vermutlich nicht. Eher dürfte diese Haltung ein gewisses Realitätsgefühl widerspiegeln. Denn wer kann schon im Ernst daran glauben, daß nach einem Atomkrieg noch demokratische Freiheiten vorhanden sein oder eine große Rolle spielen werden? Entscheidend für die Aufrechterhaltung der Abschreckung ist die Androhung des Einsatzes nuklearer Waffen. Natürlich muß diese Drohung einigermaßen glaubhaft sein. Dazu bedarf es einer nachweisbaren Bereitschaft für den Einsatz nuklearer Waffen. Diese Bereitschaft hängt nicht so sehr von entsprechenden Einstellungen der Öffentlichkeit ab, sondern beruht vielmehr auf vorhandenen militärischen Fähigkeiten sowie der erklärten Entschlossenheit der Regierungen, gegebenenfalls nukleare Waffen einzusetzen. Für eine drastische Veränderung dieser Fähigkeiten und Entschlossenheit, durch die die Qualität der Abschreckung entscheidend verändert werden könnte, gibt es zur Zeit - und, zieht man die politischen Konstellationen in der Bundesrepublik in Betracht, auch auf absehbare Zeit - keinen Konsens in der Bundesrepublik. Das zeigt nicht zuletzt die unverändert breite Zustimmung zu den Grundbedingungen westdeutscher Sicherheitspolitik. Die Sowjetunion kann jedenfalls einen Angriff nicht wagen, ohne daß ihr militärischer Widerstand geleistet würde. Das Risiko, daß solcher Widerstand zu einer nuklearen Konfrontation eskalieren könnte, bleibt vorhanden und muß von der Sowjetunion in ihr Kostenkalkül einbezogen werden. Die Abschreckung ist deshalb nach wie vor wirksam. Die Stabilität der Einstellungen zu Fragen der Abschreckung und Verteidigung über viele Jahre hinweg deutet darauf hin, daß der Sowjetunion bisher eine Beeinflussung der Öffentlichkeit zu ihren Gunsten noch nicht gelungen ist.

Angst und Frieden

Für viele Beobachter der Verhältnisse in der Bundesrepublik stellte die in den letzten Jahren angeblich nachzuweisende Zunahme an Angst - ausgehend von der Furcht, es könnte zu einem Krieg kommen - eine Auswirkung sowjetischer Politik dar. Sie äußerten daher die Befürchtung, ein solchermaßen von Angst beherrschtes Land könnte versucht sein, sich um einen Frieden um jeden Preis zu bemühen und zur Erreichung dieses Zieles dem potentiellen Aggressor Sowjetunion größere Zugeständnisse zu machen. Insofern Angst vor einem Krieg durch das Gefühl der Bedrohung durch sowjetische Militärmacht ausgeht, ist natürlich zu untersuchen, von wem solche Bedrohungsgefühle vorwiegend geschürt werden: von der Sowjetunion, indem sie etwa militärische Macht rücksichtlos unter Beweis stellt, oder von westlichen Politikern, die mit dem Hinweis auf die zunehmende sowjetische Bedrohung die Zustimmung ihrer Öffentlichkeiten für eine Erhöhung der eigenen Verteidigungsanstrengungen erreichen wollen. Angstgefühle - dies gilt natürlich auch in einem psychologischen Sinn - müssen nicht unbedingt eine Bereitschaft zum Nachgeben oder gar zur Unterwerfung signalisieren; sie können auch Auslöser sein für eine entschlossenere Widerstandshaltung gegenüber dem bedrohlich erscheinenden Gegner. Sollte es also das Ziel der Sowjetunion sein, mit Hilfe ihrer Militärmacht Angst zu erzeugen, so könnte sich dies im Falle des Erfolges durchaus als politischer Bumerang erweisen.

Angst, gemessen an der Furcht vor einem neuen Krieg, ist kein stabiler Zustand der westdeutschen Bevölkerung. Sie wächst - verständlicherweise - in Zeiten internationaler Krisen an, um dann, wenn sich die Lage beruhigt hat, wieder abzuklingen. Die Einstellungsverteilung hinsichtlich der Frage, "ob nochmal ein neuer Weltkrieg kommt", hat sich in den letzten zwanzig Jahren bei allen Schwankungen jedoch kaum verändert. Die Öffentlichkeit bleibt in dieser Frage gespalten (Tabellen 61, 62). Die Fluktuation bei diesen Fragen war in den letzten Jahren besonders kraß(35). Hier trugen die sowjetische Invasion in Afghanistan, die Ereignisse in Polen, die Politik in Mittelamerika, Auseinandersetzungen um die Nuklearstrategie, die Kontroverse um die nuleare Aufrüstung und schließlich die Furcht vor einem Neubeginn eines Kalten Krieges dazu bei, Ängste zu wekken bzw. wachzuhalten. Der allmähliche Rückgang dieser Angstgefühle nach 1981 war wohl vor allem dem Beginn der Rüstungskontrollverhandlungen im November 1981 und dem nicht erfolgten Eingreifen der Sowjetunion in Polen zuzuschreiben. Wenn, wie gelegentlich argumentiert wurde, die im Westen vorherrschenden Angstgefühle die Regierungen zur Aufnahme von wenig aussichtsreichen Rüstungskontrollverhandlungen gezwungen haben, dann könnte sich hier - wenn der Eintritt in die Verhandlungen in der Tat ein Zugeständnis an die Sowjetunion darstellte - eine psychologische Auswirkung sowjetischer Militärmacht vielleicht nachweisen lassen; die lange Erfolglosigkeit dieser Verhandlungen spricht aber eher gegen diese Interpretation. Im übrigen kann man umgekehrt auch über die Vermutung spekulieren, daß das Zögern der Sowjetunion, selbst militärisch in Polen einzugreifen, nicht zuletzt von einer Furcht vor westlichen Gegenmaßnahmen bestimmt war(36). Die Politik der Einschüchterung muß nicht unbedingt einseitig verlaufen.

[35] Die Zahl derer, die "in den nächsten drei Jahren" einen neuen Weltkrieg für "möglich" bzw. "wahrscheinlich" hielten, schwankte in den fünfziger Jahren zwischen 55% bzw. 35% und 30% bzw. 5%. In den sechziger Jahren beruhigte sich die Stimmung; 1979 erachteten nur 3% eine neuen Weltkrieg für wahrscheinlich, 17% für möglich, 80% dagegen für unwahrscheinlich. Nach Afghanistan wies die Fieberkurve der Angst dann wieder scharfe Zacken aus: 1980 hielt die Zahl derer, die einen neuen Weltkrieg für wahrscheinlich oder möglich hielten, die Waage mit der Zahl derer, die glaubten, dies sei unwahrscheinlich. (Siehe die graphische Darstellung in "Militärische Stärke: Gleichgewicht genügt", Spiegel, 2. März 1981, S. 36.)

[36] Diese Vermutung äußerte Sicherheitsberater Brzezinski in seinen Memoiren: "What we do know is that military moves were afoot, that preparations to move had been completed, and that initial implementing actions were on the way and were terminated after the U.S.-led global reaction. Moreover, one cannot discount the overall impact on the Soviets of

Tabelle 61: "Finden Sie, wir müssen damit rechnen, daß noch mal ein neuer Weltkrieg kommt, oder glauben Sie, es wird niemand mehr einen großen Krieg riskieren?"

	9/1961	1/1963	2/1964	2/1965	6/1967	12/1975	9/1979	1/1980	2/1980	1/1981	10/1981	1/1982	9/1983
Nicht riskieren	45%	49%	56%	48%	54%	63%	59%	50%	56%	59%	41%	46%	42%
Weltkrieg kommt	46	42	35	41	38	29	32	44	38	34	37	34	24
Unmöglich zu sagen	9	9	9	11	8	8	9	6	6	7	22	20	34

Quelle: Noelle-Neumann, Jahrbuch 1983, S. 683; Stern, 20. Oktober 1983, S. 76 (veränderte Fragestellung).

Tabelle 62: "Hier ist eine Art Leiter. Zeigen Sie mir bitte, auf welcher Stufe Sie die Gefahr ansetzen würden, daß innerhalb der nächsten zehn Jahre ein neuer Weltkrieg ausbricht."

	7/1971	10/1977	4/1980	10/1981	10/1982	10/1983
Zusammenfassung von 10 Leiterstufen						
Wahrscheinlichkeit 60%-100%	11%	12%	22%	29%	16%	17%
Wahrscheinlichkeit 10%- 50%	51	59	51	47	47	48
Wahrscheinlichkeit 0	30	21	14	13	21	25
Keine Antwort	8	8	13	11	16	10

Quelle: Eurobarometer, Dezember 1982, S. A12; Eurobarometer, Dezember 1983, S.A12.

Die Wahrnehmung einer Bedrohung durch die Sowjetunion unterlag über die Jahre hinweg nicht ganz so starken Schwankungen wie die Furcht vor einem Krieg, wurde aber dennoch deutlich von äußeren Ereignissen beeinflußt. In den fünfziger Jahren war man in der Bundesrepublik weithin davon überzeugt, daß die Sowjetunion eine Bedrohung darstellt. Dieses Gefühl schwand allmählich und erreichte in den frühen Jahren der Entspannung einen Tiefpunkt. Danach verstärkte es sich wieder und blieb seitdem relativ stabil (Tabellen 63-65). Dabei zeigt sich, daß bei den jüngeren Generationen dieses Gefühl weniger ausgeprägt ist als bei den älteren(37). Dennoch läßt sich insgesamt sicherlich feststellen, daß es sowjetischer Politik nicht gelungen ist, eine Mehrheit der westdeutschen Bevölkerung von ihren friedlichen Intentionen zu überzeugen.

Zwischen dem Gefühl der Bedrohung und der Wahrnehmung des militärischen Kräfteverhältnisses besteht ein gewisser Zusammenhang: Wer die Sowjetunion militärisch im Vorteil sieht, fühlt sich stärker bedroht(38). Dies mag zum Teil erklären, warum in den siebziger Jahren die Bedrohungswahrnehmungen nicht abgebaut wurden, denn zur gleichen Zeit setzte sich - durchaus realistisch - der Eindruck fest,

our earlier response to the Afghanistan aggression, which must have contributed to the greater credibility of our response to the Polish challenge." (Power and Principle, S. 468.)

[37] In der EMNID-Umfrage von 1983 (Tabelle 66) betrachteten 30% der 16-24-Jährigen die kommunistische Bedrohung als groß und sehr groß, dagegen 49% der über 50-Jährigen. Für nicht so groß hielten die Bedrohung 52% der jüngsten Altersgruppe, 39% der ältesten. "Nicht ernst" nahmen fast durchweg 10% aller Altersgruppen die kommunistische Bedrohung. (EMNID, Meinungsbild 1983, Tabelle 12.)

[38] In der SINUS-Umfrage vom August 1983 hatten 46% den Eindruck, die Bundesrepublik werde von der Sowjetunion militärisch bedroht (ein Jahr zuvor hatten sich nur 36% bedroht gefühlt); 40% (1982: 51%) meinten, die Bundesrepublik werde nicht bedroht. Von denjenigen, die an ein militärisches Übergewicht der Sowjetunion glaubten (siehe Anm. 39), fühlten sich 64% bedroht; diejenigen, die die NATO militärisch überlegen sahen, nahmen nur zu 34% eine Bedrohung wahr. (Sicherheitspolitik, S. 9, 10.)

Tabelle 63: "Haben Sie das Gefühl, daß wir von Rußland bedroht oder nicht bedroht sind?"

	1952	1958	1964	1968	1971	1976	1979	1980
Bedroht	66%	51%	39%	54%	28%	47%	35%	44%
Nicht bedroht	15	27	37	32	46	38	46	34
Unentschieden	19	22	24	14	26	15	19	22

Quelle: Noelle-Neumann, Jahrbuch 1983, S. 626.

Tabelle 64: "Machen Sie sich Sorgen oder keine Sorgen, daß wir vom Osten bedroht werden?"

	2/1976	1/1978	9/1979	2/1980	5/1981	7/1981	2/1982	16-29	30-44	45-59	60-
Ja	51%	44%	41%	65%	50%	59%	55%	44%	54%	57%	68
Nein	37	43	41	25	35	24	29	38	32	28	17
Unentschieden	12	13	18	10	15	17	16	18	14	15	15

Quelle: Noelle-Neumann, Jahrbuch 1983, S. 637; The Germans, S. 417.

Tabelle 65: "Ist Ihrer Meinung nach die kommunistische Bedrohung sehr groß (I), groß (II), nicht so groß (III), oder nicht ernst zu nehmen (IV)?"

	1963	1965	1967	1968	1969	1970	1971	1972	1973	1974	1975	1976	1977	1978	1979	1980	1981	1982	1983	1984
I	25%	18%	7%	15%	8%	12%	7%	6%	7%	9%	12%	14%	11%	12%	11%	12%	12%	12%	10%	10%
II	38	42	24	33	29	34	32	25	26	26	29	31	30	34	29	36	38	36	35	37
III	15	27	38	23	33	38	43	41	39	31	35	29	32	40	44	38	37	40	43	45
IV	7	6	11	6	11	8	13	15	12	10	6	7	8	10	12	10	11	10	9	8
K.A.	15	7	20	23	20	9	5	13	16	24	17	20	18	4	3	3	2	2	3	1

Quelle: EMNID, Meinungsbild 1984, S. 14.

daß der Warschauer Pakt dem Westen militärisch gleichwertig, wenn nicht sogar überlegen geworden war. Zwar weichen die Meinungsumfragen hierzu zum Teil beträchtlich voneinander ab - möglicherweise ein Hinweis darauf, daß in diesem Punkt keine allzu fest gefügten Einstellungen ermittelt wurden, sondern eher lose Eindrücke. Aber insgesamt verfestigte sich im Verlauf der siebziger Jahre die Überzeugung, der Westen sei militärisch jedenfalls nicht mehr überlegen (Tabellen 66 und 67); dies galt auch für den direkten Vergleich zwischen den Streitkräften der beiden Großmächte (Tabelle 68). Zu Beginn der achtziger Jahre wurde dann das Gefühl, beide Seiten seien zumindest gleichwertig, wieder stärker(39). Dies mag einerseits eine Reaktion der Öffentlichkeit auf Behauptungen der USA, sie habe unter Präsident Reagan ihre militärische Stärke wieder hergestellt, gewesen sein, andererseits aber ebensogut die Argumente der Nachrüstungsgegner widerspiegeln, denen zufolge ein Ungleichgewicht niemals existierte und eine Nachrüstung daher gar nicht nötig war.

Für die meisten Bürger der Bundesrepublik besteht kein Zweifel daran, daß es Ziel der Sowjetunion ist, militärische Überlegenheit zu erreichen(40). Eine große Mehrheit

[39] Vorstellungen über das militärische Stärkeverhältnis:

	1981	1982	1983
NATO und Warschauer Pakt sind gleich stark	24%	27%	37%
NATO ist stärker	20	25	13
Warschauer Pakt ist stärker	42	32	36
Weiß nicht	14	10	13

Quelle: SINUS, <u>Sicherheitspolitik</u>, S. 10.

[40] "Welches militärische Ziel verfolgt ihrer Meinung nach der Ostblock? Strebt er ein Gleichgewicht mit dem Westen an, will er Überlegenheit oder ist er bereit, eine Unterlegenheit hinzunehmen?"

	10/1981	9/1983
Will Überlegenheit	73%	70%
Strebt nach Gleichgewicht	24	22
Bereit, Unterlegenheit hinzunehmen		6

Quelle: EMNID, Spiegel, 30. November 1981, S. 101; Einstellungen zur Sicherheitspolitik, S. 41 (unterschiedliche Fragestellungen).

Tabelle 66: "Eine Frage zur Rüstung in Ost und West. Nach dem, was Sie wissen oder gehört haben - wie schätzen Sie das Kräfteverhältnis gegenwärtig ein? Ist der Osten stärker, oder der Westen stärker, oder sind Ost und West gleich stark?"

	8/1969	5/1973	2/1976	11/1977	1/1978	9/1979	5/1980	5/1981	7/1981
Osten stärker	27%	49%	57%	48%	46%	48%	49%	46%	52%
Westen stärker	18	13	6	6	7	5	7	6	6
Gleich stark	44	32	24	33	34	31	27	31	27
Weiß nicht	11	6	13	13	13	16	17	17	14

Quelle: Noelle-Neumann, The Germans, S. 437; Jahrbuch 1983, S. 628.

Tabelle 67: "Was meinen Sie, welcher Block ist zur Zeit militärisch überlegen, die NATO oder der Ostblock (Warschauer Pakt)?"

	1962	1967	1968	1969	1971	1972	1973	1974	1975	1976	1977	1978	1979	1980	1981	1982	1983	1984
Ostblock	8%	20%	28%	21%	25%	23%	27%	27%	35%	35%	28%	35%	31%	39%	41%	32%	34%	39%
NATO	37	27	17	24	15	23	17	14	17	13	19	14	16	15	16	20	12	13
Gleich	26	41	37	39	55	37	39	42	32	34	40	47	49	43	42	46	51	46
K.A.	29	12	18	18	4	17	17	17	16	18	14	4	4	3	2	1	3	2

Quelle: EMNID, Meinungsbild 1984, S. 12.

Tabelle 68: "Sind die Streitkräfte der Amerikaner - alles in allem - ebenso stark wie die der Russen, stärker als die der Russen oder schwächer?"

	1962	1965	1969	1970	1971	1972	1973	1974	1975	1976	1977	1978	1979	1980	1981	1982	1983
Gleich	39%	39%	49%	50%	60%	54%	50%	53%	51%	48%	52%	57%	55%	54%	50%	58%	54%
Stärker	20	34	21	17	16	16	15	10	10	9	14	11	10	11	17	14	16
Schwächer	10	8	14	19	19	16	17	18	26	24	22	28	30	32	30	27	27
K.A.	31	19	15	14	5	14	18	19	13	18	13	4	4	4	3	2	3

Quelle: EMNID, Meinungsbild 1983, S. 13.

ist nicht bereit, eine solche Überlegenheit hinzunehmen(41). Die Öffentlichkeit trägt mit einem breiten Konsens die erklärte Politik, durch ein Gleichgewicht der militärischen Kräfte eine "unerläßliche Voraussetzung für die Erhaltung des Friedens" zu schaffen(42). Ein Streben nach militärischer Überlegenheit des Westens wird daher ebenfalls abgelehnt(43). Angesichts dieser erklärten Entschlossenheit, das Kräftegleichgewicht zu wahren, die unter anderem auch in der Bereitschaft zum Ausdruck kommt, die Zahl der NATO-Truppen nicht nur beizubehalten, sondern sie sogar zu verstärken(44), muß es in der Tat auffallen, wie schwierig es

41 "Nach Ansicht zahlreicher Militärexperten ist die Sowjetunion in Europa gegenüber dem Westen an Panzern, Truppen und atomaren Mittelstreckenraketen überlegen. Sollte der Westen eine solche Überlegenheit der Sowjetunion hinnehmen oder sollte er ein militärisches Gleichgewicht anstreben?"

	9/1983
Westen sollte Überlegenheit hinnehmen	20%
Westen sollte für Gleichgewicht sorgen	77
Keine Angabe	2

Quelle: EMNID, Einstellungen zur Sicherheitspolitik, S. 5.

In dieser Umfrage wurde auch die Frage gestellt, ob der Westen im Vertrauen darauf, daß die Sowjetunion eine militärische Überlegenheit nicht ausnutzen würde, diese in Kauf nehmen solle; 67% lehnten dies ab, 28% stimmten zu (S. 13). Siehe auch die EMNID-Umfrage vom Februar 1981 (Spiegel, 2. März 1981, S. 36), in der 75% für ein militärisches Gleichgewicht als Ziel des Westens eintraten, während 16% eine Überlegenheit des Westens befürworteten.

42 Weißbuch 1983, S. 5.

43 "Für die Sicherheit der Bundesrepublik und Westeuropas ist es besser

	1982	1983
wenn die USA militärisch stärker als UdSSR wären	32%	20%
wenn beide etwa gleich stark wären"	57	71

Quelle: SINUS, Sicherheitspolitik, S. 30.

44 "Wären Sie dafür oder dagegen, daß die NATO ihre Truppen verstärkt (verringert)?"

	9/1971	4/1976	9/1979	2/1980
Für Verstärkung (gegen Verringerung)	25% (51)	41% (55)	38% (57)	51% (66)
Dagegen (für Verringerung)	36 (20)	20 (10)	24 (14)	25 (11)
Unentschieden	24 (14)	28 (24)	25 (16)	18 (17)
NATO unbekannt	15 (15)	11 (11)	13 (13)	6 (6)

Quelle: Noelle-Neumann, Jahrbuch 1983, S. 632.

dennoch geworden ist, konkrete Maßnahmen zur Wiederherstellung des militärischen Gleichgewichts durchzusetzen.

Einige Gründe für diese Schwierigkeiten - z.B. haushaltspolitische Engpässe - sind bereits erörtert worden. Ein ganz wesentlicher weiterer Grund ist von größter Selbstverständlichkeit, jedoch mit immensen politischen Unwägbarkeiten behaftet: Die Bürger der Bundesrepublik - wie die Bürger anderer Länder - würden es vorziehen, wenn das militärische Gleichgewicht durch Rüstungskontrollverhandlungen wieder hergestellt würde, und nicht durch Nachrüstungsmaßnahmen. Dies trifft ganz besonders für Nuklearwaffen zu, von denen in Westeuropa zur Zeit noch etwa 6 000 gelagert sind. Der von Bundeskanzler Kohl in Anlehnung an den Slogan der Friedensbewegung verkündete Leitspruch deutscher Sicherheitspolitik "Frieden schaffen mit immer weniger Waffen" entspricht ohne Zweifel einem Grundbedürfnis der Öffentlichkeit(45). Für sie ist in diesem Bereich weniger besser. Deutliche Reduzierungen aber können nur durch Rüstungskontrollmaßnahmen erreicht werden. Aus diesem Grund fehlt auch die Bereitschaft, ein vielfach verurteiltes Streben der USA nach militärischer Überlegenheit zu unterstützen(46). Man befürchtet, auf dieses Ziel gerichtete Rüstungsanstrengungen, gepaart mit mangelnder Bereitschaft zu ernsthaften Rü-

[45] In einer Umfrage vom April 1983 nannten dies 56% "ein Gebot der Vernunft", 54% meinten: "Wenn alle wollen, läßt sich das verwirklichen", für 48% war es "die einzige vernünftige Lösung" und bei 47% drückte es "genau das aus, was ich mir wünsche" (Mehrfachnennungen möglich). (Noelle-Neumann, Jahrbuch 1983, S. 646.)

[46] Vermutung über militärpolitische Absichten der USA:

	1981	1982	1983	1984
Militärisches Gleichgewicht	55%	49%	55%	48%
Militärische Überlegenheit	40	45	39	48
Bereit, Unterlegenheit hinzunehmen	-	4	3	3

Quelle: EMNID, Spiegel, 30. November 1981, S. 101; Meinungsbild 1984, S. 51.

stungskontrollverhandlungen(47), könnten den Rüstungswettlauf beschleunigen, anstatt ihn zu verlangsamen oder gar zu einem Ende zu bringen.

Der Druck der Öffentlichkeit geht also zunächst einmal in Richtung Rüstungskontrolle und wendet sich gegen weitere Aufrüstung. Die Furcht mancher Experten, der innenpolitische Druck könnte so stark werden, daß westliche Regierungen zu Selbstbeschränkungen oder zu Zugeständnissen an die Sowjetunion gezwungen werden könnten, die letztlich die Sicherheit beeinträchtigen, scheint auf den ersten Blick nicht ohne Berechtigung. Die Bereitschaft, einseitige Abrüstungsmaßnahmen zu unterstützen, in der Hoffnung, die Sowjetunion würde ihnen aus eigenem Entschluß folgen, stieg in den letzten Jahren um einiges an (Tabelle 69). Zugleich verstärkte sich der Eindruck, die Sowjetunion sei ernsthaft an Abrüstung interessiert (Tabelle 70), eine Vorbedingung für einseitige Abrüstungsmaßnahmen. Bei näherem Hinsehen aber zeigt sich, daß der Druck keineswegs so stark ist, daß die Regierung zu einseitigen und nicht im nationalen Interesse liegenden Maßnahmen gezwungen werden könnte (Tabelle 71).

Zur Unterstützung des Arguments, daß ein zu starkes westliches Interesse an Rüstungskontrolle - und entsprechender sowjetischer Druck - dringend notwendige Maßnahmen zur Verbesserung des militärischen Kräftegleichgewichts verhindert hätte, werden im allgemeinen zwei Beispiele angeführt. Das eine betrifft die sogenannte "Neutronenbombe", deren Produk-

[47] "Haben Sie den Eindruck, daß der Westen ernsthaft an der Abrüstung interessiert ist?"

	4/1956	4/1964	7/1981	12/1981	6/1982	2/1983
Ja, bestimmt	19%	31%	32%	48%	46%	41%
Vielleicht	28	30	34	30	33	35
Bestimmt nicht	34	16	20	10	12	15
Unmöglich zu sagen	19	23	14	12	9	9

Quelle: Noelle-Neumann, Jahrbuch 1983, S. 639.

Tabelle 69: "Hier unterhalten sie zwei über Abrüstung. Wenn Sie das einmal lesen, wer von den beiden sagt eher das, was auch Sie denken? - 1. Ich finde, bei der Abrüstung kann es nur dann einen Fortschritt geben, wenn eine Seite einmal damit anfängt. Das wäre ein Vertrauensbeweis, den die andere Seite nicht außer acht lassen kann. Das würde wirklich zu Frieden und Entspannung führen. - 2. Das sehe ich anders. Ein Staat, der einseitig abrüstet, liefert sich damit möglichen Angreifern aus. Man kann ihn erpressen, und damit wird er eher zur Unsicherheit beitragen als zum Frieden zwischen Ost und West."

	7/1981	12/1981	5/1982	11/1982	3/1983	6/1983	8/1983	5/1984
1. Einseitige Abrüstung	33%	37%	34%	41%	42%	40%	46%	47%
2. Keine einseitige Abrüstung	47	42	49	44	44	38	37	38
Unentschieden	20	21	17	15	14	22	17	15

Quelle: Noelle-Neumann, "Drei Viertel gegen die Raketenstationierung?", FAZ, 16. September 1983; IfD-Archiv.

Tabelle 70: "Haben Sie den Eindruck, daß der Osten ernsthaft an der Abrüstung interessiert ist?"

	4/1956	4/1965	7/1981	12/1981	6/1982	2/1983
Ja, bestimmt	8%	6%	13%	17%	17%	19%
Vielleicht	16	16	26	37	39	36
Bestimmt nicht	57	53	44	30	30	34
Unmöglich zu sagen	19	25	17	16	14	11

Quelle: Noelle-Neumann, Jahrbuch 1983, S. 639.

Tabelle 71: "Über die Fragen von Rüstung und Abrüstung kann man ja viele verschiedenen Ansichten hören. Hier auf diesem Blatt sind einige aufgeschrieben. Welche davon entspricht am ehesten ihrer Meinung?

	12/1981
Der Westen soll mit der Abrüstung beginnen, egal, ob der Osten dabei mitmacht oder nicht.	10%
Der Westen soll abrüsten, aber nur in dem Maß, in dem auch der Osten dazu bereit ist.	37
Der Osten hat einen deutlichen Militärvorsprung; erst dann, wenn der Osten mit der Abrüstung begonnen hat, soll auch der Westen abrüsten.	19
Der Westen soll erst einmal gar nicht abrüsten; nur durch westliche Stärke läßt sich der Friede garantieren.	9
Ich kann zu dem ganzen Streit über Rüstung und Abrüstung nicht viel sagen; ich bin mir noch nicht im klaren darüber, was letztlich das beste ist."	25

Quelle: Noelle-Neumann, Jahrbuch 1983, S. 638.

tion von Präsident Carter im April 1978 angeblich wegen zu starkem öffentlichen Widerstands, gerade auch in der Bundesrepublik, eingestellt wurde. Diese Darstellung bedarf allerdings einer Ergänzung. Die Entscheidung des amerikanischen Präsidenten beruhte zunächst auf dessen grundsätzlicher Ablehnung der Produktion neuer Nuklearwaffen; Carter wollte nicht als Vater der Neutronenbombe in die Geschichte eingehen. Ferner war er in seiner Entscheidung nicht frei. Vielmehr verlangte der Kongreß von ihm den Nachweis, daß die "Sprengköpfe mit verstärkter Strahlenwirkung" - so die offizielle Sprachwendung - von den Verbündeten auch benötigt und verlangt würden. Für diesen Nachweis hätte er aber die Unterstützung der europäischen Regierungen gebraucht, die er in der von ihm als notwendig erachteten Weise nicht erhielt(48).

Es war in der Tat die Bundesregierung, die hier eine wichtige Rolle spielte. Der damalige Bundeskanzler Schmidt, der ursprünglich im Rahmen der Bündnisplanung die Neutronenwaffe gefordert hatte, sah sich unter starkem Druck seiner Partei, dieser "Perversion des menschlichen Denkens" - so Egon Bahr in einer viel zitierten Aussage - die Zustimmung der Bundesregierung zu verweigern. Die Öffentlichkeit selbst war zunächst eher positiv eingestellt. Erst später trat eine deutliche Ablehnung zutage(49). Die Entscheidung des Präsidenten erfolgte vor dem Hintergrund dieser innenpolitischen Schwierigkeiten in beiden Ländern. Aber sie bedeutete letztlich keine Verzögerung bei der Produktion der

[48] Nähere Einzelheiten hierzu bei Gebhard Schweigler, Von Kissinger zu Carter. Entspannung im Widerstreit von Innen- und Außenpolitik 1969-1981 (München: Oldenbourg, 1982), S. 430ff.

[49] Im April 1978 waren 39% der Ansicht, der Westen brauche die Neutronenwaffe, während sie 30% nicht für notwendig hielten; interessanterweise sprachen sich aber trotzdem 47% gegen und nur 24% für den Bau von Neutronenwaffen aus. Bis zum März 1981 hatten sich die Meinungen verfestigt: Jetzt waren 49% gegen den Bau von Neutronenwaffen und nur noch 23% der Ansicht, der Westen brauche diese Waffen; gegen deren Stationierung in der Bundesrepublik sprachen sich 46% aus. (Noelle-Neumann, Jahrbuch 1983, S. 633.)

Neutronenwaffe, denn die Fertigung der Einzelteile verlief weiter nach Plan. Die Entscheidung zur Fertigung des gesamten Sprengkopfes wurde von Carters Nachfolger, Präsident Reagan, getroffen. Inzwischen stehen nahezu alle ursprünglich geforderten Sprengköpfe zur Verfügung. Sie sind offiziellen Versicherungen zufolge in Westeuropa nicht disloziert(50), könnten allerdings im Ernstfall rasch - und wohl ohne öffentliches Aufsehen - eingeflogen werden(51). Die Auseinandersetzungen um die Neutronenwaffe, bei denen es um die Modernisierung nuklearer Gefechtsköpfe und damit auch um die Anhebung bzw. Absenkung der nuklearen Schwelle ging, mögen für das Bündnis eine Belastung und somit von Nachteil gewesen sein. Aber die Produktion eines für notwendig erachteten Waffensystems wurde dadurch nicht verhindert.

Als zweites Beispiel für die angeblich verhängnisvollen Auswirkungen eines zu starken öffentlichen Drucks zugunsten von Rüstungskontrollvereinbarungen dienen die Auseinandersetzungen um die Nachrüstung der NATO mit Pershing II und Marschflugkörpern zum Ausgleich des durch die Stationierung von sowjetischen SS-20 entstandenen Ungleichge-

50 Solche Versicherungen wurden zuletzt im Mai 1983 abgegeben, als das Pentagon einen Bericht der Washington Post dementieren ließ, demzufolge Großbritannien, Italien und die Bundesrepublik von den USA die Produktion von Neutronenwaffen-Sprengköpfen für eine von ihnen entwickelte 155-mm-Kanone forderten. Der Kongreß bewilligte z.T. die Mittel hierfür, unterwarf die Bewilligung aber solange einer Sperre, bis sich zumindest ein europäisches Land offiziell für eine Dislozierung ausgesprochen hat. (Siehe "Europeans Request New Neutron Weapon", "Pentagon Disputes Neutron Report" und "String Put on Funding for Neutron Projectile", Washington Post, 29. Mai, 30. Mai und 1. Juli 1983.)

51 "To overcome European resistance to neutron weapons, the Army is prepared to build the new projectile in two parts... A traditional nuclear shell would be sent to Europe. An insertion device, made of radioactive tritium, would also be produced so that when it is placed in the shell it would be turned into a neutron weapon. Under the Army plan, however, the so-called tritium reservoirs would be kept in the United States." ("Strings Put on Funding for Neutron Projectile", Washington Post, 1. Juli 1983, S. A12.)

wichts im Bereich nuklearer Mittelstreckenwaffen. Über dieses Ungleichgewicht war sich die Mehrheit der Bundesbürger wohl im klaren(52). Das Für und Wider dieser Nachrüstung, die auf Überlegungen von Bundeskanzler Schmidt über die Gefahren eines Ungleichgewichts im eurostrategischen Kräfteverhältnis zurückzuführen ist(53), wurde von Fachleuten und lebhaft engagierten Laien ausführlich diskutiert. Diese Diskussion um die Notwendigkeit einer Nachrüstung überhaupt, um deren militärische und politische Auswirkungen, um Verhandlungsstrategien und Verhandlungsoptionen soll hier nicht im einzelnen nachvollzogen werden. Zu untersuchen ist zunächst die Entwicklung der Meinungen in der Öffentlichkeit zu diesem Fragenkomplex.

Zur Beeinflussung der öffentlichen Meinung - und damit auch zur Beeinflussung der offiziellen Politik - wurden von Befürwortern und Gegnern ausgreifende Propagandakampagnen geführt. Der Friedensbewegung, die durch die erfolgreiche Aneignung dieses Etiketts für viele glaubhaft behaupten konnte, daß es bei dem Kampf gegen die Nachrüstung tatsächlich um den Frieden ginge, gelang es, öffentliche Demonstrationen von bisher kaum erlebtem Ausmaß zu organisieren und damit eine weit verbreitete Unruhe zugleich zum Ausdruck zu bringen und neu zu stimulieren. Meinungsforschungsinstitute stellten ihre Dienste und die Ergebnisse ihrer Umfragen jeweils der Seite zur Verfügung, die sie für ihre Argumente am besten verwerten konnte. Am Ende entstand der Eindruck einer die Nachrüstung strikt ablehnenden Öf-

[52] Im März 1983 meinten 61% der Bevölkerung, "daß die Russen zur Zeit dem Westen mit Mittelstreckenraketen überlegen sind"; 13% verneinten dies. (Noelle-Neumann, Jahrbuch 1983, S. 628.)

[53] Für eine autoritative Darstellung der Geschichte des Nachrüstungsbeschlusses siehe R. Jeffrey Smith, "Missile Deployments Roil Europe", Science, 27. Januar 1984, S. 371-376. Smith argumentiert hier, Schmidt habe sich von den Argumenten vorwiegend konservativer Experten in den USA überzeugen lassen, daß ein sowjetischer Vorteil bei Nuklearwaffen für politische Erpressungsversuche eingesetzt werden könnte, aus welchem Grund eine Nachrüstung notwendig sei. Dieses Argument, so Smith, "never attracted much support from the U.S. arms control community, where most experts think that such an advantage is politically useless." (S. 372)

fentlichkeit - ein Eindruck, der Befürchtungen nährte, die Durchführung des Nachrüstungsbeschlusses könnte doch noch verhindert werden oder müßte gegen den gewalttätigen Widerstand weiter Teile der Bevölkerung erfolgen. Diese Befürchtungen stellten sich als unbegründet heraus. Die tatsächlichen Einstellungen der Öffentlichkeit, die in dieser Frage offensichtlich hin- und hergerissen wurde(54), entsprach nicht mehr dem weit verbreiteten Bild entschlossener Ablehnung.

Der Doppelbeschluß als solcher - d.h. das Angebot an die Sowjetunion, über eine Reduzierung ihrer Mittelstreckenraketen zu verhandeln, verknüpft mit der Ankündigung, im Falle eines Scheiterns der Verhandlungen mit der Stationierung eigener Mittelstreckenraketen zu beginnen -, traf je nach Fragestellung auf beträchtliche Zustimmung der Öffentlichkeit (Tabelle 72) oder stieß auf deren Skepsis bzw. Desinteresse (Tabelle 73). Die Ergebnisse dieser Umfragen verrieten jedoch wenig darüber, welcher Teil des Doppelbeschlusses tatsächlich vorgezogen wurde. Andere Umfragen ließen zu keiner Zeit einen Zweifel daran, daß für eine Stationierung ohne Verhandlungen ein Konsens nicht vorhanden war (Tabelle 74)(55); ein Verhandlungsergebnis wurde einer

[54] "Bei einer Wiederbefragung derselben Personen zwischen November 1982 und Februar 1983 hatte ein Drittel der Gegner der Raketenstationierung seine Meinung geändert, gleichzeitig aber waren genauso viele Gegner aus dem Lager der ehemaligen Befürworter wieder hinzugekommen. Zumindest ein Teil der Bevölkerung hat offenbar immer noch keine abgeschlossene, fest verankerte Meinung." Über dieses erstaunliche Ergebnis der Forschungsgruppe Wahlen berichteten Manfred Berger, Wolfgang G. Gibowski und Dieter Roth in "Zwei Drittel gegen neue Raketen", Die Zeit, 7. Oktober 1983, S. 3. Solche Unentschlossenheit weist im allgemeinen auf geringe persönliche Relevanz eines Problems hin.

[55] Die wohl erste Umfrage zur Nachrüstung, von INFRATEST im Oktober 1980 im Auftrag des Zentrums für Umfragen, Methoden und Analysen (ZUMA - Universität Mannheim) durchgeführt, ergab 40% für eine "sofortige Nachrüstung um wieder ein Kräftegleichgewicht mit der Sowjetunion herzustellen"; 35% sprachen sich dagegen aus, 24% war dies gleichgültig. (Zitiert nach Werner Hagstotz, "Vom Doppelbeschluß bis zum 'Heißen Herbst': Das Meinungsbild zur NATO-Nachrüstung in der Bevölkerung und bei Anhängern der Friedensbewegung", Vortrag Universität Mannheim, 28. November 1983, Vortragsmanuskript S. 5.)

Tabelle 72: "Seit einiger Zeit gibt es den sogenannten NATO-Doppelbeschluß. Darin haben die NATO-Länder einerseits vereinbart, als Gegengewicht zu den sowjetischen Mittelstreckenraketen selbst entsprechende Raketen in Mitteleuropa zu stationieren, und andererseits mit der Sowjetunion Verhandlungen über den Abbau der Rüstungen zu beginnen. Finden Sie diesen Doppelbeschluß alles in allem gut oder nicht gut?"

	5/1981	7/1981	8/1981	10/1981	12/1981	1/1982	6/1982	12/1982	8/1983
Finde ich gut	53%	52%	49%	50%	48%	52%	54%	51%	49%
Finde ich nicht gut	20	21	26	22	22	22	24	25	23
Unentschieden	27	27	25	28	30	26	22	24	28

Quelle: Noelle-Neumann, Jahrbuch 1983, S. 636; "Drei Viertel gegen die Raketenstationierung?", FAZ, 16. September 1983, S. 11.

Tabelle 73: "Richtig ist ja, daß die NATO einerseits beschlossen hat, ab 1983 amerikanische Mittelstreckenraketen in Westeuropa aufzustellen, andererseits aber auch der Sowjetunion Verhandlungen vorgeschlagen hat mit dem Ziel, bei einer Einigung über Abrüstung auf die Aufstellung dieser Raketen ganz oder teilweise zu verzichten. Wie ist Ihre Meinung zu diesem Beschluß?"

	10/1981	1/1983	7/1983
Bin für den NATO-Doppelbeschluß	36%	38%	28%
Bin dagegen	21	22	34
Ist mir gleichgültig	12	11	11
Habe noch keine abschließende Meinung gebildet	30	28	24

Quelle: EMNID, Spiegel, 23. November 1981, S. 57f; 2. Februar 1983, S. 90; 29. August 1983, S. 28.

Tabelle 74: "Die NATO - das ist das westliche Verteidigungsbündnis - plant als Gegengewicht zu den sowjetischen Mittelstreckenwaffen in den europäischen NATO-Ländern amerikanische Mittelstreckenraketen zu stationieren, zum Beispiel auch in der Bundesrepublik Deutschland. Meinen Sie, das sollte verhindert oder nicht verhindert werden?"

	8/1981	11/1981	11/1982
Sollte verhindert werden	47%	45%	47%
Sollte nicht verhindert werden	29	30	28
Unentschieden	24	25	25

Quelle: Noelle-Neumann, Jahrbuch 1983, S. 633.

sofortige Stationierung eindeutig vorgezogen(56). Angesichts der generell hohen Einschätzung von Rüstungskontrollverhandlungen konnte diese Prioritätensetzung allerdings kaum überraschen. Hinsichtlich der Möglichkeit, daß es tatsächlich zu einem erfolgreichen Verhandlungsabschluß kommen würde, zeigte sich die Bevölkerung insgesamt jedoch durchaus realistisch: Viele erwarteten ein Scheitern der Verhandlungen(57). Dieser Realismus galt auch für die von der Öffentlichkeit an sich begrüßte "Nulloption", der kaum eine Chance gegeben wurde(58).

Als sich im Verlauf des Jahres 1983 abzuzeichnen begann, daß es bis zum vorgesehenen Stationierungstermin im Dezember 1983 nicht zu einem Verhandlungsergebnis kommen würde, intensivierten sich die Auseinandersetzungen über die Frage, ob der Stationierungsbeginn aufgeschoben und weiter verhandelt werden solle. Die Befürworter dieses Vorschlages - SPD und Friedensbewegung - konnten auf zahlreiche Umfrageergebnisse verweisen, denen zufolge die Öffentlichkeit ganz eindeutig diesen Vorschlag befürwortete (Tabelle 75)(59). Eine Mehrheit für die offizielle Politik, bei einem Mißer-

[56] In der EMNID-Umfrage vom Oktober 1981 meinten hinsichtlich des Doppelbeschlusses 64%, es ginge vor allem um die unverzügliche Aufnahme von Verhandlungen, um die Aufstellung amerikanischer Mittelstreckenraketen in Westeuropa zu vermeiden; 34% betonten, es ginge um die Wiederherstellung des militärischen Gleichgewichts, weshalb in Westeuropa Mittelstreckenraketen früher oder später aufgestellt werden müßten. (Spiegel, 23. November 1981, S. 59.)

[57] Im Oktober 1981 rechneten 39% mit einem Scheitern der Verhandlungen, 23% erwarteten ein Teilabkommen und 36% erhofften den Verzicht auf amerikanische und den Abbau sowjetischer Raketen. (Spiegel, 23. November 1981, S. 65.)

[58] Im Februar 1983 hielten 65% die Nulloption für eine gute Lösung, aber 53% waren überzeugt, daß sie sich nicht verwirklichen ließe. (Noelle-Neumann, Jahrbuch 1983, S. 643.)

[59] Für eine Übersicht über entsprechende Umfrageergebnisse siehe Berger at al., "Zwei Drittel gegen neue Raketen", sowie "Question Wording Makes A Difference: German Public Attitudes Toward Deployment", Public Opinion, Dezember/Januar 1984, S. 38-39. Die Ablehnung der Stationierung lag in diesen Umfragen durchweg zwischen 60% und 80%.

Tabelle 75: "In Genf führen die Sowjetunion und die USA derzeit Abrüstungsverhandlungen über Mittelstreckenraketen. Wenn diese Verhandlungen bis zum Herbst zu keiner Einigung führen, was sollte dann geschehen?

	5/1983	6/1983	7/1983	9/1983
Weiter über Abrüstung verhandeln und keine neuen Raketen in der Bundesrepublik aufstellen.	72%	72%	76%	65%
Weiter über Abrüstung verhandeln, aber gleichzeitig neue Raketen in der Bundesrepublik aufstellen.	25	25	20	31
Abrüstungsverhandlungen abbrechen und neue Raketen in der Bundesrepublik aufstellen."	3	2	3	3

Quelle: Forschungsgruppe Wahlen, Berger et al., "Zwei Drittel gegen neue Raketen".

Tabelle 76: Zustimmung zu...

	1981	1982	1983
"Ich habe vor der Stationierung der neuen amerikanischen Raketen Angst, weil damit das Risiko eines Atomkrieges auf deutschem Boden größer wird.	45%	49%	54%
Ich glaube, daß durch die Stationierung neuer amerikanischer Atomwaffen in Europa der Frieden sicherer werden wird, weil damit die Sowjetunion wirksamer von einem Angriff abgeschreckt wird.	30	24	17
Ich glaube, daß durch die Stationierung neuer amerikanischer Atomwaffen in Europa sich im Grunde nichts Wesentliches verändert. Weder steigt dadurch die Kriegsgefahr noch wird der Frieden dadurch sicherer.	24	26	28

Quelle: SINUS, Sicherheitspolitik, S. 47.

Tabelle 77: "Glauben Sie, daß durch die Stationierung von amerikanischen atomaren Mittelstreckenraketen in der Bundesrepublik die Möglichkeit eines Angriffs auf unser Land größer ist - daß dadurch unsere Sicherheit größer ist - oder daß das überhaupt keinen Einfluß hat?"

Juli/August 1983	insg.	16-24	25-29	30-49	50-64	65-
Möglichkeit eines Angriffs größer	28%	54%	46%	23%	19%	17%
Sicherheit größer	40	18	26	45	42	53
Keinen Einfluß	28	25	20	29	35	25
Keine Angabe	4	3	8	3	3	5

Quelle: EMNID, Meinungsbild 1983, Tabelle 31.

folg der Verhandlungen bis zum Dezember 1983, wie vorgesehen, mit der Stationierung zu beginnen, ließ sich nur bei der Anwendung teilweise fragwürdiger Umfragemethoden ermitteln(60). Die Kritik an diesen Umfragen(61) übersah allerdings zumeist den wichtigen Punkt, daß eine Öffentlichkeit, die auf unterschiedlich suggestive Fragestellungen sehr unterschiedlich reagiert, kaum über fest geformte Einstellungen verfügt. Diese differenzierenden Ergebnisse deuten also zumindest darauf hin, daß die Ablehnung der Stationierung nicht sehr intensiv und ausgeprägt war.

Die Befürworter einer Stationierung nach dem Scheitern der Verhandlungen hatten offensichtlich Schwierigkeiten, die Öffentlichkeit von ihren Argumenten zu überzeugen, daß modernisierte Mittelstreckenwaffen, die erstmals von deutschem Boden aus sowjetisches Gebiet direkt bedrohen würden, zur Wiederherstellung eines militärischen Gleichgewichts und damit zur Sicherung des Friedens notwendig waren. Einigen Umfragen zufolge entwickelte sich die öffentliche Meinung vielmehr in die entgegengesetzte Richtung (Tabelle 76). Zwar unterstützte man prinzipiell das Ziel eines Gleichge-

60 Der Fragestellung der anderen Umfragen am nächsten kam eine Frage des IfD:"Eine Frage zu den Genfer Abrüstungsverhandlungen. Wenn es in Genf bis zum Ende der Verhandlungen im Oktober zu keinem Ergebnis kommt und die Sowjetunion ihre SS-20-Raketen auf Europa gerichtet stehen läßt: sollen dann in der Bundesrepublik die neuen amerikanischen Mittelstrekkenraketen Pershing II aufgestellt werden, wie es der NATO-Doppelbeschluß vorsieht, oder sollen sie nicht aufgestellt werden?". Hier ergaben sich 40% gegen eine Stationierung, 37% dafür. Sehr hypothetischer Natur war die Frage, ob - falls es nur diese Wahl gäbe - die Bundesrepublik aus der NATO austreten oder neue Raketen aufstellen solle; dabei ergab sich eine Mehrheit von 46% für die Stationierung (22% plädierten für den Austritt aus der NATO). (Umfrage vom August 1983, zitiert nach Noelle-Neumann, "Drei Viertel gegen Raketenstationierung?".)

61 Der von EMNID im Auftrag des Verteidigungsministeriums im September 1983 durchgeführten Umfrage, in der 58% dem Satz zustimmten: "Der Westen muß gegenüber der Sowjetunion stark genug bleiben, deshalb ist es nötig, in Westeuropa moderne Atomwaffen aufzustellen, wenn die Sowjetunion ihre neuen Mittelstreckenwaffen nicht abbaut", bescheinigte Hagstotz "allenfalls kreatives Denken bei der Herstellung künstlicher 'Mehrheiten'" ("Vom Doppelbeschluß bis zum 'Heißen Herbst'", S. 17).

wichts auch bei den Mittelstreckenraketen(62). Aber für den konkreten Fall dieser Art von Nachrüstung sah, je nach Fragestellung, entweder eine beträchtliche Mehrheit eher eine zusätzliche Gefahr(63) oder aber eine knappe Mehrheit ein Plus an Sicherheit - allerdings mit großen Unterschieden zwischen den Altersgruppen (Tabelle 77). In Anbetracht der inzwischen verwirklichten sowjetischen Ankündigung - die durchaus in erpresserischer Absicht erfolgt sein mag -, im Falle eines Scheiterns der Verhandlungen und als Reaktion auf die Stationierung neuer Raketen im Westen selbst neue Nuklearwaffen in Osteuropa zu dislozieren, dürfte die eher skeptische Haltung der Öffentlichkeit nicht ohne realen Bezug gewesen sein.

Die leichte Verhärtung der Einstellungen gegen die Nachrüstung kam jedoch zu spät, um sich auf den Entscheidungsprozeß noch auswirken zu können. Und es bleibt die Frage, wie hart diese Einstellungen überhaupt waren. Denn als in der Bundestagswahl im März 1983 auch über die Nachrüstung abge-

[62] Im August 1983 meinten nur 13%, bei den Mittelstreckenraketen sei zur Zeit ein Gleichgewicht vorhanden; 50% sahen kein Gleichgewicht (37% blieben unentschieden). Auf die Anschlußfrage: "Finden Sie, ein Gleichgewicht zwischen den Mittelstreckenraketen des Ostens und der NATO ist notwendig, oder nicht unbedingt?", antworteten 59% ja; lediglich 24% hielten dies nicht unbedingt für notwendig. (Noelle-Neumann, "Drei Viertel gegen die Raketenstationierung?")

[63] "Wenn die Abrüstungsgespräche zwischen den USA und der Sowjetunion in Genf scheitern, sollen ja bei uns in der Bundesrepublik Ende dieses Jahres neue amerikanische Mittelstreckenraketen stationiert werden. Würden Sie sagen, daß Sie das alles in allem eher bedrückt, weil mehr Raketen mehr Gefahr bedeuten, oder eher beruhigt, weil dann das Gleichgewicht zwischen Amerika und Rußland wieder hergestellt ist?"

	Januar 1983
Bedrückt mich	61%
Beruhigt mich	19
Weiß nicht	20

Quelle: Noelle-Neumann, Jahrbuch 1983, S. 636.

Im August 1983 sprachen sich 31% für die Aufstellung von Pershing-II aus, "weil modernere Waffen auch mehr Sicherheit bedeuten"; 48% waren dagegen, denn: "Noch stärkere Waffen heißt mehr Gefahr." (Noelle-Neumann, "Drei Viertel gegen die Raketenstationierung?")

stimmt werden konnte, entschieden sich die Wähler eindeutig für die Parteien, die im Falle eines Scheiterns der Verhandlungen für den Beginn der Stationierung eingetreten waren. Trotz der Bemühungen der SPD, einen "Raketenwahlkampf" in Gang zu bringen(64), standen andere Probleme - die wirtschaftliche Entwicklung, die Regierungsfähigkeit der SPD - im Vordergrund des Wahlkampfes. Die Nachrüstungsfrage spielte ganz offensichtlich keine entscheidende Rolle - der stärkste Beweis für die Vermutung, daß diese Frage die Gemüter keineswegs in einer so grundlegenden Weise aufgewühlt hatte, wie vielfach vermutet worden war. Die sowjetischen Einflußversuche zugunsten der SPD dürften im übrigen ihren Teil zum Wahlsieg der CDU beigetragen haben - einmal mehr ein Beweis dafür, daß sich die westdeutsche Bevölkerung insgesamt von der Sowjetunion weder erpressen noch verführen läßt.

Die Regierung der christdemokratisch-liberalen Koalition wurde so in die Lage versetzt, den von ihrer Vorgänger-Regierung in Gang gesetzten Prozeß der Nachrüstung zu vollenden. Bei der Durchführung des Stationierungsbeschlusses kam ihr letztlich die Sowjetunion zu Hilfe, die im September 1983 mit dem Abschuß eines koreanischen Passagierflugzeuges die Stimmung in der Bundesrepublik gegen sich beeinflußte (siehe z.B. Tabelle 75). Auch die Tatsache, daß es schließlich die Sowjetunion war, die die INF- und START-Verhandlungen in Genf abbrach, dürfte dazu beigetragen haben, die ablehnende Haltung der Öffentlichkeit gegenüber

[64] Wie wenig sich die SPD im Wahlkampf mit ihren spezifischen Vorschlägen zur Nachrüstungsproblematik durchsetzen konnte, geht auch aus einer Umfrage hervor, in der nach Reaktionen auf einen Vorschlag des SPD-Spitzenkandidaten Hans-Jochen Vogel gefragt wurde, wonach der Westen auf die Aufstellung eigener Raketen verzichten sollte, wenn die Sowjetunion wenigstens einen Teil ihrer Raketen abzubauen bereit sei. 33% stimmten diesem Vorschlag zu, 41% unterstützten die Formulierung: "Der Osten darf kein Raketenmonopol haben. Wenn die Russen einen Teil ihrer Raketen stehen lassen, muß die NATO etwa ebenso viele Raketen aufstellen." (Noelle-Neumann, Jahrbuch 1983, S. 642.)

der Stationierung abzuschwächen(65). Jedenfalls wurde der Herbst 1983 trotz aller Protestmaßnahmen, die - wie etwa die Menschenkette von Stuttgart nach Ulm - in der Tat eindrucksvoll verliefen, bei weitem nicht so "heiß", wie viele zuvor befürchtet hatten(66). Als im Dezember 1983 die ersten Pershing II in der Bundesrepublik aufgestellt wurden, geschah dies fast ohne öffentliche Aufregung. Die Bundesregierung, die ihren Beschluß noch einmal vom Bundestag bestätigen ließ, sah sich aufgrund des Beginns der Stationierung keineswegs in politischen Schwierigkeiten. Ihre Stellung in der Einschätzung der Öffentlichkeit war so solide wie je zuvor. Die Auseinandersetzung um die Nachrüstung blieb somit eine Episode in der Geschichte der Bundesrepublik. Die - angeblich alles beherrschende - Angst hatte sich nicht durchgesetzt.

Aber die Angst hatte sich auch nicht einfach verflüchtigt. Bei manchen Beobachtern hielt sich deshalb die Sorge, daß die politische Speerspitze der Verängstigung, die Friedensbewegung, doch noch eine bedeutende Rolle spielen könnte. Das Wahlergebnis vom März 1983 hatte hier zunächst klare Verhältnisse geschaffen. Der Friedensbewegung und ihrer Partei, den Grünen, war zwar der Sprung in den Bundestag geglückt, aber unter politischen Konstellationen, die eine maßgebliche Beteiligung am Entscheidungsprozeß weitgehend ausschlossen. Zusätzlich hatte der Mißerfolg der Kampagne gegen die Nachrüstung die Friedensbewegung desillusioniert

[65] Zwischen Herbst 1981 und Spätsommer 1983 hatte sich die Zahl derer, die meinten, beide Supermächte würden ernsthaft verhandeln, von 45% auf 37% verringert, während die Zahl derer, die bei beiden nicht an einen ernsthaften Verhandlungswillen glaubten, von 27% auf 36% bzw. 41% anstieg. Die Verhandlungsbereitschaft der Sowjetunion bezweifelten 1983 17%, die der USA 5%. (Spiegel, 23. November 1981, S. 65; SINUS, Sicherheitspolitik, S. 44; und EMNID-Umfrage für das Fernsehmagazin Panorama, 27. September 1983.)

[66] Im Juli 1983 erwarteten 42% "ernste Unruhen" (im August nur noch 36%); daß es bei Demonstrationen bleiben würde, vermuteten im Juli 41%, einen Monat später 48%. (Noelle-Neumann, "Drei Viertel gegen die Raketenstationierung?")

und desorientiert. Aber obwohl der harte Kern der Friedensbewegung relativ klein ist, kann ein potentiell politischer Einfluß nicht völlig ausgeschlossen werden. Friede - wie könnte es auch anders sein! - ist ein Begriff von großer emotionaler Ausstrahlungskraft und manche Kernthesen der Friedensbewegung fielen auf fruchtbaren Boden. Die massiven Demonstrationen im Herbst 1983 verdeutlichten den großen Einflußbereich der Friedensbewegung, der allerdings zu keiner Zeit eine Mehrheit der Bevölkerung umfaßte(67).

Die Tatsache, daß die Friedensbewegung sich aktiv an der politischen Auseinandersetzung und damit auch am politischen Willensbildungsprozeß beteiligt, ist nicht unbedingt ein Anlaß zur Sorge(68). Im Gegenteil: Diese Aktivitäten spiegeln die Fähigkeiten einer gereiften Gesellschaft wider, drängende Probleme offen und demokratisch zu diskutieren und mit friedlichen Mitteln zu bewältigen. Die fast durch-

[67] "Könnten Sie sich vorstellen, in nächster Zeit an einer dieser Aktivitäten (Unterschriften-Sammlung, Demonstration, Friedensmarsch, Tragen von Plaketten) teilzunehmen, oder lehnen Sie diese Aktionen der Friedensbewegung grundsätzlich ab?"

	1981	1982	1983
Könnte mir vorstellen teilzunehmen	30%	39%	37%
Lehne diese Aktivitäten grundsätzlich ab	69	57	60
Keine Antwort	2	4	3

Quelle: EMNID, Meinungsbild 1983, S. 54.

Als aktive Anhänger der Friedensbewegung bezeichneten sich im September/Oktober 1983 4%, als nicht-aktive Anhänger 31%; 65% erklärten, sie seien keine Anhänger der Friedensbewegung. (Stern, 20. Oktober 1983, S. 70.)

[68] Werner Kaltefleiter begründete eine solche Sorge folgendermaßen: "Da Abschreckung aber zwei Komponenten umfaßt, die militärischen Mittel und die Glaubwürdigkeit des politischen Willens, diese Mittel auch zu nutzen, ist das Außenimage nicht vom Innenimage zu trennen. Ein Bündnis, dessen Innenimage durch Nichtakzeptanz geprägt würde, könnte kaum das Außenimage politisch glaubwürdiger Abschreckung vermitteln. Daraus folgt, daß die wesentlichen Probleme, die z.B. von der Friedensbewegung ausgehen, nicht in irgendwelchen Demonstrationen, selbst wenn sie partiell in Gewalt ausarten, bestehen, sondern darin, daß sie bei einem potentiellen Gegner die Perzeption eines Bündnisses vermitteln, das nicht vom Konsens der Bevölkerung getragen ist und dementsprechend kaum die politische Kraft zum Widerstand hat."
"Das Image der NATO", in Frieden und Sicherheit als Herausforderung. Informationen und Argumente (Bonn: Bundeszentrale für politische Bildung, 1983), S. 141f.

gängige Friedfertigkeit der großen Demonstrationen war in dieser Hinsicht besonders aufschlußreich und ermutigend. Das politische System der Bundesrepublik war in der Lage, sich mit den mehr oder weniger exotischen Vorschlägen zur Verhinderung der Nachrüstung auseinanderzusetzen - sie reichten von der Erklärung einzelner Gemeinden zu kernwaffenfreien Zonen über Verfassungsbeschwerden und Forderungen nach einer Volksbefragung bis hin zu Aufrufen zu einem Generalstreik.

Sorgen bereitete für einige Zeit die Möglichkeit, daß ein Teil des harten Kerns der Friedensbewegung zu gewalttätigen Maßnahmen gegen die Nachrüstung greifen und damit für eine Neuauflage des Terrorismus in der Bundesrepublik sorgen könnte. Beide Seiten richteten sich auf diese Möglichkeit ein: die Friedensbewegung, indem sie einerseits eine ausführliche Diskussion über die Notwendigkeit zivilen Ungehorsams und gewaltfreien Widerstands in Gang brachte - ein Thema von besonderer Bedeutung angesichts der jüngsten deutschen Geschichte -, andererseits aber ihre aktiven Anhänger sehr sorgfältig auf Gewaltfreiheit verpflichtete; und Bund- wie Länderregierungen, indem sie einerseits das Demonstrationsstrafrecht in teilweise fragwürdiger Weise verschärften, andererseits aber die Polizeikräfte ebenfalls anhielten, soweit irgend möglich von Gewaltanwendung abzusehen.

Diese Vorbereitungen erwiesen sich im ganzen gesehen als Erfolg, denn am Ende blieb die Friedensbewegung ihrem Namen treu und friedlich. Dabei sah man innerhalb der Friedensbewegung sehr wohl, daß man mit einem Dilemma konfrontiert war. Die Sympathien der weiteren Öffentlichkeit, auf die man zielte, konnten nur gewonnen werden, wenn die Aktivitäten gewaltfrei verliefen. Die Anwendung von Gewalt, wie auch eine zu offene Beteiligung kommunistischer Organisationen(69), hätten dieses Wohlwollen sofort in Frage gestellt(70). Andererseits aber mußte man zur Kenntnis nehmen, daß angesichts der tatsächlichen Mehrheitsverhältnisse friedliche Demonstrationen, so eindrucksvoll sie auch dem politischen Ziel Gewicht gaben, kaum dazu geeignet waren, die Entschlossenheit der Regierung zu untergraben. Aus diesem Dilemma gab - und gibt - es für die Friedensbewegung keinen Ausweg. Eine weitere Zunahme der politischen Bedeutung der Friedensbewegung ist aus diesem Grunde kaum

[69] In einer Umfrage vom Juli 1981 ergab sich, daß die grundsätzliche Ablehnung von Demonstrationen der Friedensbewegung von 16% auf 38% stieg, wenn in der Fragestellung auf eine kommunistische Beteiligung verwiesen wurde. (Noelle-Neumann, Jahrbuch 1983, S. 644.)

[70] Auf die Frage: "Was würden Sie davon halten, wenn von der Friedensbewegung zu Gesetzesübertretungen aufgerufen würde, zum Beispiel zur Blockierung der Zufahrtswege zu Militäranlagen", antworteten im Juli/August 1983 51% "würde ich grundsätzlich ablehnen", während 20% dagegen "Vorbehalte" anmeldeten. Für 11% wäre dies "gleichgültig", 12% hätten dies gut gefunden, sich aber nicht aktiv beteiligt, 4% hätten vielleicht aktiv mitgemacht und 1% bestimmt. Wenn zur "Zerstörung von Militäranlagen, auf denen Mittelstreckenraketen stationiert sind", aufgerufen worden wäre, hätten 66% grundsätzlich abgelehnt, 15% Vorbehalte gehabt, 7% sich gleichgültig verhalten, 7% es ohne eigene Beteiligung für gut gehalten, 1% sich "vielleicht aktiv" beteiligt, und weniger als 0,5% "aktiv mitgemacht." (EMNID, Meinungsbild 1983, Tabellen 6 und 7.)
Aufschlußreich ist auch das Ergebnis einer sehr sorgfältig formulierten Umfrage des Instituts für Demoskopie Allensbach vom September/Oktober 1983:
"Es gibt ja verschiedene Ansichten über den Widerstand gegen die Aufstellung der neuen Mittelstreckenraketen. Einige Leute sind fest entschlossen, mit allen Mitteln, wenn es sein muß, auch mit Gewalt, gegen die Aufstellung zu protestieren. Andere lehnen jede Gewalt ab und befürworten allein gewaltfreie Demonstrationen. Welcher dieser Ansichten würden Sie eher zustimmen?

September/Oktober 1983	insg.	16-29	30-44	45-
Die Nachrüstung zu verhindern, ist ein so wichtiges Ziel, daß ich verstehen kann, wenn jemand mit allen Mitteln dagegen kämpft, wenn es sein muß, auch mit Gewalt.	12%	19%	11%	9%
Das sehe ich anders. Ich habe kein Verständnis dafür, wenn jemand Gewalt anwendet, egal, wofür er sich damit einsetzt."	76	69	77	80
Unentschieden	12	12	12	11

Quelle: Stern, 20. Oktober 1983, S. 71.

anzunehmen. Politisches System und politische Kultur der Bundesrepublik tragen dazu bei, daß sie gegen allerlei potentiell "heiße" Jahreszeiten gut gerüstet ist. Die sicherheitspolitischen Grundlagen der Bundesrepublik dürften auch in absehbarer Zukunft keinen dramatischen Veränderungen unterliegen.

V. WIRTSCHAFTLICHE GRUNDLAGEN: VOM WIRTSCHAFTSWUNDER ZUM WUNDERN ÜBER DIE WIRTSCHAFT

Für die meisten ausländischen Beobachter der Verhältnisse in Deutschland - und nicht zuletzt auch für viele Experten in der Bundesrepublik - war die Beziehung zwischen wirtschaftlicher Leistung und politischem Verhalten schon immer ein faszinierendes, zu Spekulationen verführendes Thema. Die Erklärung hierfür ist einfach: Die tragische historische Erfahrung, daß der wirtschaftliche Zusammenbruch Deutschlands während der Weimarer Republik zu Adolf Hitler und seinem Dritten Reich entscheidend beitrug, nährt nach wie vor Befürchtungen, die Geschichte könne sich wiederholen und eine wirtschaftlich instabile Bundesrepublik in ein politisch gefährlich instabiles Land verwandeln. Der amerikanische Historiker Gordon A. Craig, wohl der profilierteste Deutschland-Kenner in den USA, hat diese Befürchtung folgendermaßen zum Ausdruck gebracht:

> "Es wäre vielleicht falsch, diese Nachklänge der Vergangenheit zu ernst zu nehmen, zumal es Anzeichen dafür gibt, daß die erwähnten Einstellungen auf lokaler und regionaler politischer Ebene Veränderungen erfahren, und zwar durch die Aktivitäten von Bürgerinitiativen und verschiedenen Gruppierungen der Grünen. Doch seit dem Ende der Adenauer-Ära, einer Periode, in der sich die Demokratie der Bundesrepublik auf soliden Grundlagen ausgebildet und gefestigt zu haben schien, sind andere, ebenfalls an die Vergangenheit erinnernde Tendenzen emporgekommen, die nicht so leichthin abgetan werden können.
>
> Die erste ist eine fast neurotische Empfindlichkeit für jedes Anzeichen wirtschaftlicher Schwierigkeiten, begleitet von der... Neigung, darauf mit Pessimismus und undemokratischem Verhalten zu reagieren"(1).

[1] Gordon A. Craig, Über die Deutschen (München: Beck, 1982), S. 324f. Craig führte im weiteren aus, daß das Auftauchen der neo-nazistischen NPD und links-gerichteter Protestbewegungen während der Großen Koalition "offenbarte, daß es in der deutschen Gesellschaft antidemokratische Kräfte gab, die schnell mobilisiert werden konnten, und daß die Demokratie übersensibel auf Anzeichen wirtschaftlicher Instabilität reagierte."

Der damalige Bundeskanzler Helmut Schmidt teilte diese Befürchtung, als er im Februar 1982 gegenüber einem Korrespondenten der New York Times erklärte:

> "'Europe is in greater danger than the Americans have understood so far', he asserted. 'The fabric of the economy and the society is endangered by the deepest recession since the middle 30's.'
>
> 'The threat', he said, 'is building up 'from quarter to quarter', adding,'"What I fear is economic and social, and therefore political, unrest: political destabilization as a consequence of economic destabilization'."(2).

Angesichts einer solchen pessimistischen Grundhaltung selbst beim Bundeskanzler konnte es kaum noch überraschen, daß ein anderer amerikanischer Beobachter voller Dramatik argumentierte: "The current impasse raises fundamental questions about the viability of West German democracy"(3). Die Perzeption der Bundesrepublik schien sich von einer Bewunderung ihres Wirtschaftswunders zur Frage, welche Rolle die deutsche Wirtschaft bei der Lebensfähigkeit ihrer Demokratie spielt, verwandelt zu haben(4).

Nach allem, was bisher in dieser Studie an Argumenten und unterstützenden Daten präsentiert wurde, kann eigentlich kaum ein Zweifel darüber bestehen, daß die Zukunft der Demokratie in der Bundesrepublik gesichert erscheint. Woher aber rührt dieser beständige Pessimismus, der von den meisten Westdeutschen selbst gar nicht geteilt wird? Er beruht zum Teil auf einer falschen Interpretation - oder bes-

[2] "Schmidt Worried Over U.S. Deficits", New York Times, 18. Februar 1982.

[3] G. Thomas Gibson, "Dateline West Germany: The Marred Miracle", Foreign Policy, Frühjahr 1982, S. 181.

[4] "Over the past three years the German economic giant has revealed its feet of clay. Growth has been flat. The country counts 2 million unemployed. The heavily industrialized Ruhr Valley ranks among the Continent's economic basket cases. Even more worrying to Germany's neighbors and allies is the growing impression that the German body politic is ailing, too - that the solid consensus that has underpinned the nation's policies for 30 years is cracked, if not quite broken." So die dramatischen Schlußfolgerungen in einem vielbeachteten Artikel über "The Decline of Europe", Newsweek, 9. April 1984, S. 12.

ser: Extrapolation - der deutschen Geschichte, und zwar falsch deshalb, weil die Deutschen eben aus ihrer Geschichte gelernt haben, daß radikale politische Maßnahmen keine Lösung der Probleme bringen. Ein weiterer Grund mag in der Tatsache zu suchen sein, daß zahlreiche Intellektuelle in der Bundesrepublik einen solch modischen Pessimismus pflegen; außenstehende Beobachter bekommen hier ihre Stichworte und Argumente geliefert.

Ein dritter Grund für diese pessimistische Argumentationsweise ist sicher der, daß sie in manchen Situationen von vermeintlichem politischen Nutzen sein kann, gerade auch in den deutsch-amerikanischen Beziehungen. Die Beschwerden von Bundeskanzler Schmidt hinsichtlich der Gefahren von wirtschaftlicher und politischer Instabilität mögen durchaus ehrlich gemeint gewesen sein. Wahrscheinlich aber wurden sie auch mit der kalkulierten Überlegung vorgebracht, daß die Bundesrepublik von den USA wirtschaftliche und politische Zugeständnisse erhalten könnte, wenn entsprechende Befürchtungen auch von den Entscheidungsträgern in Washington geteilt würden. Konkret dürfte Schmidt auf eine Verringerung der amerikanischen Zinssätze und besseres Verständnis hinsichtlich der mangelnden Bereitschaft Bonns, die Verteidigungsausgaben zu erhöhen, spekuliert haben. Ohne Zweifel spiegelten Schmidts Argumente allerdings auch seine eigene zunehmend unsicherer werdende Stellung als Bundeskanzler wider - zu Recht, wie sich ein halbes Jahr später herausstellte.

Die Erfahrungen des ehemaligen Bundeskanzlers deuten an, was einige Daten belegen, daß es nämlich in der Bundesrepublik in der Tat einen engen Zusammenhang zwischen wirtschaftlichen Schwierigkeiten und politischen Veränderungen gibt. Mehr oder weniger drastische Einbrüche bei den jährlichen Zuwachsraten des Wirtschaftswachstums stellen sich, zumindest im nachhinein, als perfekte Indikatoren für einen

Regierungswechsel heraus (siehe Schaubild 1). Die Ablösung Konrad Adenauers durch Ludwig Erhard, den Architekten des Wirtschaftswunders der Nachkriegsjahre, erfolgte im Jahre 1963, als die jährliche Wachstumsrate zum ersten Mal seit 1950 auf 3% sank. Der nächste Regierungswechsel kam drei Jahre später, als die FDP dem Kanzler eine Erhöhung der Steuern verweigerte, die notwendig geworden war, weil es Erhard nicht vermocht hatte, dem amerikanischen Präsidenten Zugeständnisse bei den Ausgleichszahlungen für die amerikanische Truppenpräsenz in der Bundesrepublik abzuringen. Daraufhin kündigte die CDU/CSU die Koalition mit der FDP und bildete Ende 1966 eine Große Koalition mit der SPD: Es war eine Zeit des Nullwachstums der Wirtschaft.

Das Ende der Großen Koalition unter Bundeskanzler Kurt Georg Kiesinger brachte die Wahl von 1969, das einzige Mal in der Geschichte der Bundesrepublik, daß ein Regierungswechsel unmittelbar aufgrund einer Wahl erfolgte, und auch das einzige Beispiel für einen Regierungswechsel bei hohen Wachstumsraten. Der Bundeskanzler der SPD/FDP-Koalition, Willy Brandt, blieb bis 1975 im Amt. Dann mußte er, hauptsächlich wegen des Skandals um seinen Mitarbeiter Guilleaume, der als Spion der DDR entlarvt wurde, sicherlich aber auch, weil seine Führungskraft bei abnehmendem Wirtschaftswachstum in seiner eigenen Partei zunehmend in Zweifel geriet, dem Wirtschaftsexperten der SPD, Helmut Schmidt, Platz machen(5). Schmidt schließlich verlor sein Amt am 1. Oktober 1982, als die FDP - hauptsächlich aus wirtschaftspolitischen Gründen - die Koalition mit der SPD aufkündigte. Die negativen Veränderungen der Wirtschaftslage hatten schon zuvor den Eindruck in der Öffentlichkeit verstärkt, daß diese Regierung nicht mehr in der Lage war, die anstehenden Probleme zu bewältigen(6). Die neue Regierung

[5] Zur Geschichte der sozialliberalen Koalition siehe Arnulf Baring, Machtwechsel. Die Ära Brandt-Scheel (Stuttgart: DVA, 1982).

[6] Siehe hierzu Hans Rühle, "Der Schrumpfungsprozeß der SPD - oder: Die Trendwende ist da", FAZ, 4. August 1982, S. 9.

der christdemokratisch-liberalen Koalition unter Bundeskanzler Helmut Kohl erreichte mit dem Wahlergebnis vom März 1983 eine überzeugende Bestätigung dieser "Wende", nicht zuletzt deshalb, weil die Öffentlichkeit um die Jahreswende 1982/1983 wieder Hoffnung und Zuversicht zurückzugewinnen begann(7).

Betrachtet man die bisherigen Regierungs- und Koalitionswechsel als Indikatoren für politische Instabilität, dann ist das Argument, daß wirtschaftliche Schwierigkeiten politische Instabilität in der Bundesrepublik fördern, eine gewisse Berechtigung nicht abzusprechen. Umgekehrt kann man es natürlich auch als einen Beweis für die gelungene Konstruktion des politischen Systems der Bundesrepublik werten, daß solche Regierungswechsel in verfassungskonformer Weise möglich sind, ohne daß es zuvor oder danach zu stabilitätsgefährdenden Auseinandersetzungen kommt. Nach den Erfahrungen der Weimarer Republik waren die Verfassungsväter der Bundesrepublik ja gerade bestrebt, diese politische Flexibilität zu gewährleisten. Es scheint daher mehr als problematisch, wenn man das tatsächliche Funktionieren des parlamentarischen Regierungssystems als Anzeichen dafür sieht, daß diese Demokratie in Schwierigkeiten ist.

Als weiterer Indikator für gesellschaftliche und politische Instabilität als Auswirkung wirtschaftlicher Schwierigkeiten könnten die Häufigkeit und das Ausmaß von Arbeitskämpfen in der Bundesrepublik herangezogen werden. Dabei ist zunächst jedoch wichtig, zwei Faktoren zu berücksichtigen. Erstens ist die Wahrnehmung des demokratisch verbrieften Rechts auf Streik zur Duchsetzung von Interessen der Arbeitnehmer nicht unbedingt als Anzeichen dafür zu werten, daß die Demokratie zu versagen droht. Zweitens gibt es für politische Streiks in der Bundesrepublik bis heute fast

[7] Zur Entwicklung der öffentlichen Meinung vor der Wahl siehe Elisabeth Noelle-Neumann, "Es war kein Überraschungssieg", FAZ, 7. April 1983, S. 11.

keine Beispiele. Ein Zusammenhang zwischen Arbeitskämpfen und politischer Instabilität ist aus diesem Grunde eher auszuschließen. Vergleicht man die Veränderungen in den jährlichen Wachstumsraten mit der Zahl der pro Jahr durch Arbeitskämpfe ausgefallenen Arbeitstage (Schaubild 1), so zeigt sich, daß im allgemeinen - und seit Ende der sechziger Jahre ganz deutlich ausgeprägt - Streiks vorwiegend in Zeiten wirtschaftlichen Wachstums durchgeführt wurden. Die Gewerkschaften haben offensichtlich gelernt, daß Arbeitskämpfe vor allem dann Erfolg versprechen, wenn es um die Verteilung des wirtschaftlichen Zuwachses geht. Schwierige Wirtschaftslagen dagegen haben bisher zu einer Beruhigung der Beziehungen zwischen den Sozialpartnern beigetragen und nicht etwa zu einer Verschärfung, wie mancher vielleicht vermuten möchte(8). Dieses Verhältnis zwischen wirtschaftlichen, sozialen und politischen Entwicklungen entspricht jedenfalls nicht den eingangs zitierten Befürchtungen. Im übrigen liegen Häufigkeit und Ausmaß von Arbeitskämpfen in der Bundesrepublik weit unter dem Niveau anderer westlicher Industrieländer.

Obwohl die Bundesrepublik die wirtschaftlichen Schwierigkeiten der vergangenen Jahre vergleichsweise gut gemeistert hat, bleibt für viele Beobachter die Frage offen, ob ihre Bürger sich weiterhin politisch vernünftig verhalten werden, falls die im Augenblick vorherrschenden Probleme - vor allem die hohe Arbeitslosigkeit - andauern sollten. Diese Frage wird vorwiegend von jenen gestellt, die die Bundesrepublik technologisch immer mehr ins Hintertreffen geraten sehen und deshalb weiterhin mangelndes Wirtschaftswachstum mit entsprechend hoher Arbeitslosigkeit voraussagen. Zieht

[8] Der Arbeitskampf um die Durchsetzung der 35-Stunden-Woche in der Metallindustrie und im Druckgewerbe im Frühjahr 1984 war zwar damit motiviert, einen Beitrag zur Behebung der Arbeitslosigkeit zu leisten, und somit durch wirtschaftliche Schwierigkeiten ausgelöst worden; er fand aber bezeichnenderweise in einer Phase wirtschaftlichen Aufschwungs statt.

Schaubild 1: Vergleich zwischen der Wachstumsrate des Bruttosozialprodukts und dem Ausfall von Arbeitstagen durch Arbeitskämpfe

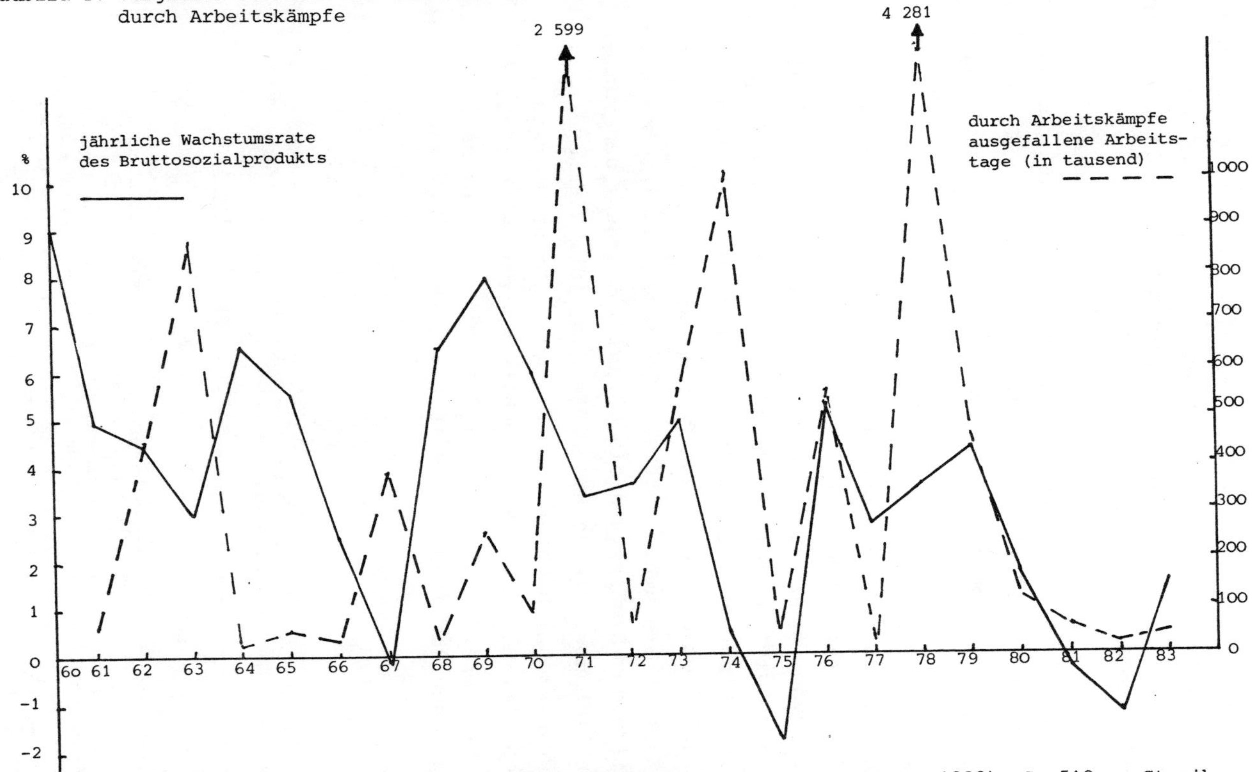

Quellen: Bruttosozialprodukt: Der Fischer Weltalmanach 1983 (Frankfurt: Fischer, 1982), S. 519. - Streiks: Statistisches Bundesamt (Hg.), Statistisches Jahrbuch der Bundesrepublik Deutschland, 1962-1984, (Stuttgart: Kohlhammer).

man alles in Betracht, was bisher auf die Stabilität der Demokratie in der Bundesrepublik verwiesen hat, so müßte man auch für die Zukunft mit einiger Zuversicht auf die politische Vernunft der Bevölkerung setzen können. Dafür gibt es zusätzliche Anhaltspunkte.

Ein Grund für die wahrscheinliche Bereitschaft der Bürger der Bundesrepublik, auch in Zukunft geringes Wirtschaftswachstum mit hoher Arbeitslosigkeit zu tolerieren - d.h. nicht nach radikalen politischen Alternativen zu streben -, dürfte in der Tatsache zu suchen sein, daß man in der Lage und willens ist, von dem in den guten Jahren angehäuften Reichtum für längere Zeit zu zehren. Der Eindruck, daß in der Bundesrepublik vergleichsweise gut verdient wird, dürfte nach wie vor weit verbreitet sein(9). Die Wirksamkeit dieses Eindrucks wird durch die geringen Einkommenszuwächse, die von den Gewerkschaften in den vergangenen Jahren akzeptiert wurden, bestätigt. Gleichzeitig ist bei weiten Teilen der Bevölkerung ein Gefühl vorhanden, daß man eigentlich über die Verhältnisse lebt(10). Die Bereitschaft, auch persönlich Opfer zu erbringen, ist daher relativ groß(11). Daß diese Bereitschaft auch umsetzbar ist, zeigte sich z.B. an der Bereitwilligkeit, mit der nach den Energiekrisen von 1973/74 und 1978 der Energieverbrauch einge-

[9] "Glauben Sie, daß die Arbeiter heute im Bundesgebiet im allgemeinen gut verdienen oder nicht gut verdienen?"

	8/1957	7/1960	7/1963	3/1976	1/1980
Verdienen gut	55%	63%	66%	62%	68%
Gerade ausreichend	30	25	25	26	23
Verdienen nicht gut	10	6	6	9	7

Quelle: Noelle-Neumann, Jahrbuch 1983, S.476 .

[10] In einer international vergleichenden Untersuchung gaben im April 1983 44% der Bundesdeutschen - weit mehr als in jedem anderen Land - an, der wichtigste Grund für augenblickliche wirtschaftliche Schwierigkeiten sei, daß "unsere Gesellschaft über ihre Verhältnisse" lebe. (International Herald Tribune, 16. Mai 1983.)

[11] In der IHT-Umfrage vom April 1983 erklärten lediglich 12%, sie seien nicht bereit, irgendwelche Opfer zu bringen.

schränkt wurde. Sie trat, wenn auch in gemäßigter Form, ebenfalls in dem Wahlsieg der CDU/CSU im März 1983 zutage, der trotz der Ankündigung eines Sparhaushaltes durch die Bundesregierung erzielt wurde. Viele Bundesbürger können sich eine Einschränkung ihrer wirtschaftlichen Verhältnisse im Interesse des Gemeinwohls leisten. Das offenbart nicht nur jeder Spaziergang durch eine deutsche Stadt, sondern ist auch statistisch nachweisbar: in bezug auf Einkommen und Eigentum gehören die westdeutschen Privathaushalte heute zu den reichsten der Welt(12).

Ein weiterer Grund liegt in der Tolerierung der Arbeitslosigkeit selbst. In der Bevölkerung ist der Eindruck ziemlich weit verbreitet, daß das beispielhafte und sehr teure System der Arbeitslosenunterstützung in der Bundesrepublik von vielen Arbeitslosen ausgenutzt wird(13). Ob dies in der Tat zutrifft oder nicht, ist in diesem Zusammenhang nicht von Bedeutung. Was zählt, ist die Tatsache, daß auf der Grundlage dieses Eindruckes die hohe Arbeitslosigkeit, die von vielen als vorrangig zu lösendes Problem betrachtet wird, dennoch nicht jene politischen Auswirkungen hat, die von manchen bereits für geringere Arbeitslosenquoten vorausgesagt worden waren. Es bedeutet ferner, daß gewisse

[12] Siehe hierzu Meinard Miegel, Die verkannte Revolution (Bonn: Institut für Wirtschafts- und Gesellschaftspolitik, 1983). In den Jahren von 1979 bis 1984 blieb der Zuwachs der Bruttolöhne und -gehälter mit 24,8% knapp unter dem Kaufkraftverlust von 25,4%. Da jedoch gleichzeitig die Lohnsteuern und die Sozialversicherungsbeiträge anstiegen, ging das Nettoeinkommen der Arbeitnehmer zwischen 1979 und 1984 um 7% zurück. (Berechnungen des Statistischen Bundesamtes, zitiert nach Der Spiegel, 12. November 1984, S. 133.)

[13] "Glauben Sie, daß es unter denen, die zur Zeit arbeitslos sind, viele gibt, die nicht arbeiten wollen, oder sind das nur Einzelfälle?"

	9/1975	6/1976	11/1977	11/1978	8/1979	1/1981	3/1982	1/1983
Gibt viele	49%	49%	59%	55%	53%	58%	48%	42%
Einzelfälle	45	45	36	39	39	32	45	50
Unentschieden	6	6	5	6	8	10	7	8

Quelle: Noelle-Neumann, Jahrbuch 1983, S. 453.

einschränkende Modifizierungen der Arbeitslosenunterstützung innenpolitisch verkraftbar sein dürften. Drastische Kürzungen hingegen werden kaum toleriert werden. Dies gilt ebenso für andere Bereiche des Sozialwesens. Wesentliche Kürzungen bei gleichzeitiger Erhöhung der Verteidigungsausgaben - wie dies immer wieder von amerikanischer Seite gefordert wird - sind kaum vorstellbar(14). Wie lange das bestehende System sozialer Sicherungen im Falle fortdauernder wirtschaftlicher Stagnation aufrechterhalten werden kann, entzieht sich einer Vorhersage. Zu vermuten ist jedoch, daß die politischen Auswirkungen sich in Grenzen halten würden, sollten eines Tages größere Einschränkungen notwendig werden.

[14] Im April 1983 unterstützten 67% Maßnahmen zur Verringerung des Verteidigungshaushalts, um dadurch die Sozial-, Gesundheits- und Erziehungswesen zu fördern (in den USA traten 69% für solche Maßnahmen ein). Siehe IHT, 16. Mai 1983.

VI. POLITISCHE GRUNDLAGEN: DAS PRIMAT DER STABILITÄT

Seit ihrer Gründung im Jahre 1949 hat sich die Bundesrepublik als politisch stabile Konstruktion erwiesen, die mit ihren nunmehr 35 Jahren länger überlebt hat als die Weimarer Republik oder das Dritte Reich. Für manche Beobachter ist dies das eigentliche Wunder der Geschichte Deutschlands nach dem Zweiten Weltkrieg. Dieser architektonische Erfolg ist verschiedenen Faktoren zuzuschreiben. Der größte Anteil an der politischen Stabilität der Bundesrepublik dürfte allerdings den Architekten des Grundgesetzes zuzurechnen sein, die - auf den Erfahrungen vor allem mit der Weimarer Republik aufbauend - das politische Sytem sorgfältig konstruierten, daß es allen Erschütterungen widerstehen konnte und schließlich auch die für den weiteren Erhalt notwendige Unterstützung der Öffentlichkeit fand.

Ein überragendes Element politischer Stabilität ist die starke Stellung des Bundeskanzlers an der Spitze der Bundesregierung. Er erfreut sich dieser starken Stellung einmal auf Kosten des Bundespräsidenten, dessen Möglichkeiten zur politischen Einflußnahme normalerweise eng begrenzt sind, der aber eine wichtige Rolle bei der Lösung politischer Patt-Situationen spielen kann, und zum anderen, wenn auch in geringerem Ausmaß, auf Kosten von Bundestag und Bundesrat. Es ist der Kanzler, der aufgrund der ihm zustehenden Richtlinienkompetenz die Grundlagen der Politik bestimmt. Ein starker Kanzler kann seine Politik ohne allzu große Einmischung von seiten des Kabinetts oder des Parlaments durchführen; dies gilt vor allem auch für die Gestaltung der Außenpolitik(1). Er ist im übrigen gut geschützt

[1] Systematische Untersuchungen über den außenpolitischen Entscheidungsprozeß in der Bundesrepublik gibt es bisher kaum, wohl nicht zuletzt deshalb, weil dieser Prozeß - etwa im Gegensatz zu den USA - normalerweise in unkontroverser (und für Sozialwissenschaftler daher uninteressanter) Weise abläuft. Für eine Übersicht über erste Ansätze siehe Helga Haftendorn et al. (Hg.), <u>Verwaltete Außenpolitik. Sicherheits- und entspannungspolitische Entscheidungsprozesse in Bonn</u> (Köln: Verlag

gegenüber einem zu starken direkten Druck von seiten der Öffentlichkeit, da das Grundgesetz einen politisch wirksamen direkten Ausdruck des Volkswillens nicht zuläßt.

So wird der Bundeskanzler nicht direkt gewählt, sondern von der Mehrheit der Abgeordneten im Bundestag, von denen wiederum die Hälfte direkt in ihren Wahlkreisen gewählt wird, während die andere Hälfte über die Landeslisten ihrer Parteien in den Bundestag einzieht. Volksbefragungen zu bestimmten einzelnen Fragen sind nach den Bestimmungen des Grundgesetzes nicht möglich. Hier fürchteten die Verfassungsväter, daß eher zufällige - und unter großem emotionalen Druck zustande gekommene - Ergebnisse die Exekutive in unangebrachter Weise in ihrer Entscheidungsfreiheit behindern könnten.

Ein Kanzler ist stark, solange er die volle Unterstützung seiner eigenen Partei und, wenn notwendig, die seines Koalitionspartners genießt. Verliert er diese Unterstützung - ein Prozeß, dem normalerweise ein Vertrauensverlust in der weiteren Öffentlichkeit vorangegangen ist, verliert er auch seine Macht. Dies zeigt die Geschichte der Bundesrepublik sehr deutlich: Außer Konrad Adenauer und Willy Brandt kamen alle Bundeskanzler als Ergebnis interner Parteientscheidungen und nicht aufgrund öffentlicher Wahlen an die Macht. Die politischen Parteien stehen unter dem besonderen Schutz des Grundgesetzes, das ihnen die Aufgabe zuweist, den politischen Willensbildungsprozeß zu gestalten. Es verpflichtet sie allerdings, die Bestimmungen des Grundgesetzes zu unterstützen und ihren eigenen Entscheidungsprozeß demokratischen Grundregeln zu unterwerfen. Parteien sind aufgrund gesetzlicher - nicht verfassungsrechtlicher! - Bestimmungen im Bundestag nur dann vertreten, wenn sie entweder 5% aller Zweitstimmen oder aber drei Direktmandate

Wissenschaft und Politik, 1978), und Helga Haftendorn, "Das außen- und sicherheitspolitische Entscheidungssystem der Bundesrepublik Deutschland", in: <u>Aus Politik und Zeitgeschichte</u>, 29. Oktober 1983, S. 3-15.

erzielt haben. Diese Fünf-Prozent-Hürde, errichtet mit dem Ziel, Splitterparteien den Zugang zum Parlament zu verwehren und dieses damit zur Bildung von Mehrheiten fähig zu machen, hat sich als weiteres wichtiges Element politischer Stabilität erwiesen, da es die Zahl der im Bundestag vertretenen Parteien in den Jahren zwischen 1961 und 1983 auf drei beschränkte.

Die starke Stellung der Parteien und vor allem auch die starke Stellung ihrer Abgeordneten im Bundestag, die keinem imperativen Mandat unterliegen und sogar vom Grundgesetz aufgefordert sind, nur nach ihrem Gewissen zu entscheiden, ermöglicht Regierungswechsel ohne Wahlen. Parteien wie etwa die Freie Demokratische Partei, die zwar nur geringe Unterstützung bei den Wählern finden, aber im Bundestag über genügend Sitze verfügen, um einer der großen Parteien zur Regierungsmehrheit zu verhelfen, sind in der Lage, Koalitionen zu wechseln und damit zur Bildung einer neuen Regierung beizutragen. Die Wahrnehmung dieser Möglichkeit stellt ein weiteres Element politischer Stabilität in der Bundesrepublik dar.

Die FDP hat in den vergangenen Jahren ohne Zweifel eine wichtige Funktion allein dadurch erfüllt, daß sie durch Koalitionswechsel Meinungsverschiedenheiten in der Öffentlichkeit zum politischen Durchbruch verhalf. Mit Hilfe dieser Flexibilität leistete sie einen Beitrag zur politischen Stabilität, da das politische System sich andernfalls als gefährlich rigide hätte erweisen können. Zugleich sorgte sie jedoch dafür, daß die politische Flexibilität nicht zu große und ebenfalls potentiell gefährliche Ausschläge zeigte, denn die Notwendigkeit, Kompromisse in Form von Koalitionsvereinbarungen einzugehen, hindert die mit ihr koalierende größere Partei daran, einen zu scharfen Kurswechsel vorzunehmen. Dies trifft besonders auf die Gestaltung der Außenpolitik zu, da der kleinere Koalitionspartner in den letzten Jahren darauf bestanden hat, den Posten des Außenministers zu übernehmen. Auf diese Weise konnte die FDP seit 1969 entscheidend auf die Außenpolitk der Bundesrepublik einwirken und für außergewöhnliche Kontinuität auch personeller Art sorgen - Außenminister Genscher wird 1984 im Amtsalter nur noch vom sowjetischen Außenminister Gromyko übertroffen. Es ist nicht zuletzt dieser Funktion eines "Bremsers" in der Koalition zuzuschreiben, daß es der FDP bei Bundestagswahlen bisher gelungen ist, genügend Unterstützung vor allem bei taktisch denkenden Wählern zu finden, um die Fünf-Prozent-Hürde überwinden zu können.

Dennoch ist das Leben - und Überleben - einer kleinen Partei nicht einfach. Die Möglichkeit eines Koalitionswechsels läßt sie einerseits zum umworbenen Koalitionspartner werden, andererseits aber, nach vollzogenem Wechsel, zum Verräter an der Sache. Häufige Koalitionswechsel sind daher ausgeschlossen. Ein zu starkes Ausspielen der Koalitionsmacht birgt ferner die Gefahr in sich, daß Öffentlichkeit wie Koalitionspartner der überproportional wichtigen Rolle der kleineren Partei überdrüssig werden und sie dadurch an Unterstützung verliert. Schließlich zeigt sich gerade auch am Fall der FDP, daß eine solche Partei auf Dauer möglicherweise personell wie finanziell über ihr Verhältnis lebt und schließlich von Personalnöten und Finanzierungsskandalen eingeholt wird. Die FDP sieht sich deshalb in zunehmendem Maße der Gefahr ausgesetzt, einen Teil ihrer Wähler zu verlieren und damit auch - wie heute schon in einigen Bundesländern - allen bundespolitischen Einfluß.

Erfahrungen mit dem Koalitionswechsel der FDP von Helmut Schmidt zu Helmut Kohl deuten an, daß derartigen Regierungswechseln weithin die Legitimität fehlt, es sei denn, sie werden in anschließenden Wahlen gleichsam ratifiziert. Solche außerplanmäßigen Wahlen können aufgrund verfassungsrechtlicher Bestimmungen nur unter sehr schwierigen Bedingungen stattfinden. Aus diesem Grund kann man davon ausgehen, daß Regierungswechsel auch in Zukunft eher selten bleiben werden. Ein weiteres Element der Stabilität wäre damit gewahrt.

Parteien, die in den Bundestag gewählt, dort aber nicht zu Koalitionen mit anderen Parteien bereit sind, stellen eine akute Bedrohung für die politische Stabilität dann dar, wenn ohne eine solche Koalition eine Regierungsbildung nicht möglich ist. Das politische System bietet für diesen Fall zwei Lösungsmöglichkeiten an. Die erste wäre eine Große Koalition zwischen den beiden großen Parteien. Dieser Fall wurde bisher erst einmal, in den Jahren von 1966-1969, erprobt, und zwar ohne durchschlagenden Erfolg - sieht man einmal davon ab, daß die SPD durch ihre Teilnahme an der Großen Koalition regierungsfähig und dadurch erst in die Lage versetzt wurde, nach den Wahlen von 1969 die Macht zu übernehmen. Die Erfahrungen jener Zeit lassen erkennen, daß auch eine solche Regierung an Legitimitätsmangel zu leiden hat, vor allem weil eine effektive Opposition fehlt; dies führt zu Oppositionsbildungen außerhalb des Parlaments und damit zu politischer Instabilität. Hin und wieder angestellte Überlegungen in den jüngsten Jahren, zur Lösung der drängenden wirtschaftlichen und sicherheitspolitischen Probleme erneut eine große Koalition zu bilden, dürften nicht zuletzt an diesem Problem schon im Ansatz gescheitert sein.

Eine zweite Lösungsmöglichkeit zur Verhinderung einer parlamentarischen Patt-Situation bestünde in einer Veränderung des Wahlrechts zugunsten eines direkten, anstatt wie bisher proportionalen, Wahlsystems. Könnte man davon ausgehen, daß sich das Wahlverhalten der Bundesbürger nicht ändert, würde dies die Elimierung der kleinen Parteien bedeuten. Selbst der Spitzenkandidat der FDP hat es bisher nicht vermocht, in seinem Wahlkreis direkt gewählt zu werden. Es könnte allerdings auch der Fall eintreten, daß in einem anderen Wahlsystem anders gewählt wurd. Dann käme es zu einem Parlament mit Vertretern zahlreicher Parteien, die nicht in der Lage sind, eine stabile Regierungsmehrheit zu bilden. Je länger die Bundesrepublik gute Erfahrungen mit dem augenblicklichen Wahlsystem macht, desto unwahrscheinlicher wird eine politisch motivierte Veränderung der Wahlgesetze. Ansätze hierzu erwiesen sich schon zu Zeiten der Großen Koalition, als die Versuchung bestand, sich der FDP auf diese Weise zu entledigen, als nicht realisierbar.

Die Tatsache, daß eine Regierung sich im Normalfall auf stabile Mehrheitsverhältnisse im Bundestag verlassen kann, bedeutet, daß zur Durchführung schwieriger Maßnahmen nicht unbedingt ein breiter politischer Konsens unter den Parteien vorhanden sein muß. Dies ist gerade in der Außenpolitik von Bedeutung. Die außenpolitischen Orientierungen der Hauptparteien beruhen in den meisten Fällen auf einem solchen breiten Konsens. Zu Zeiten außenpolitischer Umorientierungen kann dieser Konsens allerdings zusammenbrechen, wie dies etwa während der Auseinandersetzung um die Wiederbewaffnung der Bundesrepublik Anfang der fünfziger Jahre oder während der Kontroverse um die neue Ostpolitik zu Beginn der siebziger Jahre der Fall war. Die zunächst knappe und dann erodierende Mehrheit der sozialliberalen Koalition nach 1969 hätte 1972 im Zuge der Auseinandersetzungen um die Ostverträge beinahe zum Sturz der Regierung Brandt-Scheel auf dem einzig zulässigen Weg eines konstruktiven Mißtrauensvotums geführt, durch das Rainer Barzel Bundeskanzler geworden wäre. Die bisherigen Erfahrungen zeigen an, daß schwierige außenpolitische Entscheidungen auch ohne die Zustimmung der Opposition durchgeführt werden können; und - fast noch wichtiger - sie lassen erkennen, daß der außenpolitische Konsens im Lauf der Zeit dadurch hergestellt wird, daß nach der Macht strebende Oppositionsparteien sich den neuen Gegebenheiten anpassen. Die Übernahme der wichtigsten Prinzipien der neuen Ostpolitik durch die

CDU liefert hierfür das jüngste und wohl auch schlagendste Beispiel.

Zur Zeit steht die SPD vor dem Versuch - oder der Versuchung -, den von ihr selbst jahrelang mitgetragenen und mitgestalteten außen- und sicherheitspolitischen Konsens aufzukündigen. Die Mitgliedschaft der SPD war im Verlauf der siebziger Jahre mehr und mehr von jüngeren, vorwiegend akademisch gebildeten Mitgliedern geprägt worden, die für eine ideologisch reinere Form des Sozialismus eintraten als die traditionellen Mitglieder der Partei, die sich in stärkerem Maße aus der Arbeiterschaft rekrutierten. Die SPD geriet auf diese Weise zunehmend in eine innere Spannung zwischen den akademischen Linken, unter denen Jungsozialisten mit ihren scharfen ideologischen Positionen am meisten Aufsehen erregten, und den eher pragmatischen Traditionalisten. Als diese Spannung mit der aufkommenden Sicherheitsdebatte, in der sich die Linken gegen die eigene Führung wandten, verschärft wurde, verlor die SPD allmählich an öffentlicher Unterstützung und schließlich die Macht, da sich verstärkt der Eindruck festsetzte, sie sei wegen ihrer inneren Spaltung zur Lösung drängender politischer und wirtschaftlicher Probleme nicht mehr fähig.

Nachdem die SPD nunmehr mit den ihr zuletzt selbst nicht mehr wünschenswert erscheinenden Bürden der Macht vorerst nicht belastet ist, steht sie unter dem Druck eines Teiles ihrer gewandelten Mitgliedschaft, in der Außen- und Sicherheitspolitik, wie auch in manchen Fragen der Innenpolitik, radikalere Positionen als bisher zu beziehen(2). Die Ergeb-

[2] Zu den sicherheitspolitischen Auseinandersetzungen innerhalb der SPD siehe beispielhaft Karl Kaiser, "Ein Abrücken von Amerika wäre das Ende der deutschen Sicherheit", FAZ, 6. Oktober 1983, S. 7, sowie als Antwort darauf Peter Glotz, "Das Flügelchen oder Antikommunismus aus Identitätsangst", Die Neue Gesellschaft, März 1984, S. 266-275. Eine zusammenfassende Darstellung geben Jürgen Maruhn und Manfred Wilke, Wohin treibt die SWP? Wende oder Kontinuität sozialdemokratischer Sicherheitspolitik (München: Olzog, 1984).

nisse des Düsseldorfer Parteitages der SPD im Mai 1984 zeigen, daß der linke Flügel der Partei an Einfluß gewonnen hat, ein Einfluß, der sich auch in den programmatischen Empfehlungen zur Sicherheitspolitik niederschlug, selbst wenn die Partei den Argumentationen, z.B. von Oscar Lafontaine, der für einen Austritt aus der NATO plädiert, noch nicht folgte.

Diese ersten Ansätze zu einer Aufkündigung des sicherheitspolitischen Konsenses sind von einer doppelten Hoffnung bestimmt. Zum einen soll das Profil der SPD wieder deutlichere ideologische Konturen gewinnen und dadurch das traditionelle Wählerpotential angesprochen werden, zum anderen will man das vermutete Wählerpotential der Friedensbewegung ausschöpfen.

Ob diese doppelte Strategie zur Rückkehr an die Macht erfolgreich sein wird, erscheint allerdings fraglich. Parteien, die die Regierungsverantwortung verloren haben, müssen in der Regel die Erfahrung machen, daß eine Rückkehr an die Macht nicht über eine Radikalisierung zu erreichen ist, sondern nur durch eine Mäßigung der Positionen. Anders ausgedrückt: Eine Mehrheit der Wähler wird die SPD aller Voraussicht nach nicht links von der Mitte - und schon gar nicht in einer Koalition mit den Grünen - finden, sondern nur in der Mitte selbst. Die SPD hat in den fünfziger Jahren diese Erfahrung schon einmal machen müssen. Zudem dürfte das Wählerpotential der Friedensbewegung, soweit es nicht ohnehin zu den Grünen neigt, keineswegs so umfangreich sein, daß die SPD hier mehr Stimmen gewinnen könnte, als ihr bei ihrer traditionellen Wählerschaft aufgrund ihrer veränderten Positionen verlieren zu gehen droht.

Der außenpolitische Konsens, der wenigstens in wichtigen Teilbereichen noch zwischen SPD und den Regierungsparteien besteht, wird grundsätzlich nicht von den Grünen geteilt, die im Bundestag mit einer bunten Mischung von Leuten und Interessen vertreten sind, nachdem sie im März 1983 den Sprung über die Fünf-Prozent-Hürde geschafft haben.

Den Grünen ist es bisher nicht gelungen, ihre Alternativprogramme einem beträchtlichen Teil der Wählerschaft glaubhaft zu vermitteln. Die teilweise mehr erbittert geführten Auseinandersetzungen um Führungspersönlichkeiten, Rotationsprinzip und Koalitionsaussagen stellen für manche Beobachter deutliche Anzeichen eines drohenden Auseinanderbrechens der Grünen dar. Selbst wenn dies vorerst noch nicht der Fall sein sollte, kann dennoch kein Zweifel daran bestehen, daß die Grünen keine Gelegenheit haben werden, ihr Programm in die politische Praxis umzusetzen. Dafür sind sie zu schwach und zu zerstritten. Sie können allenfalls eine Rolle dadurch spielen, daß sie mit ihren Argumenten das allgemeine Bewußtsein für bestimmte Problembereiche - wie etwa den Umweltschutz - sensibilisieren. In diesem Sinne stellen sie eine nicht unwillkommene Bereicherung des politischen Prozesses dar. Ihre Hoffnung aber - für viele andere ein Schreckgespenst -, zum Aufbau einer "anderen Republik" beitragen zu können, wird sich nicht erfüllen. Die politische Stabilität der Bundesrepublik ist durch die Grünen nicht in Gefahr.

VII. SCHLUSS: STABILITÄT UND BERECHENBARKEIT

Ziel dieser Untersuchung über die Grundlagen westdeutscher Außenpolitik war es, Antworten auf die drei Fragen zu liefern, die - zumindest im Ausland - am häufigsten über die Bundesrepublik Deutschland gestellt werden: Wie stark ist die Bundesrepublik in ihrer Handlungsfreiheit eingeschränkt? Wie solide ist ihre Bindung an den Westen? Und wie stabil ist sie? Auf der Grundlage der hier dargebotenen Argumente und Daten kann die Antwort nur lauten: Der Handlungsspielraum der Bundesrepublik bleibt weiterhin eingeschränkt, nicht zuletzt durch die Internalisierung von Werten, die sie fest an den Westen binden und das Fundament für politische Stabilität darstellen.

Die Bundesrepublik entstand nach der vernichtenden Niederlage Deutschlands im Zweiten Weltkrieg, in einer Zeit voller innerer und äußerer Turbulenzen. Es kann daher kaum verwundern, daß die Deutschen in der Bundesrepublik versuchten, ihre tiefreichenden Gefühle der Unsicherheit dadurch zu überwinden, daß sie - politisch wie psychologisch - neue Anker auswarfen, die ihnen Sicherheit und Stabilität versprachen. Diese Anker wurden nie gelichtet. Und aus einem Provisorium entstand allmählich ein Staats- und Gemeinwesen, das mehr und mehr einem "normalen" europäischen Nationalstaat moderner Prägung gleicht.

Im Verlauf dieser Entwicklung wurde Stabilität zu einem Wert an sich, vielleicht zum höchsten politischen Wert überhaupt. Konrad Adenauer gewann seine Wahlen unter dem Motto "Keine Experimente". Wen mag es überraschen, daß in wirtschaftlich und politisch schwierigen Zeiten ein Mann zum Kanzler gewählt wurde, der sich selbst als "Erben Adenauers" bezeichnet, dem ersten Kanzler der Bundesrepublik eine bisher nicht erlebte Heldenverehrung zuteil werden läßt, und der einmal mehr verkündet: "Keine Experimente"? Eine solide Wirtschaftspolitik läuft hierzulande unter der Bezeichnung

"Stabilitätspolitik" - ein Ziel, das von allen Parteien in überraschend großer Übereinstimmung verfolgt wird. Die große Bedeutung, die der Stabilität auch im privaten und gesellschaftlichen Bereich zugemessen wird, ist nicht zuletzt an der geringen Mobilität der Bundesbürger zu erkennen. Auch das eng geflochtene Netz sozialer Sicherheit stellt einen sichtbaren Ausdruck übergroßen Interesses an Stabilität dar. Keine Regierung könnte es sich leisten, dieses Netz im Interesse größerer Flexibilität lockerer zu knüpfen.

In den Vereinigten Staaten zum Beispiel ist das öffentliche und private Leben von einem gewissen Abenteuergeist gekennzeichnet, der Experimente als notwendig und wünschenswert für das Erreichen neuer Ziele ansieht: Präsidenten fordern ihre Bürger auf, nach "neuen Grenzen" zu streben, einen "neuen Anfang" zu wagen oder gar eine "Reagan Revolution" voranzutreiben. In der Bundesrepublik ist die Situation eher umgekehrt: Keine Experimente und Stabilität über alles! Aus diesen unterschiedlichen Einstellungen und Denkweisen resultieren nicht wenige Konflikte in den deutsch-amerikanischen Beziehungen. Denn während die Amerikaner sich über deutsche Immobilität und Inflexibilität beschweren, beklagt man sich in der Bundesrepublik über ein allzu forsches und potentiell gefährliches, auf jeden Fall aber nicht genügend durchdachtes Vorgehen der Amerikaner.

Der höchste Wert, den westdeutsche Politiker für die Außenpolitik der Bundesrepublik verkünden, ist eine Variante von Stabilität: Berechenbarkeit. Westdeutsche Außenpolitik soll immer berechenbar - d.h. für alle Seiten vorhersehbar und nachvollziehbar - sein. In der Praxis bedeutet dies eine Politik der Kontinuität und des Erhaltens bestehender Kräftegleichgewichte. Eine "Schaukelpolitik" ist, weil sie nicht berechenbar wäre, völlig ausgeschlossen. In diesem Sinne hat das Beharren auf Berechenbarkeit ohne Zweifel seine Vorzüge. Der potentielle Nutzen gelegentlicher Unberechenbarkeit - der darin besteht, daß man die andere Seite über die eigenen Absichten im Dunkeln läßt und sie dadurch um so leichter erreicht -, stößt dagegen in der Bundesrepublik auf völliges Unverständnis. Der vermeintlich unberechenbaren Politik anderer Länder, vor allem aber der von wichtigen Bündnispartnern wie den USA, begegnet man daher mit großem Unbehagen(1). Die Neigung mancher deutscher Politiker, die politische Führung anderer Länder über die Vorzüge deutscher Politik zu belehren, liegt nicht nur in persönlichen Eigenheiten begründet, sondern bringt die tiefe Überzeugung zum Ausdruck, daß alles und jeder zu jeder Zeit berechenbar sein muß - wie etwa ein Bundeskanzler der Bundesrepublik Deutschland.

Und so zeigt man sich irritiert, wenn die Vereinigten Staaten wieder einmal unberechenbar erscheinen. Große Fluktuationen bei den Verteidigungsausgaben? Nicht in der Bundesrepublik: Die Verteidigungsausgaben stiegen beständig - berechenbar - in den Jahren, als die der USA zurückgingen. Als man dann in den USA die Notwendigkeit verspürte, wieder aufzuholen, zögerte die Bundesrepublik, nunmehr dem amerikanischen Beispiel Folge zu leisten, denn Verteidigungsausgaben können natürlich nicht gleichsam über Nacht drastisch erhöht werden. Ständige Veränderungen in der Politik gegenüber der Sowjetunion, mit Sanktionen heute und massiven Getreideverkäufen morgen? Nicht für die Bundesrepublik: Politische und wirtschaftliche Beziehungen müssen stabil und berechenbar bleiben. Eine "Lichtschalter-Diplomatie" - ein Begriff, den der amerikanische Außenminister Shultz in seiner Zeit als Professor der Wirtschaftswissenschaften prägte - ist völlig unangebracht. Weit ausschla-

[1] Das Unbehagen an der Unberechenbarkeit amerikanischer Politik kommt auch in der Berichterstattung deutscher Medien über die USA immer wieder deutlich zum Ausdruck. Als typische Beispiele hierfür siehe Marion Gräfin Dönhoff, Amerikanische Wechselbäder. Beobachtungen und Kommentare aus vier Jahrzehnten (Stuttgart: DVA, 1983), und Peter Merseburger, Die unberechenbare Vormacht. Wohin steuern die USA? (München: Bertelsmann, 1983).

gende Wechselkursveränderungen? Eine Quelle von Beschwerden, wenn der Dollar zu niedrig steht - aus deutscher Sicht angeblich ein Zeichen mangelnden amerikanischen Willens, den Status einer Großmacht zu behaupten -, und wenn er zu hoch steht: ein Zeichen rücksichtsloser Ausübung des Status einer Großmacht.

Da die Bundesrepublik so großen Wert auf Stabilität im allgemeinen und Berechenbarkeit besonders in der Außenpolitik legt, gewinnen angemessene Konsultationen zwischen den Bündnispartnern eine so überragende Bedeutung. Kaum ein anderes Problem ist so dazu geeignet, die Beziehungen zwischen den Bündnispartnern zu belasten, wie ein Mangel an Konsultationen, denn er spiegelt möglicherweise nicht nur einen Mangel an Vertrauen wider, sondern er trägt auch dazu bei, die Beziehungen unberechenbar zu gestalten. Die Bedeutung von Berechenbarkeit ist auch die Grundlage für die Sorgen, die man sich in Bonn über die zunehmend geringe Zahl von Amerikanern - vor allem an den Entscheidungsstellen in Washington - macht, die in der Lage sind, die Politik der Bundesrepublik zu verstehen und für den eigenen Entscheidungsprozeß richtig zu interpretieren. Die überraschend geringe Zahl deutscher Amerika-Experten - die das sehr viel komplexere amerikanische politische System verstehen, seine Prozesse laufend verfolgen und seine Ergebnisse damit für die deutsche Politik berechenbar machen könnten - erregt dagegen in Bonn sehr viel weniger Aufmerksamkeit(2), wohl aber - unter dem Stichwort der "Nachfolge-Generation" - in Washington. Beide Seiten bemühen sich in jüngster Zeit

[2] Siehe hierzu die grotesk übertreibende Darstellung von Helmut Schmidt: "Ungezählte Europäer in Rom, London, Paris, Amsterdam oder Bonn verstehen unverhältnismäßig viel mehr von den psychologischen und politischen Prozessen in den USA als die allermeisten Amerikaner von den Nationen Europas verstehen. Deshalb neigt Amerika zu verständlicher Ungeduld mit Europa und deshalb an einigen Stellen sogar zu Verachtung. Umgekehrt neigt man in Europa zu verständnisloser Ablehnung amerikanischer Wechselbäder." (Helmut Schmidt, "Ein Schuß ins Schwarze", Die Zeit, 9. März 1984, S. 3.)

darum, diesem Mangel an gegenseitiger Expertise - an, wenn man so will, politischen Rechenkünstlern - abzuhelfen.

Viele Irritationen in den deutsch-amerikanischen Beziehungen könnten wahrscheinlich verhindert werden, wenn die Bundesrepublik sich etwas weniger Sorgen um die Berechenbarkeit machen würde, die Vereinigten Staaten hingegen mehr. Die politische Aufmerksamkeit könnte sich dann einer Lösung der tatsächlichen Probleme zuwenden, anstatt sich immer wieder mit prozeduralen Fragen beschäftigen zu müssen. Selbstverständlich werden beide Länder auch in Zukunft in vielen Bereichen ihre eigenen Interessen verfolgen. Aber Kompromisse in schwierigen Fragen lassen sich leichter erzielen, wenn andere Irritationen - die von Zweifeln an der Zuverlässigkeit des Partners ausgehen - vermieden werden können. Die Bundesrepublik ist dabei berechtigt, von den USA etwas mehr politische Konstanz zu verlangen. Die Vereinigten Staaten aber können die Stabilität der Bundesrepublik zu einer Konstante ihrer politischen Berechnungen machen.